ライブラリ 心理学を学ぶ ✺ 10

心理学の
測定と調査

吉村　宰・荘島宏二郎　編

サイエンス社

監修のことば

　心理学はたくさんの人が関心をもって下さる学問領域の一つといってよいと思います。「試験勉強しなきゃいけないのに，ついついマンガに手が伸びちゃって……」といったように，自分自身の心でありながら，それを上手にコントロールすることは難しいものです。また，「あの人の気持ちを手に取るように正しくわかることができたらいいだろうな」と願うこともあったりします。そんな日々の経験が，心理学を身近な学問に感じさせるのかもしれません。

　心理学への関心の高まりは，医学や脳科学，生命科学，進化論や生態学，教育学や社会学，経営学など，多様な学術領域と連携した研究を活発にしました。そして，人間の心と行動について驚くほどたくさんのバラエティに富んだ研究成果を生み出してきています。また，適正な教育や司法の実践，充実した医療や福祉の構築，健全な組織経営や産業現場の安全管理など，さまざまな社会問題の解決を図るときに鍵を握る知識や見識を示す領域として，心理学はその存在感を高めています。国家資格「公認心理師」の創設は，心理学の社会への浸透を反映しています。

　本ライブラリは，幅広い心理学の領域をカバーしながら，基本となる専門性は堅持しつつ，最近の研究で明らかにされてきていることも取り入れてフレッシュな内容で構成することを目指しました。そして，初めて心理学を学ぶ人にも理解していただきやすいテキストとなるように，また，資格試験の勉強にも役立つことも考慮して，平易でわかりやすい記述や図解を心がけました。心理学を体系的に学ぼうとする皆さんのお役に立てることを願っています。

監修者　山口裕幸
　　　　中村奈良江

はじめに

　心理学を学ぶ際，多くの人がぶつかる壁に統計的データ解析があります。心理統計に関する書籍が数多く出版されていることがその証拠といえます。それだけそのための知識が必要とされているということでしょう。ところが，どのようにデータを集めればよいかを解説した書籍は最近あまり見られなくなりました。テキストが必要ないほどの常識となっていればよいのですが，もしかすると無頓着になっている恐れもあります。これは心理学を学び研究する際の致命的な欠点となります。

　「Garbage in, garbage out（ゴミを入れたらゴミが出てくる）」という有名な言葉があります。出力の質は入力の質に依存するという意味で，主としてコンピュータサイエンスの領域で用いられるものですが，心理学の研究においても適用することができます。いくらデータ分析に労力を費やしても，そもそもそのデータの質が悪ければ分析結果は信頼するに値しないものになるということです。このように，どのようにデータを収集するかはどのように分析するかと同等かそれ以上に重要なのです。近年，計画的に収集できないデータの分析手法もよく用いられていますが，データが計画的に収集できるならそれに越したことはありません（第Ⅰ部）。

　十分に計画された上で得られたデータが手元にあれば，簡単な統計量を算出し，表や図にまとめるだけで知りたいことのかなりの部分がわかるはずです。その上で少し踏み込んだデータ分析を行うことでデータがもつ特徴を探ることができます（第Ⅱ部）。

　心理学で扱われる概念は定規や秤で測れるものではありません。測定するための用具が必要です。それが心理尺度です。この心理尺度には因子分析というデータ分析手法が深く関わっています（第Ⅲ部）。

　ほぼすべての心理学の論文には"p値"が記述されています。p は probability（確率）の頭文字です。p の大小だけに着目せずその意味を十分理解するためには，推測統計と統計的仮説検定についての深い理解が必要です（第Ⅳ部）。

　本書は，心理学の研究に着手する際，計画の段階で読んでほしいという思いから執筆・編集されました。本書を用いて学習することで，読者の皆さんが心理学研究の基礎の基礎を身につけることができれば幸いです。

　本書の企画から刊行に至るまで，多大な時間がかかりました。ライブラリ監修の山口裕幸先生と中村奈良江先生，辛抱強くお付き合いいただいた執筆者の方々ならびにサイエンス社の清水匡太氏に感謝を申し上げます。

2023 年 9 月

　　　　　　　　　　　　　　　編者　吉村　宰・荘島宏二郎

目　次

第Ⅱ部　データの記述と分析　　　　　　　　73

第4章　記 述 統 計　　74

第5章　関係を調べる——回帰分析　　117

第Ⅲ部　心 理 尺 度　　159

第 I 部

データの収集

第 1 章

調査によるデータ収集

　この章では，調査によるデータ収集について説明します。調査の中でも特に調査票調査とインタビュー調査の方法を紹介します。

　調査票調査（質問紙調査ともいいます）とは，いわゆるアンケート調査のことです。アンケート調査とは日本独自のよび方で，英語ではサーベイといいます。一般に「アンケート」とよばれる調査には質の悪いものも多く存在しますので，ここではそれと区別するために調査票調査とよびます。

　インタビューという言葉も日常的によく耳にします。スポーツ選手や歌手，俳優などにインタビューをする映像や記事を見たことがある人は多いのではないでしょうか。そこでは現在の状態や将来の目標などが語られています。インタビューを日本語にすると面接です。面接という言葉からはもう少し堅いイメージを受けるかもしれません。入学試験や就職活動のときによく面接が課されます。実際に面接を受けた経験のある人もいることでしょう。そのとき，どういう気分だったでしょうか。緊張しませんでしたか。厳しい質問を投げかけられて答えに窮した人もいるのではないでしょうか。

　この章で説明する学術的な調査票調査とインタビュー（面接）調査は，アンケートやスポーツ選手へのインタビュー，就職の際の面接とは異なるものです。では，いったいどこがどう違うのでしょうか。本章ではその点についてみていくことにします。

1.1　量的調査と質的調査

　調査票調査とは量的調査の手法で，インタビュー調査は質的調査の手法の一つです。はじめに，量的調査と質的調査について簡単に説明しましょう。

　量的調査とは，統計分析を目的として主に調査票（質問紙）を用いて多くの調査対象者から数量的データを収集する方法です。これに対し，**質的調査**とは，

数量的データ以外のデータを収集する方法で，インタビュー調査，参与観察，ドキュメントや映像の収集など，さまざまな手法があります。この中でも本章で取り上げるインタビューは，心理学，社会学，社会福祉学，文化人類学といった学問領域において用いられ，簡単に言えば，知りたいと思っている相手から直接，話を聞き出す方法です。

　量的調査と質的調査はその手法が異なるのに加え，背景にあるものの見方・認識の仕方が異なります。量的調査は実証主義の伝統に基づき，多くの人からデータを収集することを求め，測定した数値を統計的に分析することで演繹的に仮説を検証します。そこでは対象間で異なる条件をできるだけ統制して変数間の関係を分析し，社会や集団の傾向を把握しようとします。

　これに対し，質的調査では，特定のケースをより深く知ることではじめて社会現象を理解することができると考え，対象を日常の文脈の中で複雑な姿のままとらえようとします。質的調査の関心は，人々が日常生活でどのように考え行動しているのか，ある出来事や物事にどのような意味を付与しているのかにあります。量的調査とは違い，仮説の検証よりも帰納的に社会現象の新たな面を見つけたり，新しい理論を生み出したりすることを目的としています。質的調査では，データの収集，分析，解釈を繰返し行い，何度も行ったり来たりします。量的調査と比較すると質的調査の手法はあまり標準化されていません。

1.2　リサーチ・クエスチョンと仮説の設定

　調査にあたっては，まず，自分のリサーチ・クエスチョン（調査の問い）を考えます。リサーチ・クエスチョンを考えるということは，漠然とした調査テーマや問題関心を具体的な問いのレベルまで落とし込むということです。佐藤（2015a）は，質の良いリサーチ・クエスチョンとは「①データによって答えを出すことができ，②調べてみるだけの価値があり，③調査をおこなう者の『身の丈に合った』問い」（p.98）であると述べています。リサーチ・クエスチョンを考える際には先行研究を調べることが大切です。なぜなら，すでに自分の疑問に答えてくれている研究があれば，自分で調査をする必要がなくなるから

です。また，先行研究を読むことで，もやもやとした自分のリサーチ・クエスチョンが明確になってくることもあります。先行研究では何が明らかになっており，何が明らかになっていないのかを見極め，自分のリサーチ・クエスチョンを明確にしていきます。

　同時に，仮説も検討していきます。仮説とは，リサーチ・クエスチョンに対するあり得べき答え，予想，見通しのことです。佐藤（2015a）は，仮説について「まだよく分かっていない事項について明らかにするために，既にある程度分かっていることを前提にして調査をおこなう際に，その見通しとして立てる仮の答え」（p.120）と定義しています。つまり，仮説は新しい知見をもたらすものでなければならず，その仮説とは何らかの実証的根拠と理論的根拠を踏まえたものでなければならないことが強調されています。単なる思いつきではいけません。この意味において，量的調査でも質的調査でも仮説を検討することが必要になります。

　ところで，問いには，記述的な問いと説明的な問いの2つの形式があります。**記述的な問い**とは「どのようになっているのか」という事実関係や実態についての問いです。**説明的な問い**とは「なぜ，そうなっているのか」という原因と結果の関係（因果関係）についての問いのことです。この2つの問いは互いに補い合うものであり，両方とも重要な問いの形です。

　仮説を検討し，ふさわしい調査方法が明確になってきたら，次に，どのような質問をするかを考えていきます。調査票調査であれば調査票を作成し，インタビュー調査であれば何を聞くべきかを紙にまとめていくことになるでしょう。次に，調査票調査とインタビュー調査の具体的な方法について，それぞれみていくことにしましょう。

1.3　調査票調査の方法

　調査票調査では，調査が始まる前に完成された調査票を作成する必要があります。いったん調査対象者に調査票を配付し，回答してもらう段階（実査（1.3.4項参照））に入ってしまえば，もう戻って調査票を修正することはでき

ません。調査の成功は調査票の出来にかかっています。質問の作成は想像以上
に難しく時間のかかる作業です。調査票調査においては，対象者とのコミュニ
ケーションは基本的に調査票を通してのみになりますので，こちらが聞きたい
と思っていること，こちらの意図が調査対象者に正しく伝わるように質問を作
成しなければなりません。

1.3.1　質問文と選択肢の作成

　まず，考えた仮説に基づき，おおよその質問項目を考えていきます。質問項
目が決まったら，次にそれぞれの質問文を考えます。質問文の作成においては
言葉遣い，すなわち，ワーディングに注意を払う必要があります（表1.1）。

　調査票ではスクリーニング質問がよく使われます。これは，ある質問である
回答をした者だけが次の質問に答えるというものです。たとえば，既婚か否か
を聞いて，既婚者だけに配偶者の情報を聞いたり，賛成か反対かを尋ね，賛成
と回答した者だけにその理由を聞いたりします。スクリーニング質問をする際
には回答者が次にどの質問に答えればいいのか迷わないよう調査票のレイアウ
トを工夫する必要があります（1.3.2項参照）。

　質問文を考えるのと同時に，回答形式を考える必要があります。回答形式に
は自由回答方式（オープン・アンサー（OA））と選択肢方式の2つがあります。
自由回答方式とは，回答者に自分の言葉で回答してもらう方式です。たとえば，
通学時間，留学期間などの時間や期間，きょうだいの数，収入の額などを聞く
場合に，回答者に数値を記入してもらったり，あるいは，学校名や企業名など
多く存在しすぎてあらかじめ選択肢を用意しておくことが難しいものについて，
その名称を記述してもらったりします。この方式は調査票を作成する際には回
答記入欄を設ければいいだけですので楽ができますが，調査が終わった後アフ
ター・コーディングという作業をすることになり，結果的に大変な労力が必要
になります（アフター・コーディングについては後の項で説明します）。この
ため，多くの場合，次に紹介する選択肢方式がとられます。

　選択肢方式とは，あらかじめ回答を予想し，選択肢の形で回答を提示するも
のです。選択肢には**単項選択**（シングル・アンサー（SA））と**多項選択**（マル

表1.1　ワーディングで気をつけるべきこと

①曖昧な表現をしない	「あまりしませんか」のように程度のイメージが人によって異なる言葉，「それについてどのように思いますか」のように指し示すものが明確でない言葉，「正義」「自立」「平等」のように人によってイメージするものが変わってくる言葉を使うと，実際のところ何について回答したのかが回答者によって異なってしまい，調査者の意図を正確に反映した回答が得られません。より詳細に定義づける必要があります。
②難しい言葉を使わない	専門用語，業界用語，若者言葉など一部の人たちだけで通じる言葉を使うと，回答者が理解できず，適当に回答したり，回答をしない可能性が高まります。誰もがわかる言葉に言い換えるか，その言葉についての説明をつけましょう。
③誘導的な言葉を使わない	評価的な判断を尋ねる質問文の中に，評価的ニュアンスを含んだ言葉が使われると，対象者がそれに影響されて回答してしまうことがあります。たとえば「あなたは，ばらまき政策に賛成ですか」という質問だと，「ばらまき政策」という否定的なニュアンスの言葉に影響されて「賛成」と答えにくくなります。
④ダブルバーレルに気をつける	1つの質問文の中に複数の項目が含まれていることをダブルバーレルといいます。質問文にダブルバーレルが含まれると回答者が回答に困ってしまうことがあります。たとえば「あなたはアメリカやフランスが好きですか」という質問だと，フランスは好きだけどアメリカは好きではないという人は答えにくくなります。この場合は，アメリカとフランスについてそれぞれ聞くべきです。また，「ダイエットは身体に悪いのですべきではないと思いますか」というような質問だと，「ダイエットは身体に悪い」とは思わないけれども，別の理由（たとえば「痩せることが美だとは思わない」など）で「ダイエットをすべきではない」と考えている人はどう答えればよいか悩んでしまいます。この場合は，ダイエットをすべきだと思うかどうかとなぜそう思うかを別の質問に分けて聞くのがよいでしょう。
⑤何を聞きたいのかを明確にする	たとえば「消費税に賛成ですか」と聞くのと「消費税を払うのはやむを得ないと思いますか」と聞くのとでは賛成・反対の比率が変わってきます。また，世の中一般の人々の行動についての意見を聞くインパーソナルな質問（たとえば「コネを使っての就職はよいと思いますか」）と回答者自身の行動についての意見を聞くパーソナルな質問（たとえば「コネがあったらそれを使って就職したいと思いますか」）でも回答が変わります。何を聞きたいのかを明確にして，自分の意図が明確に伝わるように質問文を作成する必要があります。

ティプル・アンサー（MA））の2つがあります。単項選択は選択肢の中から1つを選んでもらうもの，多項選択は選択肢の中から複数選んでもらうものです（たとえば「以下から3つ選んでください」「あてはまるものすべてを選んでください」など）。単項選択の選択肢は，**相互排他的**，かつ，**網羅的**であること

表1.2　イエス・テンデンシーを生じさせやすい質問文と，その修正例

〈イエス・テンデンシーを生じさせやすい質問文の例〉
Q　あなたは，子どもにアウトドアの趣味をもたせたいと思いますか。

　　1. そう思う　2. まあそう思う　3. あまりそう思わない　4. そう思わない

〈イエス・テンデンシーを生じさせにくい質問文の例〉
Q　あなたは，子どもに下記のAとBのいずれの趣味をもたせたいと思いますか。
　　あなたの考えに近いほうを選んでください。

　　　　　　　　　　　　　　　A　　ややA　ややB　　B
A. アウトドアの趣味　　　1………2………3………4　　　B. インドアの趣味

が求められます。相互排他的であるとは，選択肢の間に重なりがなく，どれか
1つだけ選択できるということです。あてはまる選択肢が複数あってはいけま
せん。そして，網羅的であるとは，考えられるすべての回答が選択肢として挙
がっており，必ずその中から1つは選べるということです。選択肢のどれにも
あてはまらないということがあってはいけません。単項選択の選択肢は，必ず
この2つの条件を満たしていなければならないのです。

　選択肢を作る際には**イエス・テンデンシー**（黙従傾向）に注意する必要があ
ります。イエス・テンデンシーとは，回答者が「はい（イエス）」や「そう思
う」などの肯定的な回答を潜在的に選んでしまう傾向のことです。どうしても
このような聞き方で回答してもらう必要のある質問では仕方ないですが，避け
る方法もあります（**表1.2**）。

1.3.2　調査票のレイアウト

　調査票は，調査のタイトル，調査協力の依頼文，調査の時期，調査票の提出
期限，調査者の名前と連絡先，回答形式の書き方や用いる筆記用具など記入上
の注意，質問本体，謝辞で構成されます。質問本体には質問文と選択肢・回答
欄を設けます。質問文には問1，問2やQ1，Q2などの番号を振ります。スク
リーニング質問などの関連する質問群については，付問1-1，付問1-2や，
SQ1-1，SQ1-2といった番号をつけることがあります。SQとはサブ・クエス
チョンのことです。

　回答者が答えやすいように調査票をレイアウトすることはとても重要です。これは回答の質に関わってきます。文字が小さくて見にくかったり，どこの質問に答えればいいかわかりにくかったりすると，適当に答えられたり，回答するのが嫌になって回答してもらえなくなってしまうこともあります。質問の順番も大事です。回答者が比較的答えやすい質問を先にもってきたり，学歴や年収などのプライバシーに関わる質問を調査票の中に分散させたり，あるいは最後に置いたりといった工夫が必要です。これらの個人の属性情報はフェイスシートとよんで以前は調査票の冒頭にまとめて置くことも多かったのですが，近年のプライバシー意識の高まりにより回答に抵抗をもつ人が増えたため，上記のように変わってきました。

　質問の順番を考える際に，キャリーオーバー効果にも注意しなければなりません。キャリーオーバー効果とは，先の質問や説明文などが後の質問の回答に影響を与えてしまうことです。たとえば，原発の問題点について聞いた後で原発に賛成か否かを聞くと，反対と回答する人が増えます。質問の順番を入れ替え，先に原発に賛成か否かを聞いた上で，次に原発の問題点について聞けば影響は小さくなります。このように，どちらの質問を先に聞いたほうが影響が出にくいか，質問を離して配置したほうがいいかといったことについても吟味が必要になります。

　その他，スクリーニング質問がある場合には，回答者が次にどの質問に答えればよいかを矢印で示したりするなどして一目で理解できるよう，わかりやすく作ることが必要です。また，複数の考え方や意識，尺度など，類似した質問群を聞く場合には，一問一問，質問文をつけ，別の質問として配置するよりも，まとめて表の形式で提示したほうが見やすくなります。

　近年ではインターネット上で行う調査も普及してきましたが，この場合には，ブラウザによって調査票が見えにくくなったり，レイアウトが大幅に変わったりしないかといったことを十分，確認する必要があります。スマートフォンで回答してもらいたい場合には，それに対応したレイアウトも必要になります。

1.3.3 対象者のサンプリング

　次に，調査票調査の対象者はどのように選べばいいでしょうか。自分が関心をもつ**母集団**全員を対象とした**悉皆調査**（全数調査）をすることもありますが，現実的に考えてコストが高く，不可能なことが多いので，多くの場合，母集団の中から一部を**サンプリング**（抽出）した**標本調査**が行われます。サンプリングをきちんと行えば，標本調査が悉皆調査よりも劣ることにはなりません。そのためには，**無作為抽出**（ランダム・サンプリング）をする必要があります。なぜなら，無作為抽出によってはじめて標本から母集団の特性を統計的に正しく推論することができるからです。無作為抽出をせずに調査をして失敗した例としてよく取り上げられるのが，1936年のアメリカ大統領選挙の予測です。「リテラリー・ダイジェスト」という雑誌が民主党候補のルーズベルトと共和党候補のランドンのどちらが勝利するかを予測するため，模擬投票の調査をし，240万人から回答を得てランドンが勝利すると結論づけました。ところが実際の選挙では現職のルーズベルトが圧勝しました。適切なサンプリングが行われなかったため，240万もの人から回答を得ても現実のアメリカの有権者の意見をきちんと把握することができなかったのです。

　無作為抽出の方法にはいくつかありますが，よく使われるのが**多段抽出法**と**層化抽出法**です。多段抽出法とは，全体から複数個の地点やグループを抽出し，さらに，各地点からランダムに対象者を抽出する方法です。層化抽出法とは，各地点やグループの特性を考慮し，それぞれの特性をもつグループから必ず対象者が抽出されるように工夫されたものです。これら2つの方法を合わせた**層化二段**（三段）**抽出法**が社会調査ではよく使われます。

1.3.4 実　　査

　実査の方法には，大きく分けて**他記式調査**と**自記式調査**の2つがあります。他記式調査とは，調査対象者ではなく調査者が調査票に回答を記入するもの，自記式調査とは，調査対象者自らが調査票に回答を記入するものです。自記式調査では調査者が調査の場におらず，質問の意図や書き方などを直接説明できないことが多いので，他記式調査よりも調査票をいっそうわかりやすいものに

表 1.3　他記式調査と自記式調査

	他記式調査	自記式調査
方法	• 個別面接法：調査者が調査対象者の家などを訪問し，対象者本人の目の前で質問文を読み上げ，回答を書き留めていく方法。 • 電話法：調査者が対象者に電話をかけ，質問文を読み上げて，回答を書き留める方法。コンピュータが無作為に電話をかけ，自動音声で質問するRDDとよばれる方式も含まれる。	• 留置法：調査者が調査対象者を個別訪問して調査協力の依頼を行い，調査票を置いて帰り，一定期間の後，再訪して調査票を回収するという方法。 • 郵送法：調査依頼から調査票の配付，回収までを郵送で行う方法。 • インターネット（ウェブ，オンライン）調査：インターネット上で調査依頼と実査を行う方法。調査会社があらかじめ確保しているモニターに調査依頼を行う方法（オンラインパネル調査）が増えている。 • 集合法：学校や企業などあらかじめ人が集まっている場所で一度に調査票を配付して，その場で回答してもらう方法。調査の取りまとめを学校や企業の人に依頼し，調査者の代理となってもらうこともある。
メリット	• 調査員が直接，調査対象者に調査の意義を説明し協力を依頼できることから，回答の協力を得られやすくなる。 • 回答者が本当に調査対象者本人かどうかを確認できる。 • 調査者が記入するので，回答の誤りが少なくなる。	• 調査員を雇用する人件費が少ない分，調査コストが他記式調査よりも低く抑えられる。 • 回答時に調査者がいないことで回答に調査者の影響が出にくい（特にプライベートな質問やセンシティブな質問）。 • 対象者に自分のペースで回答してもらえるので，1週間の生活行動など調べないとわからないような質問や記入に時間のかかる質問もしやすい。 〈集合法のメリット〉 • 1人の調査者によって多くの対象者に一度に調査ができる。 • 調査者がいるのでその場で質問ができ，誤記入や記入漏れを防ぐことが比較的可能。 • 対象者ではない人が回答する可能性が低い。 • 回収率が高い。
デメリット	• 調査員に答えるので，プライバシーに関わることやセンシティブな質問に回答しにくくなる。	• 調査対象者ではない者が回答してしまう可能性がある。 • 近くにすぐ質問できる人がいないので複雑な構成の質問はしにくい。 • 調査者が現れないので回収率が低くなる。 〈オンラインパネル調査のデメリット〉 • 無作為抽出標本ではないため課題がある。政党支持率など何らかの分布を知ることを目的とする調査には向かない。 〈集合法のデメリット〉 • 無作為抽出標本ではないため課題がある。その場に集まっている対象者が母集団に対しどのような関係であるのかを検討する必要がある。

するよう注意を払う必要があります（**表 1.3**）。

1.3.5 データファイルの作成

さて，実査が終わり，回答してもらった調査票（回収原票）がたくさん集まりました。後は分析するだけ！と思ったら大間違いです。**データファイル（図1.1）**が完成するまでにはまだ長い道のりがあります。**回収原票**には，多くの誤記入や記入漏れ，読めない回答，矛盾した回答が含まれています。これを修正していく作業を**エディティング**といいます。単純な記入ミスの他，多項選択で2つ選ぶべきところを3つ選んでいたり，スクリーニング質問であてはまら

	A	B	C	D	E	F	G	H	I	J	K
1	ID	GENDER	GAKUBU	AGE	MINS	Q5	SQ5-1	SQ5-2	Q6a	Q6b	Q6c
2	1	1	5	20	90	1	1	1	4	3	4
3	2	1	5	19	120	3	88	88	2	4	3
4	3	2	6	21	60	4	88	88	1	4	4
5	4	1	6	21	30	3	88	88	2	3	4
6	5	2	2	21	15	3	88	88	3	2	1
7	6	2	3	22	10	4	88	88	1	1	1
8	7	2	1	19	70	2	6	2	4	3	3
9	8	1	1	23	30	2	2	1	2	4	2
10	9	2	1	21	30	1	4	1	3	4	4
11	10	1	1	21	15	2	3	2	4	4	2
12	11	2	4	21	35	2	1	99	1	3	2
13	12	1	5	20	40	2	6	1	1	3	1
14	13	99	4	20	100	4	88	88	2	3	1
15	14	1	4	27	5	3	88	88	3	3	3
16	15	1	6	21	90	4	88	88	3	2	4
17	16	1	6	20	90	3	88	88	3	2	2
18	17	1	7	23	45	3	88	88	3	3	1
19	18	1	5	20	50	3	3	1	2	3	2
20	19	2	2	20	80	1	99	2	2	3	4
21	20	1	1	20	20	2	1	1	2	4	3
22	21	2	3	21	15	2	1	1	1	3	1
23	22	2	5	99	30	99	88	88	4	1	4
24	23	2	8	20	30	99	88	88	4	4	2
25	24	2	5	19	35	3	88	88	4	99	99
26	25	2	3	22	999	4	88	88	2	2	1
27	26	1	4	21	10	2	4	1	1	1	3
28	27	2	2	22	25	2	5	2	2	1	4
29	28	1	1	20	80	1	2	2	1	1	4
30	29	2	2	20	60	2	1	1	1	4	2

図 1.1 データファイルの例

ない人が回答していたりすることがあります。また，文字が薄くて読めなかったり，選択肢の1と2の間に○がついていて，どちらの回答なのか判断に迷ったりすることがあります。さらに，ある質問の回答と別の質問の回答とで矛盾が生じている場合があります。たとえば，学歴を問う質問では「高卒」を選択していたのに，別の質問では卒業した大学名を書いているといった具合です。問題箇所が見つかった場合には，わかる範囲で修正するか，その回答を無効とするかといった判断をします。回答が全体的にあまりにいいかげんであったり，最初の1ページのみ回答しているけれども後は白紙であったりする場合には，**無効票**として分析から除外します。このような**有効票**と無効票の基準などを含め，修正する上での判断に統一された正解はありませんが，自分で**エディティング・ガイド**を作成して記録をとり，同じ調査においてはすべての調査票を同じルールで確認していく必要があります。

　エディティングに加え，**アフター・コーディング**という作業も必要になります。アフター・コーディングとは，調査の後で実際の回答をみながら回答カテゴリーを決め，コードを振っていく作業です。特に自由回答方式を用いた場合には必須の作業となります。たとえば，大学の所属学部の名称を記入してもらったら，心理学系の学部は「1」，社会学系の学部は「2」，教育学系の学部は「3」と決め，コードを振っていきます。また，欠測値のコーディングも必要です。**欠測値**とは，回答がなかった無回答の質問と，スクリーニング質問等で答えなくていい質問（非該当の質問）に振るコードのことです。無回答コードは「9」「99」，非該当コードは「8」「88」とすることが多いです。エディティングの際と同じように，ここでもコーディング・ガイドを作成し，どのような回答カテゴリーを作り，いずれのコードを振ったかを記録しておく必要があります。

　さて，これらの作業が終わったら，回答結果を Excel などのソフトに入力していきます。回収原票には個別の ID をつけ，ID，Q1，Q2……の順番でケースごとに横の方向に回答を入力していきます。

　入力がすべて終了したら，今度はそのデータに間違いがないかをコンピュータを使って度数分布表やクロス集計表を作成することで確認していきます。こ

	N
1（はい）	68
2（いいえ）	95
3	1
99（無回答）	4
合計	168

度数分布表を作成したことによって，「1.　はい」「2.　いいえ」「99.　無回答」しかないはずなのに「3」というコードをもつケースが1つあることを発見。

		SQ5-2			
		1（はい）	2（いいえ）	88（非該当）	99（無回答）
	1（そう思う）	34	22	0	1
	2（まあそう思う）	21	18	0	2
Q5	3（あまりそう思わない）	0	0	37	0
	4（そう思わない）	0	2	28	0
	99（無回答）	0	0	3	0

Q5で「1（そう思う）」または「2（まあそう思う）」を答えた人だけがSQ5-2を答えるスクリーニング質問のはずなのに，Q5で「4（そう思わない）」と答えた人のうちSQ5-2で「2（いいえ）」という回答が2ケースあるのをクロス表によって発見。本来は，すべて「88（非該当）」のはず。

図1.2　データ・クリーニングの例

れをデータ・クリーニングといいます（図1.2）。エディティングの際にも誤りがないかを確認しましたが，見落としていたり，データ入力の際に入力を間違えてしまったりする可能性もありますので，データ・クリーニングが必要になります。おかしなケースを見つけたらID番号をもとに回収原票に戻って確認します。

1.3.6　回収原票と対象者リストの保管

　データ入力後，回収原票は一定期間，保管しておきます。データ・クリーニングの後，分析をしている最中にまたおかしな点を発見するかもしれません。そのときに再度，回収原票に戻って確認する必要が出てきます。また，研究手続きに疑義が示された場合，回収原票が残っていると証明力が高くなります。紙媒体の回収原票をスキャンしてPDFファイルにして保存しておくという方法もあります。いずれにせよ，回収原票，対象者リスト，データファイルは個

人が特定されないよう別々に，鍵のついた部屋や収納棚，パスワードつきの
PC に保管しておきましょう。紙媒体の回収原票については，保管期間を決め
ておき，それが過ぎた時点で廃棄します。廃棄する際にはシュレッダーにかけ
るなど，個人情報には十分注意を払いましょう。

1.4 インタビュー調査の方法

　質的調査方法の一つであるインタビューは，ある社会や集団の人々が経験や
出来事に付与する主観的な意味や，相互行為によって社会的現実がどのように
作られているかを明らかにするために実施します。人々の意味世界は観察によ
っては把握できませんので，直接，話を聞くことが必要になります。

1.4.1　フォーマルなインタビューとインフォーマルなインタビュー

　インタビューはインタビューする人（インタビュアー）とインタビューされ
る人（インタビュイー）の 1 対 1 で行われることが多いですが，インタビュア
ーが複数人いたり，逆にインタビュイーが複数人いたりすることもあります。
　インタビューには，あらかじめ決めたインタビュー内容を質問するために対
面して座り，フォーマルな形で実施する**フォーマル・インタビュー**と，「問わ
ず語り」や雑談のように対象者自らが話してくれるような**インフォーマル・イ
ンタビュー**があります（佐藤，2015b）。インフォーマルなインタビューには，
フィールドワークの中でふとした場面でその土地に住む人々に教えてもらった
り，日常の会話や雑談の形でやりとりしたり，相手から話しだしてくれたりす
るようなものも含まれます。佐藤（2015b）は，フォーマルなインタビューは
「聞き出す」あるいは「情報を収集する」という性格であるのに対し，インフ
ォーマルなインタビューは「教えていただく」あるいは「アドバイスを受け
る」という性質のものだと表現しています。実際にインタビュー調査を行う際
には，フォーマルとインフォーマルの両極の間に位置するオープンエンドのイ
ンタビューを行うことが多いです。
　インタビュアーが用意した質問がどの程度構造化されているかによって，**構**

インタビュー・ガイド

※最初に調査の説明をし，インフォームド・コンセント
に署名してもらう。

（例）
- あなたは小さい頃，どんなお子さんでしたか。
- あなたが今○○になったのはなぜですか。
- あなたが今○○をされているいきさつは何ですか。
- あなたが○○とお考えになるのはなぜですか。
- これから○○をどのようにしていきたいと思いますか。
- 今不安に思っていることはありますか。

※最後に，お礼を言い，謝礼を渡す。
※知り合いを紹介してもらう。

> 緊張して質問するのを忘れそうなことは，インタビュー・ガイドにメモしておくとよいでしょう。

> インタビューに慣れておらず，敬語がとっさにうまく出てこない場合は，できるだけ丁寧な質問文を作成しておくとよいでしょう。

図1.3　インタビュー・ガイドの例

造化インタビュー，半構造化インタビュー，非構造化インタビューに分類する
ことができます。構造化されたインタビューは量的調査でも実施されます。
1.3節で取り上げた個別面接法は**サーベイ・インタビュー**の一種で，調査者が
調査票を読み上げ，その順番通りに質問をし，調査対象者に回答してもらうも
のです。これに対し，質的調査のインタビューでよく行われるのは，半構造化
インタビューや非構造化インタビューです。半構造化インタビューでは，あら
かじめ，おおよそのインタビュー内容を決め，**インタビュー・ガイド**（図
1.3）も作成しておくけれども，インタビュイーの話の流れによって，その場
でインタビューの内容や順番を自由に変えていくものです。非構造化インタビ
ューでは，インタビュー・ガイドは作成せず，調査対象者に自由に語ってもら
うものです。たとえば，人生を語ってもらうライフヒストリー研究やライフス
トーリー研究といったものがあります。

　その他，**フォーカス・グループ・インタビュー**といって複数の対象者が一堂
に会し，グループで話をするものがあります。このインタビューの方法におい
ては，調査者は司会やファシリテーターのように振る舞い，対象者同士が互い
の話に影響されつつ話を進めていくのを見守ります。医療を目的とした**臨床面**

接の場で収集されたインタビューをデータとして用いることもあります（岡本,
2009; 斎藤, 2009）。

1.4.2　調査対象者のサンプリング

　インタビューに協力してくれる調査対象者を探します。企業や団体，学校の
長にインタビューをしたりするような，よりフォーマルな形での調査を企画し
ている場合には，正式な調査依頼状を送付して協力を依頼します。そうではな
く，一個人を対象とするような，よりインフォーマルな調査の場合には，調査
対象者を知り合いに紹介してもらったり，調査対象者の集まりそうな場所（た
とえば，集会，会合，祭り，フリーマーケット，オープンなカフェなどの社交
的な場など）に行ったりして探すこともあります。セルフ・ヘルプ・グループ
などに属している人に話を聞きたい場合には，そのグループを運営している人
にまずは連絡をとって相談してみるとよいでしょう。調査に協力してもらった
人から知り合いを紹介してもらうことはよくあります。これを**雪だるま式サン
プリング**（スノーボール・サンプリング）といいます。小さな雪のボールを転
がし，徐々に大きな雪だるまにしていくように，小さなネットワークを徐々に
広げていくイメージです。

1.4.3　調査の依頼とインタビュー日時の調整

　調査対象者が決まったら，調査協力の依頼をします。紙媒体の正式な**調査依
頼状**を送ることもあれば，口頭やメールでお願いすることもあります。これは
状況や調査対象者の立場に合わせます。

　企業や学校，団体の職員に対し，その立場から所属組織についての話を聞く
ために調査協力依頼を行う場合には，より正式な調査依頼状を作成して郵送し
ます。調査依頼状には，調査の目的と意義，協力依頼，調査の時期，調査にか
かる時間，調査の場所などを明記し，調査協力への諾否を返信してもらうため
の返信用ハガキまたは封筒を同封します。この際，ハガキや封筒にはあらかじ
め切手を貼り，対象者に負担をかけないように配慮する必要があります。返信
用ハガキや封筒を同封するのではなく，調査依頼状が対象者に届いた数日後に

電話で調査の依頼をあらためて行い，調査に協力にしてもらえるかどうかを確認しても構いません。近年ではメールでのやりとりが好まれる場合もありますが，最初の依頼はやはり手紙を送ることが一番望ましいでしょう。その後のやりとりについては，対象者の希望に合わせるのがよいと思います。

　個人に対する調査の場合には，調査協力依頼を口頭やメール，SNS のメッセージなどで行うことがふさわしい場合もあります。正式な紙媒体の依頼状を

件名：

インタビュー調査の日時と場所についてのご相談

本文：

山田 一郎 様

こんにちは。
先日，佐藤次郎様にご紹介いただきました○○大学○○学部の鈴木花子です。

この度はインタビュー調査にご協力いただけるとのこと，本当にありがとうございます。

早速ですが，お会いする日時と場所についてご相談させていただきたく，ご連絡を差し上げました。

9 月の平日で，お時間をとっていただける日時をいくつかご連絡いただけますでしょうか。インタビューは 90 分程度を予定しております。

お話をうかがう場所は，山田様のご都合のよい駅近くの喫茶店等を考えています。場所をご指定いただければ幸いです。

お返事をお待ちしています。
何卒よろしくお願い申し上げます。

/////////////////////////////////////
○○大学 ○○学部
鈴木花子
e-mail：＊＊＊＠＊＊＊＊＊＊＊＊＊
電話：＊＊＊－＊＊＊＊－＊＊＊＊
/////////////////////////////////////

図 1.4　メールによる日時と場所の照会例

送ることで対象者がかえって萎縮してしまい調査に協力してくれなくなること
もあるからです。

　調査に協力してもらえることになったら，電話やメール，SNS のメッセー
ジなどを通して場所や時間を相談します（図 1.4）。正解はありません。相手
をみて，どの手段がもっとも適切かを判断することが必要です。

　調査の日時や場所はできるだけ対象者の希望に合わせましょう。場所は対象
者の職場や家を指定されることもあれば，喫茶店やファミリーレストランで行
うこともあります。話してもらう内容がセンシティブなものである場合には，
周りの人に聞かれないような場所を検討する必要があります。たとえば，大学
や公民館などに部屋を借りて，そこに調査協力者に来てもらうことも考えられ
ます。できるだけ対象者にとって都合がよく，萎縮してしまわない場所を選ぶ
ことが大事です。

1.4.4　インタビュー調査時の注意事項

　いよいよ，インタビューを開始します（表 1.4）。よりフォーマルなインタ
ビューの場合には，同意書（インフォームド・コンセント）（1.5.2 項参照）を
見せながら，最初に調査の説明をします。そして，用意したインタビュー・ガ
イドを見ながら質問を始めます。半構造化インタビューの場合には，相手の話
を聞きながら，話の流れに合わせて質問をする順番や質問内容を変えていきま
す。話を聞きながら次に質問したいことを考えるわけですから，最初は思って
いるよりも難しく感じるかもしれません。対象者に自由に話してはもらいます
が，普段のおしゃべりとは違いますので，話の流れを方向づけるのはインタビ
ュアーの役目です。

　インタビューの協力を依頼したときからインタビューの最中にわたって**ラポ
ール**を作ることが大事です。ラポールとは，対象者との信頼関係のことです。
相手の不安や緊張を取り払い，話しやすい雰囲気を作ります。会ってから短い
時間で信頼関係を築くのはかなり難しいわざになります。

　多くの場合，インタビューの際には後で確認できるよう IC レコーダーなど
を用いて録音をします。録音する際には必ず相手の許可をとる必要があります

表 1.4 **インタビューの注意事項**

インタビューの時間に遅れない	・こちらの都合でお願いして相手の時間を割いていただいていることを忘れないようにしましょう。
服装は対象者に合わせる	・スーツがふさわしい場合もあれば，よりカジュアルな服装がふさわしい場合もあります。
ラポールを作る	・調査対象者の不安や緊張を取り払います。 ・話を聞いている最中はあいづちやうなずきをしてみましょう。 ・調査の最中にインタビュアーが持論を話したり，議論をふっかけたりすることがあってはいけません。あくまで相手の話を聞いて，話を引き出すことが目的です。 ・相手を不快な思いにさせてはいけません。相手の発言を否定したり，価値判断を持ち込んだりすることは避けましょう。
「はい」「いいえ」で回答できる質問はしない	・インタビューは相手の考えや表現の仕方を知ることを目的に行うものですので，「はい」「いいえ」で回答してもらうのではなく，自由に述べてもらえるような質問を投げかけることが重要です。
抽象的な質問，わかりにくい質問はしない	・あまりに抽象的な質問をすると相手が答えにくくなります。質問は明確に，相手がわかる言葉で聞くことが大事です。
調査者がいろいろ話さない	・インタビュアーは調査の内容に思い入れがあるので，自分の考えをいろいろ話しすぎる傾向にありますが，インタビューは相手の話を聞く時間ですので，相手に話してもらう時間が長くなるよう心がけます。

（1.5.2 項参照）。無断で録音すると相手から信頼を失うことにもなります。録音の許可が下りなければ，その場でメモをとり，インタビュー後，忘れないうちに話をまとめておきます。たとえ，録音していたとしてもどのような話が出たかを忘れないよう，インタビューをしながらメモをとります。話の流れを中断しないようにメモをとる工夫が必要です。特にインフォーマルなインタビューの場合には，メモをとることで雰囲気が崩れ，話が途切れてしまうことになりますので，その場合には，話が終わって場を離れてから急いでメモをとるようにします。

　インタビューのお礼にペンや菓子，Quo カードや図書カードなどの謝礼を渡すこともあります。多額の謝金を渡せばよい話が聞けるというものではありません。

　インタビューは誰でも最初からうまくいくものではありません。インタビューを繰り返すことでだんだん話を聞きながら質問したいことを考えるという作

業に慣れていきます。最初はうまくいかなくても落ち込まず，反省点を踏まえながら次のインタビューに挑戦しましょう。人の話を聞くのはとても面白いことです。好奇心をもって話を聞きましょう。

1.4.5　フィールドノーツとトランスクリプトの作成

　調査後は，インタビューの日時や話の内容についてメモをとっておくことが大切です。インタビュー時の出来事や相手の印象などを記したフィールドノーツを作成しておくと，後で分析するときに役立ちます。

　録音した音声データは**文字起こし**して**トランスクリプト**を作成します。対象者の話すスピードにもよりますが，インタビュー時間の3〜5倍の時間はかかると思っていいでしょう。

　センシティブな内容のインタビューであった場合には，トランスクリプトを作成した段階で，調査協力者に話してもらった内容を見てもらい，公表してもよいかどうかを確認することがあります。変えてもらいたい，消してもらいたいと相手が希望する場合には，調査対象者の意思をくみ，相手と対話した上で対応することが大切です。

　トランスクリプトができたらそれをもとに分析をしていきます。分析にはいろいろな手法があります。質的分析ソフトを用いて質的なコーディングを行う場合もあれば，内容分析やテキストマイニングといった量的分析を行うこともあります。

1.5　調査倫理の必要性と課題

　近年，調査を行う場合には学生であっても所属大学の**社会調査倫理委員会**から調査の許可を得る必要があるところが増えてきています。大学の他，学会や社会調査協会では倫理綱領やガイドラインを作成し，調査対象者が損害を受けたり不快になったりするリスクを減らす努力をするよう求められています。

1.5.1 調査者—調査対象者の間の権力関係とハラスメント

近年では，調査者の特権的な立場を問題視し，関係を対等と考える調査者が増えてきました。調査対象者を被調査者とよぶことがありますが，より対等な関係をイメージさせる情報提供者，調査対象者，調査協力者に呼び替えられてきています。

それでもなお，調査者と調査対象者の関係は非対称です。調査者が調査内容を公表することで，調査協力者は自らのプライバシーをさらされる危険性があります。トラウマなどの思い出したくないことを聞かれたり，差別的な表現を含む質問をされることにより傷つけられる恐れもあります。調査中のセクシュアル・ハラスメントも問題です。また，調査者と接触すること自体がその社会の中で不利益を被ることになる可能性もあります。調査は信頼関係のもとに成り立つものですので，調査対象者が不利益を被らないように努めることが調査者の責務です。

インタビュー記録は，調査対象者が特定できないように本人の名前や所属している学校名，会社名，地域名などを匿名または仮名にします。本人のイニシャルを使うことも基本的には避けるべきです。対象者が特殊な状況にあったり，珍しい職に就いたりしている場合，仮名にしただけではどうしても個人が特定されてしまう場合もあります。その場合にはデータの取扱い方を対象者と相談する必要があります。

1.5.2 インフォームド・コンセント

インフォームド・コンセント（同意書）とは，調査対象者に調査の目的・内容・意義，調査時間などを伝え，対象者から調査協力の同意をとることです（2.4.3項参照）。調査票調査の場合には，調査への協力は任意であること，「回答は統計的に処理され，個人が特定されることは決してありません」といった一文に加え，個人情報を適切に管理することを調査依頼状に明記し，同意した人のみを調査対象者とすることで，おおよその調査倫理を守ることができます（図1.5）。

インタビュー調査などの質的調査の場合には，調査対象者と直接接触するこ

インタビュー調査の同意書

　このインタビューは○○について○○にお住まいのみなさまがどのように考えたり，行動したりしているかを明らかにするためのものです。

　お聞かせいただいたお話はお名前，学校や会社などの具体的な名称をすべて仮名にして論文や書籍の形で公表いたしますので，個人が特定されることはありません。また，みなさまからうかがったお話を学術的な研究以外に用いたり，個人が特定される形で他人に話したりすることはありません。

　インタビューをこれ以上続けたくないと思われた場合には，インタビューの途中でいつでも断っていただいて結構です。辞退されたとしてもみなさまにご迷惑がかかることは一切ございません。

　録音したインタビューは仮名を用いて文字起こしをし，すべての記録は鍵のついたキャビネットに入れ，電子データについてはパスワードのかかる PC に保管します。インタビューの録音記録は文字起こしをした後，消去します。

　インタビューにご協力くださいますよう，何卒よろしくお願い申し上げます。

20××年×月

○○大学 ○○学部
鈴木花子
電話 ***-***-****
e-mail ****@****.***.**

指導教員
○○大学 ○○学部
長崎令子 教授
電話 ***-***-****
e-mail ****@****.***.**

記

- ・インタビュー対象者：○○地区に住む 60 代
- ・インタビュー時間：90～120 分程度を 1 回
- ・最初のインタビュー後，フォローアップとしてメール，電話，または直接お会いして再度お話をうかがわせていただくことがございます。
- ・答えたくない質問にはお答えいただかなくて結構です。
- ・インタビューをこれ以上続けたくないと思われた場合には，インタビューの途中でいつでも断っていただいて結構です。辞退されたとしてもみなさまにご迷惑がかかることは一切ございません。

以上の条件で，インタビューに協力します。

	年　　　月　　　日
ご署名	日付

インタビューを録音してもよろしいですか。　□はい　　□いいえ

図1.5　インフォームド・コンセント（同意書）の例

と，調査票調査と比べて対象者個人が特定されやすいことから，いっそうの配慮が求められます。比較的フォーマルなインタビューでは，インタビューをする前にインフォームド・コンセントをとることが多くなってきています。インタビューを受けるにあたってのリスク，途中でインタビューを中止しても構わないこと，話したくないことは話さなくてよいこと，公表時には匿名化・仮名化することも合わせて伝えます。このとき，インタビューを録音する許可も得ます。録音データは鍵のかかる場所に保管すること，いつ消去するかといったことなども最初に約束します。よりインフォーマルなインタビューの場合には，口頭で説明して同意を得ることもあります。

1.5.3　調査倫理の課題

　調査に際してインフォームド・コンセントをとることが多くなってきている一方，インタビューの最初にインフォームド・コンセントの紙を読んで署名してもらうことは，状況によっては調査対象者をかえって萎縮させてしまうという指摘もあります（桜井・小林，2005）。このような恐れがある場合には，口頭で確認し，それを録音しておくという方法も考えられます。

　インフォームド・コンセントそれ自体にも課題があります。対象者が子どもなどの場合，保護者が代理で調査への許可を決めることがありますが，調査対象者と保護者が必ずしも同一の意見をもつとは限りません（Flick, 2009 小田監訳 2011）。特にインタビューを含めた質的調査においては対象者との信頼関係が重要になってきますので，常にその関係性を反省的に検討し続けることが重要です。

復習問題

1. 調査票の作成において気をつけなければならないワーディングの問題とは何でしょうか。
2. インタビュー調査の際に気をつけなければならないことは何でしょうか。
3. インフォームド・コンセントとは何でしょうか。説明してください。

参 考 図 書

フリック，U.　小田 博志（監訳）（2011）．新版　質的研究入門──〈人間の科学〉
　　のための方法論──　春秋社

　質的調査の方法がとても詳しく書かれています。より深く勉強したい人におすす
めです。上級者向け。

佐藤 郁哉（2015）．社会調査の考え方（上・下）　東京大学出版会

　調査の技法だけでなく，その背後にある考え方まで勉強したい人におすすめです。
中・上級者向け。

轟 亮・杉野 勇・平沢 和司（編）（2021）．入門・社会調査法──2 ステップで基礎
　　から学ぶ──　第 4 版　法律文化社

　調査票調査の具体的な手続きについて，より詳しく勉強したい人におすすめ。と
てもわかりやすく説明されています。初・中級者向け。

第 2 章
実験によるデータ収集

　「この運動をすれば，認知症になりにくいです」「このサプリメントを飲むと，頭が冴えます」「この食品をとれば，ダイエットができます」など，世の中には「X ならば Y」という因果関係についての主張があふれています。一般に，実験によるデータ収集は，こうした因果関係の真偽を確かめるために行われます。そこで本章では，因果関係の検証に役立つデータを得るためには，実験においてどのようなことに注意しなければならないかを中心に解説します。同時に，実験に協力してくれる被験者の人権の尊重や個人情報の保護といった倫理的配慮についても学びます。

2.1　実験とは何か

　この章のテーマは実験によるデータ収集です。まず，2つの具体例を通して実験とは何かを考えてみましょう。なお，実験例1はクレイマーら（Kramer et al., 1999）の実験を，実験例2はウォーカーとヴァル（Walker & Vul, 2014）の実験をそれぞれ参考にしています。しかし，どちらの例も実際の実験を単純化した，架空のものです。

【実験例 1】運動すると認知機能が向上するか

　「運動することで認知機能が向上する」という仮説を検証するために，40人の高齢者を被験者とする実験を行いました。手続きの概要は図 2.1 の通りです。まず被験者を 20 人ずつの 2 グループに分け，第 1 グループの被験者には日々のウォーキングを半年間実践してもらうという介入をしました（運動あり群）。第 2 グループの被験者には何も介入をしませんでした（運動なし群）。運動あり群への介入が終了した後，すべての被験者に記憶，注意，思考などを測る総合的な認知機能検査を受けてもらいました。そして，検査の平均得点を運動あり群と運動なし群の間で比較しました。

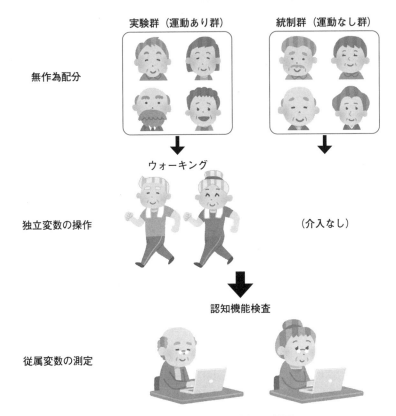

図 2.1　**実験例 1 の手続きの概要**

【実験例 2】 集団内にいると魅力的に見えるか

「集団内にいる人は一人でいる人よりも魅力的に見える」という仮説を検証するために，15 人の異性愛者の大学生を被験者とする実験を行いました。被験者の課題は，異性の顔写真を見て，その人をどれくらい魅力的に感じるかを 9 件法（「1. まったく魅力的でない」～「9. 非常に魅力的である」）で評価することでした。顔写真は 3 つ組で提示される場合（集団条件）と単独で提示される場合（単独条件）がありました（**図 2.2**）。そして，魅力度評価の平均値を単独条件と集団条件の間で比較しました。

実験条件（集団条件） 統制条件（単独条件）

図 2.2　実験例 2 の手続きの概要（被験者が男性の場合）
集団条件では，被験者は白い矢印が指し示す顔の魅力度を評価しました。

2.1.1　実験に関する基本用語

　実験の目的は，簡単にいうと，「ある変数 X が別の変数 Y に影響を与える」という因果関係の真偽を調べることです。影響を与える（原因となる）と想定されている変数 X を独立変数，影響を受ける（結果にあたる）と想定されている変数 Y を従属変数といいます。たとえば，実験例 1 は，運動の有無が認知機能に影響を与えるかどうかを調べています。実験例 2 は，集団内にいるか否かが人物の魅力度に影響を与えるかどうかを調べています。これらの例のよ

コラム 2.1　被験者と参加者

　被験者は英語の subject の訳語ですが，subject は「服従する」「支配を受ける」といった受け身的な意味をもちます。しかし，実際には，被験者は自らの時間や労力を割いて実験に協力することを通じて，心理学の研究の発展に積極的な貢献を果たしており，主体的で実験者とは対等な存在です。そこで，英語圏では，subject の代わりに，より主体的な意味の強い participant という語の使用が一般的になってきました。これに呼応して，本邦でも，participant の訳語である**参加者**が被験者の代わりに用いられるようになってきました（河原・坂上，2010）。ただし，実験計画の文脈では，まだ被験者という語がよく用いられているので，本章はそれに従っています。どの言葉を用いるにしても，被験者の協力があってはじめて心理学の研究が発展することに変わりはないので，実験を行うにあたっては，敬意・感謝の気持ちをもって被験者に接することを忘れてはいけません。

うに，実験では，独立変数が連続しない飛び飛びの値をとることが一般的です。たとえば，実験例1の独立変数のとり得る値は「運動をする」か「運動をしない」かのどちらかであり，運動時間や運動による消費カロリーのように連続的な値はとりません。このように飛び飛びの値をとる独立変数を特に**要因**とよび，それがとり得る個々の値を**水準**といいます。たとえば，実験例1の要因は「運動の有無」であり，「運動をする」と「運動をしない」の2つの水準をもちます。さらに，実験例1では，運動をする被験者と運動をしない被験者が異なっています。このように各水準に異なる被験者が割り当てられている要因を**被験者間要因**といいます。また，運動あり群のように従属変数に影響があると想定されている独立変数の操作を受けた群を**実験群**，運動なし群のようにそうした操作を受けていない群のことを**統制群**といいます。

　一方，実験例2の要因は「集団内にいるか否か」ですが，すべての被験者が「集団でいる」人物の顔写真と「単独でいる」人物の顔写真の両方を評価します。このように各水準に同じ被験者が割り当てられている要因を**被験者内要因**といいます。また，集団条件のように従属変数に影響があると想定されている独立変数の操作を受けた条件を**実験条件**，単独条件のようにそうした操作を受けていない条件のことを**統制条件**といいます。

2.1.2　実験と調査の違い

　第1章で取り上げられている調査も，独立変数が従属変数に与える影響を調べるために用いられます。たとえば，大勢の人を対象とした質問紙調査でも，日常生活でどれくらい運動しているかを尋ねる質問項目と認知機能検査のための質問項目を含めておけば，実験例1と同様に「運動することで認知機能が向上する」という仮説を検証できそうです。

　では，実験と調査の違いは何なのでしょうか。たとえば，実験例1では，被験者が運動をするかしないか，どのような運動をするかなどを研究者が決定しています。つまり，研究者が独立変数である運動の有無を人為的に操作しています。一方，上述の調査では，回答者が日常的にどのような運動をどれくらいしているかを研究者の力で変えることはできず，回答結果をただ受け入れるし

かありません。このように，実験と調査を区別する最大の違いは，実験では独立変数の操作が研究者によって行われるという点です。

2.1.3 実験の利点

　では，独立変数を操作する利点，つまり，実験の利点は何なのでしょうか。まず，この問いと表裏の関係にある，調査の限界について考えてみましょう。たとえば，直前で述べた調査を実施したところ，日常生活でよく運動していると回答した人ほど認知機能の得点が高かったとします。この結果は，運動すると認知機能が向上するという仮説の強い証拠だと主張できるでしょうか。さまざまな理由から，そのような主張はできません。まず，運動すると認知機能が高くなるという関係ではなく，認知機能が高いほどよく運動するようになるという関係があったとしても，上のような調査結果が得られるはずです。言い換えると，上のような調査結果から，運動と認知機能という2つの変数のうち，どちらが原因であり，どちらが結果であると主張することは困難です。あるいは，どちらの変数も原因ではなく，結果であるかもしれません。たとえば，「知的好奇心」の高い人は，科学に関する書籍や報道などを通じて，適度な運動が心身に良い効果をもたらす可能性があるという情報に多く接していて，日常的に運動することを心がけているかもしれません。同様に，知的好奇心の高い人は，日頃から難しい問題によく取り組んでいて，認知機能の得点が高い傾向にあるかもしれません。つまり，知的好奇心が高いと（原因），よく運動し（結果1），認知機能も高い（結果2）という関係があるため，よく運動する人ほど認知機能が高いという調査結果が得られた可能性もあります。つまり，調査の結果，2つの変数の間に「一方の変数の値が大きいほど他方の変数の値も大きい（あるいは小さい）」といった**共変関係**が観測されたとしても，その関係を生み出している因果関係を特定することは容易ではありません。

　実験の利点は，以上のような調査の限界を克服できること，つまり，変数間の因果関係を検証するためのより強い根拠を提供できることです。先述の通り，実験では，研究者が独立変数を操作します。そして，その後で従属変数の測定が行われます。言い換えると，独立変数の値は，従属変数の値が測定される前

に，それとは独立に，研究者によって決められています。したがって，実験を通じて従属変数と独立変数の共変関係が明らかになった場合，従属変数の影響で独立変数が変化したと考えるよりも，独立変数の影響で従属変数が変化したと考えるほうが，自然な時間の流れに沿っている点で理にかなっています。たとえば，実験例1で，運動あり群のほうが運動なし群よりも認知機能検査の平均得点が高かったとします。この結果を「認知機能検査の得点が高いと，運動あり群に割り当てられやすい」というふうに，現在から過去へ時間の流れを逆行して解釈することには無理があるでしょう。それよりも，「運動あり群に割り当てられると，認知機能検査の得点が高くなりやすい」という解釈のほうが，原因が結果に先立つという常識に合っています。まとめると，独立変数の操作が行われた実験データは，そうでない調査データよりも，独立変数が従属変数に影響を及ぼすという因果関係のより強い根拠になり得るという点で優れています。

2.1.4　実験のもう一つの必須要素

　ただし，単に独立変数の操作を行うだけでは，因果関係の推論に適切なデータは得られません。たとえば，実験例1では，運動あり群の被験者は認知機能検査の実施に先立ってウォーキングに半年間取り組まなければなりません。そこで，実験を効率的に進めるため，被験者募集に早く応募してきた人たちから順に運動あり群に割り当て，遅く応募してきた人たちを運動なし群に割り当てたとします。このように作為的な割り当てをすると，2つの群の被験者の間に，独立変数である運動の有無以外の違いが生じる恐れがあります。たとえば，知的好奇心が高い人ほど実験参加に積極的で，早く応募してくるかもしれません。その結果，運動あり群の被験者のほうが運動なし群の被験者よりも知的好奇心が平均して高くなるかもしれません。前項で可能性を指摘したように，もしも知的好奇心の高い人ほど認知機能が高いという傾向があれば，運動あり群の被験者のほうが運動なし群の被験者よりも認知機能が平均して高くなってしまいます。すると，仮に2つの群の間で認知機能検査の平均得点に違いがみられても，それが運動の有無という操作の結果生じたものなのか，操作の前から2つ

の群の間にもともとあった違いを反映するにすぎないのかを区別できません。

　上で例に挙げた知的好奇心のように，独立変数とは別に従属変数に影響を及ぼすと考えられる変数を**剰余変数**とよびます。心理学が研究の対象とする変数は複雑であり，無数の他の変数から影響を受けていることがふつうです。実験例1でいえば，認知機能が運動の有無と知的好奇心だけで決定されるとは到底考えられません。先行研究を詳細に調べれば，認知機能に影響を与えると現在提案されているさまざまな変数を知ることはできますが，今後新たな変数がさらに加わる可能性は否定できません。では，そもそもどのようなものがどれくらい存在するかもわからない剰余変数の影響を独立変数の影響と区別するにはどうしたらよいのでしょうか。

　この問題の解決策として，一般に実験では**無作為配分**という手続きがとられます（高野，2000）。これは各被験者を被験者間要因のどの水準に割り当てるかを無作為に（ランダムに）決めることを意味します。実験例1では，たとえば，コンピュータを用いて0〜1の範囲の値をとる乱数を40個生成し，上位20個を1，下位20個を2に変換したとします。すると，20個の1と20個の2がランダムに並んだ数列ができます（図2.3）。この数列に基づき，1は運動あり群，2は運動なし群として，各被験者をどちらの水準に割り当てるかを決めるわけです。たとえば，21221…という数列であれば，2，5番目に応募のあった被験者は運動あり群に，1，3，4番目に応募のあった被験者は運動なし群に割り当てるといった具合です。このような無作為配分では，先に述べた応募順

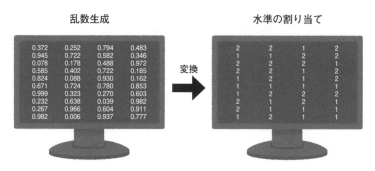

図2.3　**実験例1における無作為配分の例**

に基づくような作為的な配分と比較して，2群の間で剰余変数に違いがあると疑う合理的な根拠は少ないでしょう。もちろん，確率的には，2群の間で剰余変数に違いが偶然生じ（たとえば，運動あり群に知的好奇心の高い被験者が偶然多く含まれるなど），その影響で従属変数にも偶然違いが生じる可能性もあります。しかし，統計学を利用すると，2群の間で偶然生じ得る従属変数の差がどの程度のものであるかを推定することができます。そこで，2群の間で実際に観測された従属変数の差が「偶然生じ得る差」（**ランダムな変動**）に比べて十分大きければ，観測された差は独立変数の操作が原因で生じたものだろうと考えてもよさそうです。

　まとめると，実験とは，独立変数と従属変数の間の因果関係についての仮説の検証を目的としたデータ収集の方法です。この目的を達成するために，従属変数の測定に先立ち，研究者が独立変数の操作を行います。また，独立変数の影響と剰余変数の影響を分離するため，被験者の無作為配分が行われます。

2.2　実験の妥当性

　実験や調査などで収集したデータによって仮説や理論の裏づけを得ることを「実証する」といいます。そして，仮説検証や理論構築において実証を重視する立場を**実証的アプローチ**や**エビデンス・ベースト・アプローチ**とよびます。

表 2.1　心理学の実験に関わる種々の妥当性

妥当性の種類	内容
1. 内的妥当性	独立変数と従属変数の共変関係が観測されたときに，因果関係について結論できること。
2. 統計的結論の妥当性	データから結論を導くにあたって，統計学的に適切な前提や分析方法が用いられていること。
3. 構成概念妥当性	独立変数・従属変数となっている心理学的構成概念を現実に正しく操作・測定できていること。
4. 外的妥当性	研究で得られた知見を人々や状況を越えて一般化できること。
5. 生態学的妥当性	研究で用いられている状況や課題が，現実世界で遭遇するものと類似していること。

注：5の生態学的妥当性を除き，カーク（Kirk, 2013, p.16）を参考に作成したものです。

このアプローチから適切な結論を導くためには，データ収集や推論の手続きがさまざまな望ましい性質を備えている必要があります。それらの性質は総称して**妥当性**とよばれます。本節では，主にカーク（Kirk, 2013）に基づいて，心理学の実験に関わる種々の妥当性について解説します（**表2.1**）。

2.2.1 内的妥当性

実験を行ったところ，独立変数の操作によって従属変数に違いが生じた（独立変数の異なる水準間で従属変数の値が大きく異なっていた）としましょう。こうした結果が得られたときに，従属変数の違いを生み出したのは独立変数の操作であると結論できることが，実験が備えているべき重要な性質です（そうした因果関係の推論に有効なデータを得ることが実験の目的です）。この性質を実験の**内的妥当性**といいます。

前節で紹介した無作為配分は，実験に内的妥当性をもたせる上での必要条件といえます。無作為配分が行われていなければ，独立変数の異なる水準間で従属変数の値に違いが観測されても，それが剰余変数の影響で生じた可能性を否定できません。ただし，無作為配分さえすれば剰余変数の関与を疑わなくてもよいかというと，そうではありません。実験例1で考えると，運動あり群の被験者はウォーキングを半年間も続けなければならないため，途中で面倒になったり，けがをしたり，さまざまな理由で実験参加を辞退する被験者が出てくるでしょう。その結果，たとえば，モチベーションの高い人たちだけが残る可能性があります。あるいは，運動あり群の被験者は健康への意識が高くなり，カロリーを控えた食事などを心がけるようになるかもしれません。一方，運動なし群の被験者は何もしませんので，辞退者は少なく，食生活を変えたりすることもないでしょう。このように被験者の脱落や経験する出来事（歴史）などが独立変数の水準間で異なる場合，無作為配分をしていたとしても，水準間で被験者に独立変数以外の変数，つまり，剰余変数（上の例でいえば，モチベーションや食生活）の違いが生じます。

また，被験者が皆さんと同じ心をもった人間であることを忘れてはいけません。つまり，被験者は，実験の目的や仮説について考えたり，与えられた操作

や課題に感情を動かされたりするものです。そして，その結果，被験者は意図的あるいは無意図的に行動を調節することがあります。たとえば，実験例1では，半年間のウォーキングという時間もコストもかかる手続き，科学報道，あるいは噂や常識的判断などから，この研究は運動のもつ良い効果を調べることを目指しているのだろうと被験者が推測するかもしれません。すると，運動あり群の被験者は，研究目的の達成に貢献できるように，認知機能検査に懸命に取り組む可能性があります。一方，運動なし群の被験者は，無意味な条件に割り当てられたことに気分を害し，認知機能検査におざなりに回答したり，逆に，奮起して真剣に回答する可能性があります。このように，実験の目的に関する推論を被験者に促し，結果として，その目的に沿った（時には反した）行動を被験者がとるように仕向ける作用をもつ実験の諸側面を総称して**要求特性**とよびます。

　同様に，**偽薬効果（プラセボ効果）**も問題になります。これは薬の治療効果研究に由来する概念であり，薬理作用のない薬（偽薬，プラセボ）を投与した患者さんでも病気が回復することがあるという現象を指します。つまり，人は自分が何か意味のある介入を受けていると認識するだけで，その状態などが改善し得るということです。したがって，実験例1の運動あり群と運動なし群の間で認知機能検査の得点に差がみられたとしても，それが運動の効果なのか，運動に限らず何か有意義な介入を受けているという認識に由来する偽薬効果なのかを区別することは困難です。

　さらに，当然ですが，被験者だけでなく「実験の実施者」（実験者）も人間です。そのため，実験を通じて自分の仮説を支持したいと考えていると，それが実験の進め方に影響を与えることがあります。たとえば，実験例1の認知機能検査の際に，運動あり群の被験者には半年間の協力へのお礼を述べたり，感想を求めるなど温かく接する一方，運動なし群の被験者には淡白に接したとします。その結果，運動あり群の被験者のほうが実験者に好感を覚え，検査にまじめに取り組むといったことが起こるかもしれません。このように，実験者の期待などが実験結果に影響を与えてしまうことは，**実験者期待効果**（または単に，**実験者効果**）とよばれます。

表 2.2　心理学の実験の内的妥当性を損なう原因となる種々の「脅威」（Kirk, 2013 を改変）

脅威の種類	内容
1. 歴史	独立変数の操作と従属変数の測定の間に生じる独立変数の操作以外の出来事が従属変数に影響を与えることがあります。
2. 成熟	時が経つことで被験者に生じる独立変数の操作とは無関係の変化（年齢，体力，経験の増加など）が従属変数に影響を与えることがあります。
3. 検査	検査の繰返しによる被験者の慣れや学習が従属変数に影響を与えることがあります。
4. 測定の仕方	測定機器の精度の変化や不均一性，あるいは観察者や採点者が用いる基準の変化が従属変数に影響を与えることがあります。
5. 統計的回帰	従属変数の測定値のランダムな変動がもつ性質により，極端に高いまたは低い測定値を示した被験者は次回はより平均的な測定値を示しやすい傾向があります。この統計的回帰による従属変数の変動を，独立変数の影響と混同することがあります。
6. 選抜	独立変数の異なる水準に割り当てられた被験者の間にもともとあった違いが従属変数に影響を与えることがあります。
7. 脱落	独立変数の水準間で被験者の脱落の仕方が異なり，結果として被験者の特性の分布に水準間で違いが生じると，従属変数も影響を受けることがあります。
8. 選抜との組合せ	上記の脅威の中には，選抜との組合せによって独立変数の効果と区別の難しい効果を生み出すものがあります。たとえば，独立変数の異なる水準に成熟段階の違う被験者が割り当てられた場合，成熟の影響を独立変数の影響と誤解するかもしれません（選抜と成熟の組合せ）。
9. 因果の方向の曖昧さ	データの収集の仕方によって，X が Y の変化を引き起こしたのかあるいはその逆かを決めるのが難しいことがあります。この曖昧さは，X が Y に先行していれば回避されます。
10. 操作の拡散・模倣	独立変数の操作として，異なる水準の被験者に違う情報を与えることがあります。この場合，もし異なる水準の被験者間で情報の伝達・共有が生じたら，独立変数の操作の影響（水準間での違い）は小さくなってしまいます。
11. 望ましくない介入を受ける被験者の対抗意識	ある水準の被験者が一般に望ましいと信じられている介入を受け，それがそうした介入を受けない被験者の知るところになった場合，後者の被験者が対抗意識をもち，期待される介入の効果を弱めるか逆転させようと試みるかもしれません。
12. 望ましくない介入を受ける被験者の士気喪失	自分が望ましくない介入を受けていると知った被験者は，不満に感じて士気を喪失し，課題におざなりに取り組む結果，望ましい介入を受けている被験者との差が拡大するかもしれません。

　以上のように，さまざまな理由から，独立変数の異なる水準間に偶然ではな
い何らかの規則性をもった違い（たとえば，運動あり群では脱落のためモチベ
ーションの高い被験者が残りやすいなど）が生じ得ます（**表2.2**）。このよう
に剰余変数がランダムではない規則的な変動（**システマティックな変動**）をし
ているにもかかわらず，変動はランダムであるという誤った前提で統計分析を
行うと，当然，結論の信憑性は疑わしいものになります。つまり，実際には剰
余変数の影響で生じている従属変数の差を独立変数の操作が原因であると誤っ
て判断する危険性が高くなります。

2.2.2　内的妥当性を高めるために

　それでは，実験の内的妥当性を高めるにはどうすればよいのでしょうか。一
つの方法は，システマティックに変動し，従属変数に影響を与えると予想され
る剰余変数を測定することです（高野，2000）。たとえば，実験例1の運動あ
り群では運動なし群に比べて被験者の脱落が起こりやすく，モチベーションの
高い被験者が多くなる可能性があると指摘しました。この場合，何らかの方法
で被験者のモチベーションを測定しておけば，2群間で実際に被験者のモチベ
ーションに違いがあるか否かを確認できます。さらに，モチベーションを統計
的に統制することもできます。つまり，モチベーションの影響を除いた上でも
2群間で認知機能の得点に差がみられるか否かを調べられます。ただし，前述
した通り，心理学が扱う変数は複雑であり，無数の変数から影響を受けている
ことが一般的です。したがって，独立変数と従属変数の因果関係の推論に干渉
し得るすべての剰余変数を特定することは困難であり，仮に特定できても，そ
れらすべてを1つの実験で測定することはやはり困難です（高野，2000）。そ
のため，1つの実験では，先行研究などを踏まえて特に統制すべき少数の剰余
変数を選択して測定することが現実的な対処といえます。そして，統制すべき
剰余変数が新たに判明したら，次の実験ではそれを測定したり，あるいは独立
変数として操作することなどによって，過去の実験の限界・問題点の克服を試
みます。

　もう一つの対処方法は，剰余変数のシステマティックな変動ができるだけ生

じないように工夫することです。再び実験例1で考えてみましょう。2.1節で述べたように，運動あり群は実験群，運動なし群は統制群とよばれることがあります。特に，運動なし群は独立変数の操作をまったく受けていない「無介入統制群」です。そして，上述した脱落の問題は，実験群と無介入統制群の比較だから生じやすいと考えられます。つまり，統制群の被験者にも何らかの取組みを半年間継続してもらえば，統制群よりも実験群で被験者の脱落が起きやすいという事態は避けられるかもしれません。たとえば，認知機能の向上に寄与するのは運動の中でも有酸素運動であると考える根拠があったとします。この場合，実験群には有酸素運動としてウォーキングに，統制群には無酸素運動として筋力トレーニングにそれぞれ取り組んでもらうというやり方が考えられます。このように統制群においても何らかの介入を行うと，被験者が自分が意味のある条件に割り当てられているか否かに気づきにくくなり，要求特性や偽薬効果の影響も弱くなると期待できます。

　さらに，半年間の介入を終えて認知機能を検査する際に，それぞれの被験者が実験群と統制群のどちらに割り当てられていたかを実験者にわからないようにしたとします。そうすると，実験者効果も排除できそうです。一般に，実験において，被験者が実験群と統制群のどちらに割り当てられたかを被験者にも実験者にもわからないようにすることを**二重盲検法**とよび，要求特性，偽薬効果，実験者効果などを防ぐための有用な手続きと考えられています。

2.2.3　被験者内要因の場合

　ここまでは実験例1，つまり被験者間要因の実験をもっぱら例にとってきましたが，もちろん被験者内要因の実験においても内的妥当性の確保は重要な問題です。被験者内要因の実験では，1人の被験者が独立変数のすべての水準を経験するので，被験者間要因の実験よりも一般に長い時間がかかります。そのため，実験への慣れ，学習，疲労などの影響で，時間の経過とともに被験者の反応がシステマティックに変動する可能性が高いです。したがって，たとえば，ある水準を実験の前半に，別の水準を後半に実施するといったことをすると，水準間で被験者の反応に違いがみられても，それが独立変数の操作の違いを反

映したものなのか，慣れや学習などを反映したものなのかを区別できません。こうした問題を防ぐための一つの方法は，独立変数の各水準の出現順序を試行ごとに無作為化することです。実験例 2 でいえば，単独で提示される顔写真を評価する試行と 3 つ組で提示される顔写真を評価する試行をランダムな順序で実施するということです。

　ただし，実験によっては，同じ条件の試行をある程度連続させなければならない場合もあります。たとえば，顔写真の魅力度評価が被験者の気分によって影響を受けるか否かを調べる実験を考えてみましょう。被験者の気分を操作するため，実験室に心地よいクラシック音楽を流すポジティブ条件とそうした音楽を流さない中性条件を設けたとします。2 つの条件が毎試行ランダムに変わったら，つまり，音楽がかかっては止まることが繰り返されたら，被験者はわずらわしく感じるでしょう。また，音楽を一瞬聴くだけで気分が良くなると期待することには無理があるかもしれません。仮にそれだけで気分が良くなった場合，今度はその気分が音楽の止まった中性条件まで持続する恐れがあります（このように，以前の試行での操作の影響が以降の試行に残ることを**キャリーオーバー効果**とよびます）。そこで，同じ条件の試行をまとめたブロックを作ることがあります。たとえば，ポジティブ条件と中性条件をそれぞれ 20 試行続けるブロックを作り，各条件のブロックの出現順序を無作為化するなどです。または，ふつうブロックの数は試行の数よりもかなり少ないので，すべての順序パターンを網羅し，それぞれに被験者を均等に割り当てることもあります。たとえば，上の実験例で，ポジティブ条件と中性条件（それぞれ P と N で表すことにします）を 2 ブロックずつ実施する場合，順序パターンは全部でPPNN，PNPN，PNNP，NPPN，NPNP，NNPP の 6 つです。そこで，各順序パターンに同数の被験者を割り当てれば，ポジティブ条件と中性条件の間の実施順序の違いを打ち消すことができると考えられます。あるいは，相殺し合う順序パターンの一部だけ（たとえば，PNPN と NPNP の 2 つ）を用いて，それらに同数の被験者を割り当てるという簡便法もあり得ます。このように，関心外の要因（上の例ではブロックの順序）について複数の条件を事前に設定しておき，各条件に被験者や刺激などをバランスよく割り当てることによって，

データ全体ではその要因の効果が相殺されているとみなせるようにすることを「**カウンターバランスをとる**」といいます。

　また，被験者内要因の実験では，被験者間要因の実験以上に，要求特性が問題になります。たとえば，実験例2で，被験者は単独条件と集団条件の両方を経験するので，「単独の顔写真と3つ組の顔写真の見え方の違いを調べることが目的だろう」と推論するのは半ば必然です。そのため，実験が終わったら，目的や仮説は何だったと思うかなどを被験者にインタビューし，要求特性の問題が生じていないかを確認したほうがよいでしょう。あるいは，そうした問題が起きにくくなるような工夫を実験に加えることも考えられます。たとえば，単独条件と集団条件を被験者間要因に変更すれば，被験者が実験目的に気づく可能性は低くなるでしょうし，仮に気づいても，一人の被験者は一方の条件しか経験しないので，条件間で魅力度評価の仕方を調整することはできません。他には，単独条件と集団条件を独立した実験であるかのように実施するという方法も考えられます。たとえば，集団条件だけからなる実験を「主たる実験」と称してある実験者が実施します。その後，別の実験者に交代し，今後の実験で参考にする基礎的データを集めるための「予備的な実験」と称して単独条件だけからなる実験を実施するといった具合です。このように，実験目的などを悟られないように，被験者に虚偽の説明をすることを**ディセプション**といいます。ただし，ディセプションとは要するに被験者に嘘をつくことであり，安易に使うべきではありません。こうした実験における倫理的配慮については，2.4節であらためて取り上げます。

2.2.4 その他の妥当性

　内的妥当性に加えて，カーク（Kirk, 2013）は実証的アプローチが備えるべき3つの妥当性を指摘しています。

　1つ目は**統計的結論の妥当性**です。実証的アプローチでは，データを統計分析した結果に基づいて推論を行います。その際に，統計学的に適切な前提や分析方法を用いることが，正しい結論を得るために推論手続きに求められる性質です。この性質を統計的結論の妥当性といいます。これが満たされていない場

合，データから誤った結論が導かれる恐れがあります。たとえば，実験で無作
為配分をせず，独立変数の水準間に剰余変数のシステマティックな違いがあっ
たとしましょう。にもかかわらず，その変動はランダムなものだという不適切
な前提のもとで統計分析を行うと，剰余変数が従属変数に及ぼす影響を独立変
数によるものだと混同してしまうかもしれません。

　2つ目は**構成概念妥当性**です。たとえば，実験例1の仮説は「運動すること
で認知機能が向上する」というものですが，従属変数にあたる「認知機能」は
抽象的で，明確な実体をもちません。認知機能のように，心理学の仮説や理論
に登場する抽象的な変数を**構成概念**とよびます。一方，実験では，具体的・特
定的な検査を用いて認知機能が測定されます。このとき，構成概念（ここでは
認知機能）を検査で正しく測定できていなければ，仮説検証に有効なデータは
得られません。たとえば，実験例1において，運動による向上が理論上特に期
待される認知機能は，そのときそのときで重要な情報の処理に集中し，かつ，
不要な情報の処理を抑制する「実行制御機能」だったとします（Kramer et al.,
1999）。にもかかわらず，認知機能検査の中に実行制御機能を測る課題が含ま
れていなかったとすると，仮説の適切な検証とはいえません。つまり，実験は，
理論上想定されている構成概念を正しく操作・測定できているという性質を備
えている必要があります。これが構成概念妥当性です。

　3つ目は**外的妥当性**です。実証的アプローチをとる心理学者の多くは，国や
文化などによらない人類に共通の心の特徴・メカニズムがあることを理論上仮
定し，その解明を目指しています。一方，現実の研究では，実験例2のように，
大学生（特に心理学関連の授業の受講生）を被験者とすることが多いです。こ
のように特定の集団の人々を対象に行った実験や調査の結果を，他の集団の
人々でも再現できるか否かは定かではありません。実際，錯視のように基礎的
な心理現象にも文化差が存在し，「人類の心」を理解するためには多様な人々
を対象にした研究が必要だと指摘されています（Jones, 2010）。また，心理学
の実験では，さまざまな剰余変数の影響をできる限り排除するため，被験者に
は静かな実験室で単純な課題に黙々と取り組むことがふつう求められます。こ
うした人工的で特殊な状況下での人間の振る舞いが，より現実的な状況におい

ても再現されるか否かはやはり定かではありません。たとえば，実験例2で集団内にいる人は魅力的に見えるという結果が得られても，同様のことが現実のパートナー選択の場面などで確認できるかはわかりません。まとめると，ふつう心理学の研究は特定の人々や状況を対象に行われるため，得られた知見を人々や状況を越えて一般化できるかが問題になります。そうした一般化が可能であるという性質が外的妥当性です。

　実験例2で，もしパートナー選択と直結する魅力度評価に関心があるのならば，たとえば，マッチングサイトを模した画面で顔写真を表示したり，あるいはマッチングサイトの運営会社と協力してサイト上で実験を行うといった方法も考えられます。このように，人間が日常で遭遇する状況や課題に実験を近づけることを「**生態学的妥当性を高める**」といいます。なお，外的妥当性と生態学的妥当性は似て非なるものであることに注意しましょう。たとえば，上のマッチングサイトで行った実験の結果が他の状況下でのパートナー選択にもあてはまるか，つまり，外的妥当性があるかは不明です。

　以上，本節では，心理学の実験に関わる種々の妥当性を解説しました。すべての妥当性に問題のない，完璧な実験はありません。過去の実験の問題・限界が何であるかを慎重に検討し，次にそれらを少なくとも部分的に克服する実験を行うという試みの繰返し・積み重ねを通じて，人間の心を漸進的に理解しようとするのが実証的な心理学です。

2.3 実験計画とデータ分析

2.3.1 実験計画

　前節でみたように，実験を行うにあたっては，データに基づく推論の妥当性を損なうさまざまな可能性を事前に吟味し，それらをできる限り排除した実験方法を考案する必要があります。その際に核となるのは，どのような実験条件（要因と水準）を設け，そこに被験者をどのように配分するかに関する計画です。これを**実験計画**や**実験デザイン**とよびます。

　心理学の実験計画を区別する基本は，被験者間要因と被験者内要因がそれぞ

れいくつ含まれているかです。被験者間要因だけを含む計画を**被験者間計画**,
被験者内要因だけを含む計画を**被験者内計画**といいます。たとえば, 実験例 1
は被験者間要因を 1 つだけ, 実験例 2 は被験者内要因を 1 つだけ含むので, そ
れぞれ 1 要因被験者間計画, 1 要因被験者内計画とよばれます。なお, 被験者
内要因を**反復測定要因**, 被験者内計画を**反復測定計画**ともいいます。これは,
被験者内要因では, 各被験者の従属変数の測定が水準を変えて繰返し (反復し
て) 行われるからです。

　もちろん, 要因を複数含む実験もあります。特に, 被験者間要因と被験者内
要因を両方含む計画を**混合計画**といいます。たとえば, 実験例 2 の仮説を少し
発展させて, 「集団内にいる異性は男性には魅力的に見えるけれども, 女性に
はそうは見えない」という仮説を検証したいとします。そして, 被験者を異性
愛者の男女 15 人ずつの大学生として, それ以外の方法は実験例 2 と同じであ
る実験例 2′ を実施したとしましょう。この実験は, 単独条件と集団条件とい
う被験者内要因に加えて, 被験者の性別という被験者間要因を含むので, 2 要
因混合計画とよばれます。

　ここで, 実験計画という話題から少しそれますが, 鋭い人は実験例 2′ で無
作為配分はできるのだろうかと疑問に感じたかもしれません。当然, 被験者の
性別は被験者が決まったら自動的に決まりますので, 各被験者を男性または女
性に無作為に配分することは不可能です。このように, 無作為配分がなされて
いない被験者間要因を含む実験を特に**準実験**とよぶことがあります。実験と比
較して, 準実験は内的妥当性が低いため, 収集されたデータから因果関係につ
いて推論を行う際にはより注意が必要です。たとえば, 実験例 2′ で関心の対
象となっている独立変数が, 被験者の「生物学的性別」(性染色体の組合せで
決まる性別) だったとします。しかし, 男女平等が尊重される現代社会にあっ
ても, 生物学的性別に応じて育てられ方や期待される役割などに違いがみられ,
「社会・文化的な性差」が形成されます。したがって, 実験例 2′ の結果, 仮に
性差を示すデータが得られたとしても, それが生物学的な原因をもつものなの
か, あるいは, 社会・文化的な原因をもつものなのかはわかりません。

2.3.2 実験データの分析

　一般に実験で収集されたデータは統計分析にかけられ，その結果に基づいて，独立変数と従属変数の間に関係があるといってよいか否かの判定がなされます。ただし，一口に統計分析といってもさまざまな種類があり，実験データをどのように分析するかは，その実験がどのような計画であるかによって変わります。たとえば，実験例1，2のような1要因2水準の実験で得られたデータを分析するための代表的な方法は **t検定** です。特に，実験例1のように被験者間1要因2水準の場合は **対応のない t検定** が，実験例2のように被験者内1要因2水準の場合は **対応のある t検定** がそれぞれ用いられます。

　一方，3つ以上の水準からなる要因，あるいは複数の要因を含む実験のデータを分析するための代表的な方法は **分散分析** です。この分析は英語では Analysis of Variance というので，略して **ANOVA**（「アノーバ」と読みます）とよばれることも多いです。t検定の場合と同様に，被験者間計画か，被験者内計画か，あるいは混合計画かによって分散分析のやり方が異なります。分散分析の詳しい解説は本書の第11章や他書（たとえば，Kirk, 2013；山田・村井，2004）に譲るとして，ここでは複数要因の実験計画における重要概念である交互作用について簡単に説明をします。

　例として，直前に取り上げた実験例2′（実験例2と同じ実験を，被験者を男女各15人で行ったもの）を考えます。これは，被験者の性別（男女の2水準）という被験者間要因，および，顔写真の提示法（単独条件と集団条件の2水準）という被験者内要因を含む2要因混合計画の実験です。実験で得られたデータを要約すると **表2.3** のようになったとしましょう。表をみると，男性被験者では，単独条件よりも集団条件において魅力度評価の平均値が0.7ポイント大きくなっています。一方，女性被験者では，2つの条件間での平均値の差は0.1ポイントであり，相対的に小さくなっています。つまり，顔写真の提示法の効果は被験者の性別によって異なるようです。このように，ある要因が従属変数に与える効果が別の要因の水準間で異なる場合，それらの要因の間には **交互作用** があるといいます。交互作用があるということは，言い換えると，要因の組合せが従属変数に影響を与えることを意味します。再び **表2.3** をみると，

表 2.3　実験例 2′ のデータ（架空のもの）の要約

		顔写真の提示法	
		単独条件	集団条件
被験者の性別	男性	4.2	4.9
	女性	4.2	4.3

魅力度評価の平均値が被験者の性別と顔写真の提示法の組合せ別に示されています。

　集団条件での男性被験者による魅力度評価の平均値が，他に比べて大きくなっています。つまり，顔写真の提示法と被験者の組合せが魅力度評価を左右するようです。このように，複数の要因の組合せの効果のことを交互作用効果（または単に，交互作用）とよびます。

　交互作用に加えて，1 つの要因の単独の効果というものも考えることができます。たとえば，男女のデータを合わせて，単独条件と集団条件における魅力度評価の平均値を計算すると，順に $(4.2 + 4.2) \div 2 = 4.2$，$(4.9 + 4.3) \div 2 = 4.6$ となり，単独条件よりも集団条件で平均値が 0.4 ポイント大きいです。計算の過程で被験者の性別による違いがならされているので，この差は顔写真の提示法が魅力度評価に単独で与える効果を表すとみなせるでしょう。同様に，単独条件と集団条件のデータを合わせて，男性と女性の被験者による魅力度評価の平均値を計算すると，順に $(4.2 + 4.9) \div 2 = 4.55$，$(4.2 + 4.3) \div 2 = 4.25$ となり，女性よりも男性で平均値が 0.3 ポイント大きくなっています。この差は，被験者の性別の単独の効果を表すとみなせるでしょう。このように，1 つの要因の単独の効果を**主効果**とよびます。

　交互作用を検討できるのは，複数の要因を含む実験だけです。1 要因の実験を何度行っても，交互作用は調べられません。たとえば，実験例 2′ が被験者の性別と顔写真の提示法の交互作用の有無を明らかにできるのは，これら 2 つの要因を含む実験だからです。被験者の性別だけを独立変数とする被験者間 1 要因の実験と顔写真の提示法だけを独立変数とする被験者内 1 要因の実験をそれぞれ行っても，要因間の交互作用を知ることはできません。つまり，複数の要因が従属変数に及ぼす交互作用効果に関心がある場合は，それらの要因を同時に操作した実験を計画する必要があります。

2.4 実験における倫理的配慮

2.4.1 倫理的配慮の基本

実験を計画・実施するにあたって，妥当性の確保以上に重要なのが**倫理的配慮**です。実験の内的妥当性を考える上で，被験者が皆さんと同じ人間であることを忘れてはいけないと指摘しました。この当然の事実が倫理的配慮でも基本となります。何人も，他人に危害を加えることは許されていません。また，意にそぐわないことを強制されない自由を誰もが基本的人権として有しています。つまり，被験者の心身の安全の確保，および被験者の人権の尊重が，心理学の実験における倫理的配慮の根幹をなします（河原・坂上，2010; 日本心理学会，2011）。

この倫理的配慮を達成するために，心理学の実験を計画・実施するにあたっては，現在ではいくつかの手続きを踏むことが原則として要求されます。以下では，主に『日本心理学会倫理規程』（日本心理学会，2011）を参考にして，代表的な手続きをまとめておきます。

2.4.2 第三者による事前の倫理審査

前項で，倫理的配慮の基本の一つとして，被験者の心身の安全の確保を挙げました。これを実現する上で参考になるのが，実験の計画段階で実験者自らが被験者になることです。つまり，自分で実験課題に取り組み，不快感，疲労，回答しづらさなどのストレスを感じたとしたら，それらをできる限り軽減するように課題や手続きを改善するべきです。

しかし，自己判断には限界があります。たとえば，何を不快に感じるかやどの程度のストレスなら許容できるかなどは人によって異なりますし，実験を早く始めたい実験者は安全基準を甘く設定しがちになるでしょう。また，自分が被験者になることが容易な実験（実験例 2）もあれば，難しい実験（実験例 1）もあります。そのため，実験が計画できたら，その実験で倫理的配慮が十分なされているか否かについて，第三者による**倫理審査**を受けることが慣例になってきました。現在では，心理学関係の組織には倫理審査を行う委員会などが設

置されていることが多く，そこでの承認を得てから実験を始めることがふつう
です。

2.4.3　インフォームド・コンセント

　上記の倫理審査では，被験者の心身の安全の確保だけでなく，被験者の人権
の尊重ももちろん検討されます。被験者と実験者は同じ人間であり，本来対等
な存在です。しかし，実験に参加する限りにおいて，被験者は実験者の出す指
示に従うことが求められ，従属的な立場に置かれます。そこで，被験者の主体
性・自律性を保護するため，被験者には実験への参加・辞退を自分の意思で自
由に決める権利（自己決定権）が与えられなければなりません。これを**自発参
加の原則**といいます（河原・坂上，2010）。

　自発参加の原則を達成するため，実験者は，実験を始める前に，被験者に対
して，実験に参加するか否かは被験者の自由な判断に委ねられていることを伝
えます。さらに，実験の目的・方法，予想される苦痛や不快感などの有無と内
容，収集したデータの管理・利用方法などを説明し，被験者の理解を確認した
上で，参加に同意するか否かを被験者に尋ねます（日本心理学会，2011）。こ
の手続きを**インフォームド・コンセント**（説明つき同意）とよびます（**表
2.4**）。

　心理学の実験では，参加と引き換えに，被験者に謝金を支払ったり，（被験
者が心理学関連の授業の受講生ならば）授業成績に加点したりすることがあり
ます。これらは，実験参加に伴う負担の補償や参加体験型学習への評価として
の意味合いをもちます。インフォームド・コンセントでは，こうした実験参加
の対価についても被験者に伝える必要があります。なお，法外な謝金を約束し
たり，単位取得のための必須条件にするなどして，ある特定の実験に参加せざ
るを得ないようにすることは，自発参加の原則に反するため，ふつう避けるべ
きです。

　同時に，インフォームド・コンセントにあたっては，実験への参加を辞退し
ても何ら罰は科されないことを被験者に伝え，保証しなければなりません。た
とえば，実験参加を辞退したという理由で成績を減点するなどといったことは

表 2.4　心理学実験のインフォームド・コンセントの代表的な説明事項

説明事項	内容
1. 実験の目的・意義	実験が何を調べるためのもので，それを調べることにどのような意義があるかを説明します。
2. 実験の内容・方法	実験に参加した場合，被験者はどのような課題に取り組むことになるのか，所要時間はどれくらいかなどを説明します。
3. 予想されるリスクとその対処	実験に参加した場合，被験者が経験し得るリスクの有無と内容（苦痛や不快感など）を説明します。また，そのリスクにどのように対処するか（苦痛や不快感を経験したら，いつでも実験を中止できるなど）を説明します。
4. 実験参加に伴う利益	実験に参加した場合，被験者が得られる利益の有無と内容（謝金など）を説明します。
5. 同意・同意撤回および質問の自由	実験参加に同意するか否かは被験者が自由に決められること，いったん同意した後でもいつでも同意を撤回して実験を中止できること，不明な点などがあれば実験者に随時質問できることを説明します。また，実験参加に同意しなかったり，同意を撤回しても，被験者に何ら罰は科されないことを説明します。
6. データの利用・公表方法と個人情報の保護	実験で収集したデータをどのように利用・公表するか（たとえば，被験者全体のデータをまとめて統計分析にかけ，その結果を学会や学術誌で公表するなど）を説明します。また，被験者の個人情報保護のための配慮（匿名化されたデータを保存・分析し，個人を特定できるデータの公表は決してしないなど）を説明します。
7. その他	実験の倫理性（倫理審査委員会などの審査・承認を受けていること）や実施体制（関与する研究者のリスト，責任者の連絡先，研究費用の拠出元など）などを説明します。

注：実際には，倫理審査を行う委員会などが定める説明事項を網羅する必要があります。

あってはなりません。また，最初に実験参加に同意したからといって，被験者は必ず最後まで実験に取り組まなければならないということはありません。逆に，被験者には，何ら罰を科されずに実験をいつでも途中で辞退できる権利を保証し，そのことをインフォームド・コンセントで伝えておく必要があります。

2.4.4　デブリーフィング

　2.2 節で詳述したように，被験者に実験の目的を説明すると，被験者がその目的に沿うように（時には反するように）行動を調整してしまい，実験の妥当

性が損なわれることがあります。そのため，インフォームド・コンセントにおいては，被験者に実験のおおまかな目的だけを伝え，具体的な仮説などは伏せておくことが少なくありません。その場合，実験が終わった後に，仮説などの詳しい情報をあらためて被験者に説明し，質問や感想などを尋ねることがあります。こうした事後説明を**デブリーフィング**といいます。特に，実験手続きがディセプションを含む場合，つまり，実験中に被験者に虚偽の説明を行う場合，必ずデブリーフィングを実施し，被験者にディセプションについて陳謝し，その必要性について理解を求めるとともに，あらためて正しい情報を伝えなければなりません。

　ただし，デブリーフィングさえ実施すれば，インフォームド・コンセントをおざなりにしたり，被験者にいくらでも嘘をついてよいというわけでは決してありません。先述のように，インフォームド・コンセントの主な目的は，実験への自発参加の原則を担保することです。つまり，被験者が実験への参加・辞退を自己決定する上で必要な情報は事前に提供しなければなりませんし，決定に重大な影響を与えるような虚偽の説明をすることは許されません。たとえば，極端な例ですが，気持ちの悪い画像を見る課題が実験に含まれていることをインフォームド・コンセントで伝えない，あるいは，謝金を払うと説明しておきながら実際には払わない，といったことは容認されません。特に，ディセプションについては，倫理的問題の検討と配慮を事前に十分に行い，実験の目的を達成する上で本当に必要な場合に限定して使用すべきです。

2.4.5　個人情報の保護

　心理学の実験で得られるデータは，被験者の能力，性格，好みなど，個人の特性に関する情報をしばしば含みます。また，謝金の支払いや成績への加点などのために，被験者の氏名，学生番号，住所など，個人を特定できる情報も収集されることが多いです。万が一，個人の特性に関する情報が個人を特定できる形で流出した場合，被験者に重大な不利益をもたらしかねません。

　そのため，被験者の**個人情報の保護**の観点から，実験データは原則として**匿名化**しなければなりません。具体的には，実験データから氏名などの個人を特

匿名化前の実験データ				対応表			匿名化後の実験データ		
氏名	群	得点	…	氏名	識別番号		識別番号	群	得点 …
佐藤一郎	実験群	80	…	佐藤一郎	160316		160316	実験群	80 …
鈴木二郎	実験群	65	…	鈴木二郎	160325		160325	実験群	65 …
高橋三郎	統制群	70	…	高橋三郎	160402		160402	統制群	70 …
…	…	…	…	…	…		…	…	…

図 2.4　実験データの匿名化

識別番号には，その番号から個人が特定できないものを用いなければなりません。たとえば，学生番号や学生番号を特定の規則で変換したものなどを識別番号にすることは不適切です。

定できる情報を取り除き，代わりに個人を特定できないけれども区別はできるような**識別番号**（ID 番号）を付すことが一般的です（**図 2.4**）。なお，匿名化にあたって，個人を特定できる情報と識別番号の対応表を残す手続きを連結可能匿名化，そうした対応表を残さない手続きを連結不可能匿名化といいます。連結可能匿名化を採用する場合，対応表の管理・保管は厳重に行わなければなりません。たとえば，対応表は，流出するリスクの高い電子ファイルにはせず，書類として書庫などに施錠保管し，実験の責任者だけが参照できるようにするといった方法が考えられます。

　個人情報の保護への配慮は，被験者が実験参加に同意するか否かを判断する上で重要な情報ですので，以上のようなデータの管理方法はインフォームド・コンセントで明示すべきです。また，得られたデータの利用方法（たとえば，匿名化したデータを統計分析し，その結果を学会や論文で公表すること）についても，被験者に説明しておく必要があります。

2.5　ま と め

　実験では，独立変数に異なる操作が加えられた複数の条件を設定し，各条件において従属変数を測定します。そして，条件間での従属変数の違いを調べることで，独立変数から従属変数への因果的影響について推論します。しかし，単に独立変数の操作を行うだけでは，因果関係の推論に適したデータは得られ

ません。すなわち，独立変数と従属変数の因果関係を歪める可能性のある種々の原因について熟慮し，それらの影響が最小限になるように実験手続きを工夫する必要があります。さらに，被験者の心身の安全の確保，人権の尊重，個人情報の保護などの倫理面にも細心の注意を払わなければなりません。つまり，心理学の実験を計画・実施する上では，妥当性と倫理性への配慮が同時に求められます。

復習問題

1. 表 2.2 には，心理学の実験の内的妥当性を損なう原因となる種々の「脅威」が簡潔に説明されています。それぞれの脅威が実際に問題となるのは，どのような実験を行ったときでしょうか。具体的な実験の例を考えてみましょう。

2. 心理学の実験では，ラングら（Lang et al., 2008）が作成した国際感情画像システム（International Affective Picture System; IAPS）というデータベースに収録されている画像を被験者に見てもらうことがしばしばあります。インターネットなどで IAPS の収録画像がどのようなものかを調べ，このような実験を行う上で注意すべき点を考えてみましょう。

3. 心理学の実験では，妥当性への配慮と倫理性への配慮がしばしば対立します。そのような対立の具体的な例をいくつか挙げ，それぞれについて対処方法を考えてみましょう。また，この問題へのあなたの解答を他の人に話し，意見や感想を求めましょう。

参考図書

Kirk, R. E. (2013). *Experimental design: Procedures for the behavioral sciences* (4th ed.). Thousand Oaks, CA: SAGE.

　さまざまなタイプの実験計画とそれぞれに対応した統計分析法を解説した英語の教科書です。概して内容は専門的ですが，心理学の実証研究に関わる種々の妥当性を簡潔に説明した第 1 章は初歩的です。第 1, 2 章のサンプル（PDF ファイル）が SAGE 出版のウェブサイトで公開されています。

https://uk.sagepub.com/en-gb/asi/experimental-design/book233742

日本心理学会（2011）．公益社団法人日本心理学会倫理規程　第 3 版　公益社団法人日本心理学会

　心理学の研究に際しての倫理的配慮や心理学者としての職業倫理が簡潔にまとめ

られた冊子です。冊子の電子版（PDF ファイル）が日本心理学会のウェブサイトで公開されています。

https://www.psych.or.jp/publication/rinri_kitei.html

高野 陽太郎（2000）．因果関係を推定する——無作為配分と統計的検定—— 佐伯
　　胖・松原 望（編）実践としての統計学（pp.109-146） 東京大学出版会

　データから因果関係を推定する際に，無作為配分と統計的検定がどのような関係にあり，それぞれどのような役割を果たすかが，具体例などを通じてわかりやすく解説されています。

※本章の執筆に際して，鳥取大学地域学部准教授の田中大介氏，名古屋大学情報文化学部学生（当時）の服部友里氏から貴重な意見をいただきました。ここに御礼を申し上げます。

第 3 章

観察によるデータ収集

本章では，心理学研究における観察法について説明します。前半では観察法の考え方や方法について整理し，後半では，筆者が行ってきた授業観察を例としてデータ収集と分析の具体的な手順を説明していきます。

3.1 心理学と観察

　心理学の研究を行う際には，目的に応じた適切な方法を用いてデータを収集することが重要です。たとえば，あなたが小学校の授業における児童の積極的参加態度について研究をするとしましょう。**質問紙法**を用いて積極的参加態度を反映した行動の頻度を回答してもらうこともできますし，**面接法**を用いて授業中の気持ちを語ってもらうこともできます。これらの方法に共通する特徴は，自分の心の状態を振り返って説明することを対象者に求める点です。調査対象の年齢が高ければ，そのような振り返りや説明も可能かもしれません。しかし，年齢が低い子どもたちにとっては，自分が授業にどのように参加しているかを振り返って説明することはとても難しいと考えられます。また，積極的に授業に参加している子ほど自分の行動を評価する基準が厳しく，質問項目に対して低い評定値を回答するため，実際の参加態度を正しく測定できないという問題も考えられます。

　観察法は実際の行動を観察するため，このような回答者による影響を大きく受けずにデータを収集することが可能な方法です。ただし，観察法には分析も含めた実施のコストが大きいというデメリットもあります。子どもたちの特徴を正確に理解しようとすれば，1回の授業を観察するだけでは不十分でしょう。たとえば，ある子どもは観察した授業だけたまたま何らかの原因によって挙手

をしなかったのかもしれません。他にも，その授業の内容が特に苦手だった，その日は体調が悪かった，体育の直後の授業だったので疲れていた，などさまざまな原因が想定できます。もしかすると，見知らぬ大人が観察していたから挙手ができなくなってしまったのかもしれません。普段通りの子どもの姿を反映したデータを得るためには，少なくとも複数回の授業を観察することが望ましいと考えられます。また，そのような中で観察を行うフィールド（学校の場合は，先生，子ども，保護者など）との信頼関係（ラポール）を築くことも必要です。たとえば，松尾・丸野（2007）では小学6年生の国語の授業15コマ分が分析対象とされており，また，調査者はその授業が実施される2カ月前から週に1，2回程度の頻度で学級に足を運び，担任教師や子どもたちと関わりをもっていました。心理学におけるデータ収集の方法にはそれぞれ長所や短所があります。その特徴を把握した上で，何を，どこまで，どのように明らかにしたいか，という目的に応じて適切な方法を選択することが重要となります。

3.2　さまざまな観察の方法

　観察法にはさまざまな種類があり，①観察を行う状況に対して観察者が操作を行う程度，②観察を行う対象の選択の仕方，③観察対象（集団）と観察者との関係性，といった基準から分類することができます。

3.2.1　観察状況に対する操作

　観察を行う状況に対して観察者が操作を行う程度といった基準で観察法を分類すると，図3.1のように整理されます。

3.2.2　観察対象の選択

　観察を行う対象の選択の仕方という基準からは，日誌法，時間見本法，事象見本法，場面見本法，などに整理されます。

　日誌法は**自然的観察法**の一種で，日常生活の中で対象の行動を絶えず観察して，興味深い行動や新しい行動などをその都度記録していきます。親が子ども

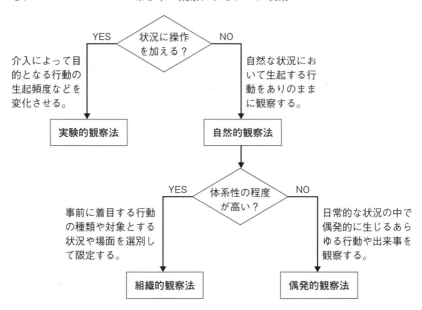

図3.1 **観察者による観察状況への操作の程度による観察法の分類**

の変化を記録した育児日誌なども日誌法の一種といえるでしょう。日誌法は観察対象の日常生活におけるさまざまな行動をありのまま，まるごと観察して記述することによって理解しようとする方法です。頻繁には生じない行動，微細な変化，行動が生じた背景の文脈などについて，非常に豊かな情報を提供してくれます。ただし，親と子ども，教師と児童といったように，観察者と観察対象が日常的に絶えず関わることが可能な関係にあることが前提となります。観察者と非観察者の間に密接な関わりがあるからこそ，他人では見過ごしてしまうような変化にも敏感に反応することができる反面，子どもに対して親が抱く期待などによって過剰な評価をしてしまうといった主観的な偏りが生じることもあるでしょう。

　時間見本法（タイムサンプリング）は，時間を基準とする方法です。あらかじめ定めた時刻や時間間隔に基づいて対象を繰返し観察します。5分間の観察の後，5分間は観察された行動を記述し，また次の5分間は観察をして，次の5分間は記述を行うといった自由記述法や，事前に観察対象となる行動カテゴ

リーの記録用紙を作成しておいて，特定の時点や，特定の時間間隔ごとに観察された行動をチェックしていくポイントサンプリング法などがあります。

　事象見本法（イベントサンプリング）は，観察の目的となる事象を基準とする方法です。たとえば，小学生は友人とのもめごとをどのように解決しているか，について研究をするとします。この場合，実際に子どもどうしで何らかのもめごとが生じたときに観察を開始し，その事象が収束するまで観察を継続します。そして，次のもめごとが生じるまでは待機しておいて，再度もめごとが生じたら次の観察を開始するといった流れで観察することになります。友人とのもめごとは，教師が教室にいる状況よりも，子どもたちだけで自由に遊んでいる状況のほうが発生する頻度が高いと想定できます。そこで，授業などの場面ではなく，昼休みなどの場面を選択して観察を行う方法を場面見本法とよびます。事象見本法や場面見本法は，特定の事象の開始から収束までを単位として観察するため，前後の文脈に位置づけながら対象の行動を理解することができるという良さがあります。一方で，特定の事象が生起するまでは待機しておくことが求められるため，効率性は時間見本法と比べると低くなる場合もあると考えられます。

3.2.3　観察者と非観察者の関係

　観察者と観察対象との関係性は必ずしも固定されたものではなく，観察者はフィールドにおいてさまざまな立場や役割をもって観察を行います。このように，観察者が観察対象の所属する集団の成員として特定の役割を担いながら観察を行う方法を参加観察とよびます。ゴールド（Gold, 1958）は観察者の参加の深さを4種類に分類しています（表3.1）。

　筆者はこれまで主に小学校で観察を行ってきましたが，大学院生の頃は，朝の会，給食，昼休み，掃除の時間など学校生活の全般で子どもたちと継続的に関わりながら授業を観察していたこともあります。授業以外の場面でも子どもたちと関わりをもっていましたので「定期的に教室にやってきて一緒に過ごすお兄さん」といえるような立場ではないでしょうか。最近ではそのように日常的には関わらずに，観察する授業のときだけ教室に行くような「見知らぬ大学

表 3.1　観察者による観察状況への操作の程度による観察法の分類
（Gold, 1958 に一部加筆して作成）

関わり方	説明	参加の深さ
全面的な参加者	その状況の中での役割をもっており，完全な参加者として振る舞いながら，観察を行う。（例：教員が自分の授業をビデオに撮影して子どもたちの様子を観察する。）	もっとも深い
観察者としての参加者	その状況に観察者として関わっているが，その関わり方は研究や調査とは関係のない，そのフィールドの活動にとって自然な理由に基づくものである。（例：他の学級の教員が，授業改善のために観察を行い，知見を教師や子どもにフィードバックする。）	
参加者としての観察者	研究対象となっているフィールドとは，最低限の関わりだけをもっている。その関わり方も，フィールドの活動としては不自然で，標準的ではないものである。（例：研究者が定期的に教室にやってきて，授業の観察のみを行う。）	
完全な観察者	観察者は，その状況における役割を一切もっていない。（例：他の人が撮影した授業のビデオを視聴することで観察を行う。）	不参加

の先生」といった立場での関わりが増えてきています。「見知らぬ大学の先生」が授業に現れて自分たちの様子を観察しているときには，子どもたちも何らかの望ましい姿を見せなければならないという気持ちを強く感じているかもしれません。もしかすると授業をしている先生たちもそうかもしれません。日常的に生じている学びの姿とは異なる様子を観察している可能性も否定できないでしょう。それに対して，「定期的に教室にやってきて一緒に過ごすお兄さん」として継続的に関わっている際には，子どもたちが授業に集中していない姿や，学級にトラブルが生じている場面なども観察することができました。子どもたちへの思い入れが強くなってしまい，学級会の際に口を挟んでしまうなど，客観的な観察者として振る舞うことができなくなってしまった経験もあります。

　大学院生時代の筆者は，「参加者としての観察者」と「観察者としての参加者」の間で揺れ動いていたのかもしれません。観察によって得られた知見は授業整理会の場などで先生たちにフィードバックします。そういう意味では，子どもにとっては「参加者としての観察者」ですが，先生たちにとっては「観察

者としての参加者」であるのかもしれません。このように，観察者がフィールドとどのような関係をもつかは状況によってさまざまに変化します。

　参加観察においては，事実を客観的に観察することで得られる情報だけでなく，実際に現場の実践に参加することを通じて，感じ，考え，解釈したことなども研究のための重要なデータとなります。ですので，観察のフィールドにおける役割が少しずつ変化してより深い水準で実践に関わるようになる，というプロセスは参加観察の中心的な営みの一つです。ただし，完全な実践の参加者になってしまうと外部の視点から客観的に理解することが困難になってしまうこともあります。どのような深さで実践に参加することが最良か，ということは一概にはいえませんが，自分がどのような深さで実践に関わっているかを常に振り返りながら，研究の目的に応じた適切な距離を調整しようとすることが重要なのではないでしょうか。

3.3　観察の実際

　本節では，筆者が小学校で行っている授業観察の例を紹介しながら，観察によるデータ収集について具体的に理解を深めていきます。

3.3.1　教室における観察者の立ち位置

　観察の際には，教室での立ち位置によって得られる情報が大きく異なります。教室での立ち位置による様子の見え方の違いを図3.2に示しました。筆者は必要に応じて，A（A'）やBの位置から観察をしています。

　A（A'）の位置から観察するメリットは，子どもたちのやりとりの様子を把握しやすいという点にあります。Aからの見え方を示した写真では話をしている学生と聞いている学生の様子（表情，顔の向き，体の向きなど）を同時に把握することが容易です。教室の前方には話をしている学生に注意を向けずに隣の学生と話をしている学生がいることもわかります。この写真には教師の姿が映っていません。教師の様子がわからないことはデメリットですが，このときに観察者は教師ではなく子どもに着目していたという情報が得られるというメ

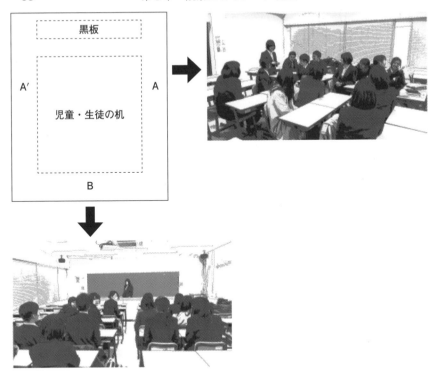

図 3.2　観察者の立ち位置と授業の見え方の対応関係

教室のどこから撮影を行うかによって得られる情報は大きく異なります。図中の写真は教室の異なる場所（A および B）から観察をした場合の教室の見え方のイメージを示した写真です。写真は掲載の許可を得られた大学生の協力を得て，大学の教室で撮影を行いました。撮影に協力してくれた学生の皆さんへの配慮から写真には加工を施しています。

リットもあります。観察を通じたデータ収集の質を高めるためには観察者の熟達が重要となります。A の位置から撮影されたビデオ映像は，観察者が自分の観察のあり方を振り返るための材料として活用することも可能です。

　B の位置からの観察は A の位置からの観察に比べて発話者や周囲の学生の表情などの情報が失われがちです。しかし，B の位置に立つと教師の様子や板書などについては豊かな情報を得ることができます。教師が子どもの発話をどのように板書に整理しているかなど，教師の介入に焦点をあてる場合には B の位置から観察を行うことが多いです。2 人の観察者が A と B の両方の位置

からそれぞれ観察を行い，各自が得た情報を統合しながら分析することもあります。近年では頭部に装着する小型のカメラや全方向を同時に撮影できるカメラなどの機材も容易に入手できるようになりました。研究の目的に応じてこのような機材を用いることで，実践の営みをより豊かに記述するための多様な情報を得ることが可能になります。

3.3.2 多様な機器の活用

　観察の際には，しばしばビデオカメラや IC レコーダーなどを用いて授業の様子を撮影，録音します。これらの機器を教室に持ち込む際には，子どもたちの興味をひいたり，緊張感を高めたり，といった授業への影響や，何よりも観察されることへの抵抗感に対する配慮が必要です。そのことを前提とした上で，観察に多様な機器を用いることには大きなメリットがあります。

　授業の分析においては，教師や子どもの発話の内容や意図などを理解するために非常に幅広い文脈に位置づけながら解釈する必要が生じます。しばしば，子どもたちは授業のさまざまな場面での発言と関連づけて発言します。他の授業の発言と関連づけながら発言することもあります。最初はある子どもが単に「自分の考えを述べた」というだけの意味しかもたなかった発言が，授業の後半に他の児童によって引用されることで，「他の子どもの思考を促進するきっかけ」としての意味をもっていたことが明らかになったりします。このように授業の観察においては，時間的，空間的な広がりの中でさまざまな発話が互いの意味を相互に規定し合うような学びのプロセスを把握し，記述することが求められます。ですので，授業全体を記録して何度も振り返ることを可能にするビデオカメラは非常に有効なツールです。授業のビデオを何度も繰返し視聴する中で，観察の時点では気づかなかった発話のつながりに気づく機会も多いです。

　しかし，ただ教室にビデオカメラを持ち込んで撮影すれば質の良いデータが得られるというわけではありません。図3.3 に同じ場面を 3 種類の異なるズームで撮影した場合の違いを整理しました。同じ位置からビデオを撮影しても，どのような範囲を切り取って撮影するかということだけで得られる情報は大き

映像の範囲 (ズームの距離)	イメージ	特徴
狭い（近い） ↑ ↓ 広い（遠い）	A-1  	発話している学生にズームした映像です。発話している学生の表情やしぐさについては非常によくわかります。その一方で，周囲の学生の様子がわからないため，この発話を他の学生が聞いているのかどうかについての情報を得ることは難しいといえます。
	A-2  	A-1 よりも周囲の学生の様子についての情報を得ることができます。授業中の班での話し合い場面など，子どもがやりとりをする範囲が近くに限定されている場合には，このくらいの距離感で撮影された映像が子どもたちの様子や表情などについて多くの情報を与えてくれます。
	A-3  	A-1 や A-2 と比べると，個々の学生の細かな表情など，細部についての情報は失われてしまいます。一方で，学級の様子をもっとも広範に記録しているため，発話をしている学生の近くに座っている学生は発話を聞いている様子ですが，教室の前方にはこの学生の話を聞かずに，隣の学生と話をしている学生がいるといった情報などを得ることができます。

図3.3 ビデオを撮影する際の情報の選択

く異なります。

　データ収集のために授業を撮影するという行為は，目の前で生じている多様な営みの中から，必要な情報として何を残し，何をあきらめるか，という取捨選択を常に伴います。より良質のデータを得るために，研究目的や分析計画をできるだけ明確にした上で，それに応じた適切な映像はどのようなものかを常

にイメージしながら撮影を行うことが求められるのです。

　観察の際には，ビデオなどの機材を用いた記録だけでなく，観察者がその場で経験したこと，考えたこと，感じたことなどを逸話記録として**フィールドノーツ**に残しておくことが重要です。筆者の場合はノートの左半分に教師と子どもの発話，行動，様子などの事実を時系列に沿ってメモします。右半分には，それらを見て考えたこと，気づいたこと，疑問に思ったこと，興味深いと感じたことなどを左側の記述との対応関係（何を見て，どのように考えて，何を感じたのか）がわかるように記述するようにしています（**図3.4**）。実際にそのときに教室に身を置いて感じられたことと，後になってビデオを視聴したときに感じられることにはズレが生じることがあります。特に，授業の雰囲気や感情的なムードといったものは，その場に身を置いてこそ感じられるものだと思います。フィールドノーツによる記録は，ビデオには残らない重要な情報を補足してくれます。

　フィールドノーツはしばしば走り書きの断片的なメモになりがちです。そこで，観察後に整理を行うことが望ましいです。その際に，まったく同じ内容を清書するだけでなく，フィールドノーツの記述を見直しながら授業のストーリーを再構成していくことも重要です。**図3.4**の例に記載された情報を「個人差が大きい学級であるので，実際に授業の中で**C4**のように読み間違いを発言する児童も出てくる。教師も机間指導をしているので，そのことは把握しているはず。しかし，その間違った発言を教師が修正するのではなく，むしろ，自分の立ち位置を変えるなどして，他の子どもに広げるような関わりをしている。そうすることで他の子どもが関わりながら一緒に考えていくような展開を作り出そうとしているのではないか」というように，1つの授業の流れとして語り直していくようなイメージです。観察をしていたときの自分と今の自分が対話しながら授業に向き合うような感覚です。この過程で生じるさまざまな解釈が，その後のデータ分析の視点を提供してくれることもあります。

2016 年○月○日○学時（11:35～12:20）
△△小学校 3 年 1 組　国語「ごんぎつね」
指導教員：○○先生（男性），学級 32 人（男児 16 人，女児 16 人）

※教室の机はコの字型の配置になっている。
※授業前だが椅子に座って先生の話を聞いている。　◀──　落ち着いているが，楽しそうに先生の話を聞いていて，明るい雰囲気を感じる。

T：△△△△△△△△△△△△△☆
C1：○○○○○○○○○○○○○○○○
T：△△△△△△△△△△△△△△△△△
C2：○○○○○○○○○○○
（先生が「めあて」を板書，子どもは書き写している）　◀──　先生が書き始めると，子どももすぐに書き始める。学習の流れを理解している様子。
T：（板書をしながら）△△△△△△△△△△
C3：○○○○○○○○○○○○○

〈一人学び　11:42～〉
（子どもたちは各自ノートに自分の考えを書く。5 分）
・＊＊＊＊＊＊＊＊＊＊＊＊＊＊＊＊＊（児童○○）
・＊＊＊＊＊＊＊＊＊＊＊＊＊＊＊（児童△△）　　書いている子はしっかり書いているが，全く書けていない子どももいる。個人差が大きい？
・＊＊＊＊（児童□□）
・（書けていない）（児童☆☆）
（先生は机間指導をしている）

〈全体での意見交流〉（11:50～）
T：△△△△△△△
C4：○○○○○○○○○○（小さな声）　　C4 の話を聞いていない？
（他の児童が C4 を見ていない）　◀──　C4 が先生に向かって話しているから？
T：△△△△△△△△（教室の後方に移動する）　◀──　C4 の目線を他の子どもに向ける？

C4：（さっきよりも大きな声）○○○○○○○○○○　　教科書の文章を読み間違っているのでは？　先生も指摘はしない。
T：△△△
C5：○○○○○○○○○○○○　◀──　C4 の読み間違いについての指摘
　　　　　⋮

図 3.4　フィールドノーツの記載例

筆者が作成しているフィールドノーツを模式的に再現した図です。内容は架空のものです。実際には手書きをしています。子どもの氏名がわからないときには C1，C2（同じ子どもは同じ数字で記載）など，暫定的に記号を使用して記載しています。

3.4 観察によって得られた情報の処理

本節では，授業ビデオの分析という状況を想定しながら，情報を適切に管理し，研究のためのデータへと加工し，分析するプロセスを説明します。

3.4.1 データの保管と整理

授業を撮影した映像や音声にはさまざまな個人情報が含まれており，厳密な管理が不可欠です。現在は録画した動画ファイルをコンピュータに保存するといったやり方が主流です。ファイルを外付けのハードディスクなどに保存して施錠可能な場所に保管するといった管理が望ましいでしょう。複数のハードディスクにバックアップすることも必要です。

1つの授業を観察すると，ビデオの動画，ICレコーダーの音声，フィールドノーツ，授業で使用された教材やプリント，指導案などさまざまな資料が収集されます。紙媒体の資料はスキャナーで電子化した上で，これらのファイルを同一のフォルダに入れて保存しておくと便利です。授業を観察してから少し時間が経ってしまった状態でビデオを視聴する場合でも，関連資料に基づきながらそのときの文脈や記憶をたどることが容易になります。電子データに対するファイル名のつけ方も，工夫をしておくとよいでしょう。情報を体系的に整理して必要に応じて検索できるように，ファイル名のつけ方に統一的なルールを設けておくことをおすすめします。筆者の場合は，「日付_学校名_学年_ファイルの内容」といった情報を基本として，必要に応じて教材名や単元名を加えたファイル名をつけています。このファイル名を利用して資料を検索するためのデータベースを作成することで，たとえば小学1年生を対象とした複数の授業や，同教材を扱った複数の授業だけをピックアップして分析したい，といった場合の対応も容易になります。

3.4.2 トランスクリプトの作成

データ分析の最初の段階として，しばしばビデオを文字化した資料（トランスクリプト）を作成します。表3.2は筆者が作成したトランスクリプトの一部

表3.2　授業ビデオのトランスクリプトの例

ターン	発話者	発話内容
260	KN	はい，えっと，友達のいいところで，RN ちゃんが，えっと，えっと，もっともっともえてくるって，もえてくるってことを言って，私は，言ってなかったことを言って，すごいなと思いました。
261	Tea	その気持ちって，RN さんが言ってくれたら，そうだなって，言葉になっていった？【＊＊＊】さんの中で，あ，そんな気持ちだ，ってわかった？（※子どもがうなずく）。それがすごいね。もうないですか？じゃあ，SS さん。
262	SS	私は，感じたことで（T：聞いて聞いて）なんか，LN ちゃんと似ているか，同じで，えっと…1年2組に本当になりきった感じがしてきました。
263	Tea	どこからなりきった感じがしたか言える？
264	SS	あ，ちょっと，それはまだちょっとわからない。
265	Tea	それはまだちょっとわからない。じゃあ LO さん。

小学校1年生の国語授業「くじらぐも」における，授業の最後の振り返り部分のやりとりのトランスクリプトです。発話者は Tea が教師の発話を表し，KN などのアルファベット表記は特定の児童の発話を表しています。アルファベットはこちらがランダムに付したものであり，児童の氏名のイニシャルとは対応していません。

分です。一番左の列は発話のターンを示しています。ターンとは話し手が話す順番のことです。このトランスクリプトは，発話者が変わったところをターンの変わり目とするというルールを決めて作成しています。中央の列は発話者を示しており，一番右の列が発話を文字化したものです。発話を文字化する際には，分析の目的に応じてどのような情報をどこまで細かく記述するかというルールを設けながら作成していきます。表3.2 のトランスクリプトは，當眞（2001）を参考に「発話の内容に注意を向けやすくするために，音律，ピッチ，イントネーションなどの情報は最低限に抑える」「まだ発話が継続することを示すような短い発話の区切れを「，」によって表記し，1つの発話が閉じることを示すようなまとまりを「。」によって表記する」「質問や問いかけを表す上がり調子の抑揚は「？」で示す」「発話中のあいづちや反応（実際に声に出されたものだけでなく，うなずきなどの動作によるものも含む）などは行を変えずに，生じた場所に（　）に入れて表記する」「聞き取りができなかった部分は【＊＊＊】という記号で表す」などのルールを設定して作成したものです。

このトランスクリプトを作成した際には，子どもの発話中の言いよどみに注目して分析をするというねらいがありました。そこで，3秒以上の沈黙については「…」という記号で記述するというルールを追加しました。このように研究の目的に応じた記述の工夫が求められます。

　トランスクリプトを作成する作業には多大な労力を要します。ですので，効率的に作業を行う工夫が必要です。無線のマイクを用いてビデオの音声をできるだけ明瞭にしたり，書き起こし用のソフトウェアを使用してキーボードでさまざまな操作ができるようにしたりするといった方法などがあります。

3.4.3　カテゴリーを用いたデータ分析

　本項では得られたデータを**カテゴリー**分類によって分析する方法を説明します。第1のステップは，データを丁寧に読み込みながら，分析対象となる行動を分類する基準となるカテゴリーを作成することです。たとえばフランダース（Flanders, 1970）は，教師による「感情の受容」「賞賛や励まし」「講義」「指示」や生徒の「応答」「主導」などの10カテゴリーを用いて授業中の発話を分類し，前後関係などを整理することで授業の相互作用の特徴を明らかにしようとしました。

　カテゴリーには，名称，定義の説明，具体例などが含まれます。また，必要に応じてカテゴリー間の階層性や包含関係なども設定します。簡潔すぎるカテゴリーでは必要な情報を十分に抽出できませんし，過度に詳細で複雑だと分析上のコストが増すだけでなく，かえって現象をクリアに理解することが困難になってしまいます。したがって，何を，どこまで知りたいか，という自分の問題意識に合致した内容，構造，細かさ，複雑さを備えたカテゴリーを先行研究から選択したり，データから自分で生成したりしながら分析することが重要となります。

　表3.3は，松尾・丸野（2007）で生成したカテゴリーの一部です。授業中の教師の発話の中から，話し合いに関する規範を学級に示す発話を抽出するために生成したカテゴリーです。カテゴリーを生成する過程には，①問題と目的の明確化，②注目する発話の選別，③カテゴリーの精緻化，という3つの段階が

表3.3　教師の発話を分類するためのカテゴリー
（松尾・丸野，2007 より形式や表現などを一部修正して引用）

カテゴリー	カテゴリーの定義	発話例
Ⅰ．授業の実施に関する発話		
Ⅰ-1．授業進行	授業中の活動を進行する機能を担う発話：活動の形式（やり方，役割分担，作業時間の設定），次の発話者の氏名，作業の進行状況を確認する発話などを含む。	●「（子どもが個人で考えをまとめる作業を行っているときに）いいかな，そろそろ」 ●「じゃあ，あと1分で切りましょうか」
Ⅰ-2．授業内容	授業の内容やその理解に関連する発話：問題の提示，知識の提示や説明，子どもの回答への評価，修正，精緻化，言い換えなどの応答を行う発話などを含む。	●「（作者が書いた5冊の本のタイトルを紹介した後に）どんなことをさ，君たちに伝えたいと思って書いたと思う？」
Ⅱ．授業中の話し合いに関する発話		
Ⅱ-1．具体的な技術	話し方・聞き方の具体的な技術を示す発話：話す際に用いるべき表現，声の大きさ，聞くときの身体の向きなどを具体的に提示する発話などを含む。	●「（子どもの発言の途中で）うん，ちょっとみんなのほうを向こうか。S.T. さんを見るといい」
Ⅱ-2．話し合いのグラウンド・ルール	学級のメンバーが「授業」に参加する上で共有すべき，話し合いのグラウンド・ルールを提示する発話：話し合いの目的や意味，他者との関わり方，話し合いの中での思考などに関する考え方（価値，態度，意味など）を提示する発話などを含む。	●「（班で話し合いの最中に）情報交換しいよ。自分の考え作るために話しよるっちゃけんね」 ●「（全体での意見交流の際）わからなかったら，どんどん質問してわかっていく。その人の意見をわかっていく」
Ⅲ．その他	授業の内容や話し合いとは無関係な発話	

ありました。

①問題と目的の明確化

　この研究で何を，どこまで明らかにしたいか，そのためにどんな情報を，どのくらいの詳細さで得たいと考えているのか，こういった点をデータ分析に先立って可能な限り想定しておきます。もちろん，データ分析と研究の目的や問いが明確化されるプロセスは往還的に生じるものです。とはいえ，観察によっ

て得られたビデオのデータをはじめて分析する初学者がこの段階を飛ばしてい
きなりデータと向き合ってカテゴリーを作り始めてしまうと，非常に多くのカ
テゴリーが無秩序に生成されてしまい収拾がつかなくなってしまうことや，全
体としての体系性が損なわれてしまうことがあります。また，とりあえず分類
用のカテゴリーを作成してみたものの，分類した結果から何を主張できるのか
がわからない，というような状態になってしまうこともあります。

②注目する発話の選別

　次に，カテゴリーを生成するためのポイントになる発話を選別していきまし
た。松尾・丸野（2007）の目的は「熟練教師はいかにして児童の学習を促す話
し合いを成立させているのか」について探索的に検討していくことでした。そ
こで，全15回分の国語授業における「教師の発話」を分析の対象として選択
しました。次に，教師の発話の中から「授業中の話し合いに関する発話」を抽
出しました。また「授業中の話し合いに関する発話」を抽出するためには，ど
んな発話がそのカテゴリーに含まれて，どんな発話は含まれないのか，なぜそ
の発話は含まれないのか，といった基準を明確にすることが重要となります。
そのために，「授業中の話し合いに関する発話」に含まれない発話を分類する
ためのカテゴリーも同時に設定していきました。このときは，「授業中の話し
合いに関する発話」というのは授業中の話し合いそのものについて言及するメ
タ的な発話であると位置づけていましたので，それ以外の発話を分類可能なカ
テゴリーとして「授業の実施に関する発話」と「その他」を設定しました。

③カテゴリーの精緻化

　最後の段階は「授業中の話し合いに関する発話」という大カテゴリーに分類
された発話を対象として，その特徴をさらに詳細に検討するために小カテゴリ
ーを生成したり，カテゴリー全体の体系性を整えたりする作業です。トランス
クリプトを何度も読み返す中で，話し合いを行う際に求められる「具体的な技
術」を示している発話と「話し合いについての認識」を示している発話の2種
類が含まれていることに気づきました。前者については，観察を行った教室以
外でも比較的多くの学級において教師が提示していたり教室に掲示されていた
りする内容が含まれていました。そのため「熟練教師特有の働きかけ」には該

当しないと考えました。それに対して，後者には観察の対象とした熟練教師の話し合いや児童に対する見方や考え方に該当する内容が豊かに含まれていました。そこで，後者の内容について詳細に検討をしていくことで，研究の目的に対応した情報を抽出できるのではないかと考えました。このような理由で，「授業中の話し合いに関する発話」をさらに「話し合いの具体的な技術」と「話し合いについての認識」に分類するための小カテゴリーを設定しました。

　個々の研究は他の研究との関係性の中に位置づけられることで，その意義や価値が積極的に理解されるという側面をもちます。したがって，先行研究において示されている理論や知見に基づきながらカテゴリーを生成するという方法も重要です。そうすることで，自分が生成しようとしているカテゴリーの概念を精緻化することも可能になります。松尾・丸野（2007）では，エドワーズとマーサー（Edwards & Mercer, 1987）が提唱しているグラウンド・ルールという概念を援用しながらカテゴリーを精緻化していきました。こうして作成されたのが，表3.3のカテゴリーです。その後，さらに「Ⅱ-2. 話し合いのグラウンド・ルール」に含まれる発話のみを対象に内容を細かく分類するカテゴリーを作成することで観察対象とした教師の認識を検討していきました。

④一致率の計算

　生成したカテゴリーに基づいて発話を分類する際には分類結果の信頼性を確認する手続きが必要となります。この場合の信頼性には，同じ評定者が異なる2時点で同一のデータについてカテゴリー分類を行った際に結果が一致するかという評定者内信頼性や，異なる評定者が同一のデータについてカテゴリー分類を行った際に結果が一致するかという評定者間信頼性が考えられます。たとえば，定義が曖昧すぎるカテゴリーや，カテゴリー間の水準が不揃いな体系的でないカテゴリー，構造が複雑すぎるために分類が困難なカテゴリーなどは，評定者の恣意的な判断や分類のミスなどの誤差が混入しやすくなるために，信頼性を低下させる原因となるものです。一致率が低い場合にはさらなるカテゴリーの修正を行うことで信頼性を高めていく努力が必要です。

　表3.4は2人の評定者が20人の対象者を「合格」と「不合格」に分類したという状況を想定して作成した仮想データです。この結果について一致率を計

表3.4 ２人の異なる評定者による分類結果（仮想データ）

| | | 評定者A | | |
		合格	不合格	合計
評定者B	合格	8	2	10
	不合格	4	6	10
	合計	12	8	20

算する場合，評定者AとBの判断が一致しているのが「合格」8人，「不合格」6人なので，(8+6)/20＝0.7 として計算することが多いかと思います。しかし，この計算方法では「偶然による一致」を含んでしまうため，基準に基づく判断による一致の程度を過大評価してしまう可能性があります。仮に評定者AとBが合格や不合格の基準に基づいて判断したわけではなく，完全な偶然によって（たとえばサイコロを振って偶数が出れば「合格」，奇数が出れば「不合格」）判断したとしましょう。表3.4のように評定者Aが12人を合格（8人を不合格），評定者Bが10人を合格（10人を不合格）としている状況で，偶然によって両者の評定が一致する確率は 12/20×10/20＝0.3（「合格」で一致する確率）と 8/20×10/20＝0.2（「不合格」で一致する確率）の合計で 0.5 となります。

このような偶然による一致の可能性を考慮した指標が，**コーエンのカッパ（κ）係数**（Cohen, 1960）とよばれる指標です。κ は

$$\kappa = \frac{\text{「実際の一致率」} - \text{「偶然による一致の確率」}}{1.0 - \text{「偶然による一致の確率」}}$$

という式で求められます。計算してみると，

$$\kappa = \frac{0.7 - 0.5}{1.0 - 0.5} = 0.4$$

となります。ランディスとコッホ（Landis & Koch, 1977）は κ の値を解釈するための目安として，0.81〜0.99 で「ほぼ完全な（almost perfect）一致」，0.61〜0.80 で「相当な（substantial）一致」，0.41〜0.60 で「ほどほどの（moderate）一致」といった基準を示しています。この場合は「ほどほどの一致」と

いう判断になりますが，最初に計算した70％の一致率という結果から受ける印象とはやや異なる印象を受けるのではないでしょうか。

　このような手続きによって比較的高い一致率が確認された後であっても，どうしても分類が一致しない発話もあります。そのような発話については評定者間の協議によって最終的なカテゴリーを決めるという手続きが一般的です。分類した結果は，名義尺度による数量的なデータになりますので，統計的な整理を行うことによってさらにいろいろな情報を得ることができます。

3.5　まとめ

　「どのように観察するか」は「何をどこまで明らかにしたいか」と切り離して考えることはできません。筆者も自分の研究目的やフィールドとの関係性の中で，さまざまな方法を試し，選択，調整しながら観察をしています。研究の目的によっては，事前にカテゴリーを準備しておいて，それに従って行動をチェックするほうが適切だということもあるでしょう（本章の説明は観察によるデータ収集と分析に関する多様な方法の一例にすぎません）。自分ならどうするか……という発想でこの章の内容を読んでいただければ幸いです。

　本章の内容を読んで何だか難しそう，大変そう，といった印象をもたれた方もいるのではないでしょうか。確かに，観察によるデータ収集のためには現場に何度も足を運ぶことが必要になる場合があります。カテゴリーの生成についても，こうやって文章化するとスムーズに出来上がっていくような印象をもたれるかもしれません。しかし，実際には，生成したカテゴリーをデータにあてはめ，うまく説明できない場合にはカテゴリーの構造や定義を修正するという作業を何度も繰り返します。繰返しデータに立ち戻って，膨大な時間をかけて練り上げていく労力なしに良いカテゴリーは生成できません。

　観察によるデータ収集には，「観察者自身が問われる」という特徴もあります。現場に足を運んで授業を見さえすれば，必ず何かがわかるというわけではありません。分析の過程でどんなにトランスクリプトを読んでも，興味深い発想を得られないということもあります。この壁を乗り越えるためには，観「察」

する自分の目を鍛える必要があります。そのために，たとえば，実践の当事者（筆者の場合は先生や子どもたち）との対話を通じて現象を多様に解釈するための視点を得ることが重要です。観察者が重要だと考える言動が必ずしも当事者にとって同じように重要とは限りませんし，逆に，観察者が見落としてしまった些細な言動が，その実践の当事者にとっては重要な意味をもっているということもあります。関連する先行研究の知見や理論をしっかりと学ぶことも観察によるデータ収集と分析の質を高める上で非常に重要です。そして，分析の際にはどのような事実をどのように理解して結論に至ったかという解釈の過程をできるだけ言語化して開かれたものにすることで，他者との議論を通じて自分の解釈の妥当性や，その前提となっている学習観などを検討するといった営みも大切になります。筆者にとっては，分析結果を小学校の先生たちにフィードバックする経験が，観察者としての自分を鍛えるための重要な契機になっています。

　観察によるデータ収集は，その他の方法では得難いような豊かな理解を私たちに提供してくれます。また，現場との関わりやデータと向き合う中で，研究者自身の理解が変化していく経験は非常に刺激的で有意義なものです。皆さんもぜひ挑戦してみてください。

復 習 問 題

1. 自然的観察法と実験的観察法の違いについて，観察状況に対する操作の程度，という観点から説明してください。
2. 観察を行う対象の選択の仕方という基準に基づく観察方法の名称を 4 つ挙げてください。
3. 観察を通じたデータ収集のメリットとデメリットを説明してください。

参 考 図 書

　以下に紹介するのは，本章の内容について，より広く，深く学んでいくための 3 冊です。いずれも，初学者が観察法や実践の現場での質的研究を学ぶ上で読みやすい本です。

中澤 潤・大野木 裕明・南 博文（編著）（1997）．心理学マニュアル　観察法　北大
　　路書房
　心理学における観察法の考え方や技術について体系的にまとめた一冊です。観察
法の全体像を理解したい人におすすめです。
伊藤 哲司・能智 正博・田中 共子（編）（2005）．動きながら識る，関わりながら考
　　える——心理学における質的研究の実践——　ナカニシヤ出版
　資料の集め方，フィールドとの関わり方，観察の仕方，データ分析の方法など，
質的研究を進める上で必要となる考え方や技法をわかりやすく紹介した本です。
やまだ ようこ・サトウ タツヤ・南 博文（編）（2001）．カタログ現場心理学——表
　　現の冒険——　金子書房
　日常生活の多様な現場（フィールド）における質的研究の事例をまとめた一冊で
す。現場で研究をしていく際のモデルとして参考にしてください。

第II部

データの記述と分析

第4章 記述統計

本章では，第1〜3章までに学んだ調査や実験，観察によって得られたデータについてその特徴を把握し，集約して記述する方法を解説します。4.1節では，心理学研究において扱われるデータの種類や特徴について説明します。心理学研究で収集されるデータについて概観した後，4.2節では，着目した1つの対象に関するデータ，4.3節では，2つの対象に関するデータについて，データの特徴やデータ間の関係を把握する方法について学びます。

4.1 データの種類

心理学では，主に人を対象にデータを収集します。データとは，対象から収集された値をまとめたものです。研究を行う際には，リサーチ・クエスチョン（第1章を参照）を明らかにし，そのためにはどのようなデータを収集する必要があるかを考えます。いきなりデータをとり始めるのではなく，研究の計画を立て，どのようなデータを収集する必要があるのか，また，収集したデータをどのようにまとめるのかについて，データを収集する前に明らかにしておく必要があります。

データと一口にいっても，収集される目的や手法によって，さまざまな種類に分けられます。ここでは，心理学で扱われるデータの分類として，大きく2つを紹介します。

4.1.1 質的データと量的データ

心理学分野で扱われるデータの大きな分類として，質的データと量的データがあります。

・質的データ

　数量として表せない現象を記録したもの。インタビューでの会話を録音した音声データや，子どもの様子を記録した日誌（**日誌法**については，第3章参照），絵画や手紙といった作品など。対象のきめ細やかな情報や，定量的に測定することのできない個々の現象にまつわる情報を得るのに適しています。

・量的データ

　数量として表すことのできる現象を記録したもの。年齢・身長などの他に，心理学で対象の心理状態を測定するため，**心理尺度**（第7章参照）というものさしを利用します。データを数量として扱うため，結果の要約・記述が容易。同じデータに対し，同じ分析を行えば誰が行っても同様の結果が得られます。

　質的データと量的データは，現象を数量として表現可能かどうかによって大きく分類することができます。数量として測定できるものや，現象をカウントして数として表現可能なものは量的データです。逆に，日記や音声，絵の内容などは数量として表現できず，質的データといえます。

　たとえば，「今の気分はどうですか？」という質問に対し，回答欄に文章で自由に記述するように求めた場合は質的データとして，5段階で評価するように求めた場合は量的データとしてデータを収集していることになります。

　ただし質的データの分析の中には，質的データを数量に変換し，量的データのように扱う場合もあります。インタビューの音声を文字に書き起こし，発言内容ごとにどういう内容であったか分類する，という分析方法は質的データを質的データとして分析している例です。それに対し，書き起こした文字（テキスト）データを単語（形態素）に機械的に分解し，その単語の出現回数（頻度）を数え上げ，量的データのように分析する例もあります。

　一般的に，質的データは対象のきめ細やかで豊かな情報を得るのに適しているといわれます。それに対し，量的データは現象が数量として測定されるため，それらの値を使って大小の比較や，どれくらい差があるのかといった問いに対して定量的に判断を行うことが可能です。

　逆に，質的データは，データを収集する段階から対象と関わることも多く（インタビューや日誌の執筆など），調査者・分析者の経験や力量に大きく左右される場合があります。量的データは，対象の心理状態を数量として測定する

ため，質的データと比較すると，1つのデータから得られる情報は少なくなる
傾向にあります。

　このように，質的データと量的データは，明らかにできることに得意・不得
意があります。そのため，リサーチ・クエスチョンに基づいて研究の計画を立
てる際に，どのようなデータを収集するか，どのようにまとめるかまで考える
必要があるのです。どちらのデータを使った研究が優れているということでは
なく，リサーチ・クエスチョンを明らかにするには，どのようなデータを収集
し分析するのが最適か，という考えで計画を立てましょう。本章では以後，量
的データについて取り上げ，説明を行います。

4.1.2　変　　数

　データを収集する対象によってさまざまな値をとるものを**変数**といいます。
たとえば，年齢は対象となる人によってさまざまな値をとるので変数といえま
す。年齢は数量として表すことのできる変数ですが，年齢の他に学年や血液型
なども，人によってさまざまな値をとるので変数です。ただし，年齢などの数
量として表すことのできる変数と，A型などとり得る選択肢（カテゴリー）が
決まっている血液型といった変数は，区別する必要があります。

・量的変数

　現象を数量として測定可能なもの。たとえば，身長や体重，年齢は現象をそ
のまま数量として測定したものです。

・質的（カテゴリカル）変数

　現象がいくつかの分類されたカテゴリーとして測定されるもの。たとえば，
血液型や，ある問題に正答したか誤答したかなど。血液型は「A型」「B型」
「O型」「AB型」の4カテゴリーに分類され，問題の正誤は，「正答」「誤答」
のどちらかの値をとります。質的（カテゴリカル）変数は，カテゴリーを便宜
的に数字に置き換えることで，見かけ上，言葉ではなく数字のデータとして表
すことが可能です。分類という観点のみでいえば，「A型」を1，「B型」を2，
……と便宜的に置き換えても本質的には同じデータを表現しています。特に
「正答」「誤答」や，「はい」「いいえ」などカテゴリーが2つのみの変数を二値

変数といい，2つのカテゴリーを便宜的に0と1として表現した変数を**ダミー変数**といいます。

　量的変数と質的（カテゴリカル）変数は，データを集約し，分析する際に気をつけるべき分類です。量的変数は，後で述べる平均値など，データの値を用いて足し算，引き算といったデータ同士の計算を行うことが可能です。質的（カテゴリカル）変数は，見かけ上数字であっても，1や2といったデータはカテゴリーを表している（上述の例でいえば，「A型」などの血液型）ので，

コラム 4.1　尺　　度

　本文で量的データ，質的データの話をしましたが，データはどのようなものさし（スケール，尺度）で観察・測定されたといえるものかという観点から以下の4種類に分類されます。性別や住所など明らかに文字で表現されたものは問題にはならないのですが，「アフター・コーディング」によりデータは数字に変換されることが多々あります。数字をみると足したり引いたりしたくなるものですが，その数字がどのような性質のものかを十分に理解しておかなければなりません。

- **比例尺度データ**……何倍であるかが意味をなします。たとえば長さや重さなどがこれに相当します。4 cm は 2 cm の2倍であり，4 cm と 2 cm を足すと 6 cm です。また，値がゼロのとき，その測定されたものそのものが「ない」ことになります。

- **間隔尺度データ**……測定の目盛りが一定間隔で差が意味をなします。たとえば温度がこれに相当します。「今日の気温は 10 ℃ で昨日より 5 ℃ 低い」は意味をなし，昨日は 15 ℃ であったことがわかります。しかし，「10 ℃ は 5 ℃ の2倍である」や「10 ℃ と 15 ℃ を足したら 25 ℃ である」は意味をなしません。

- **順序尺度**……数値の順番が意味をなします。徒競走の順位などがこれに相当します。1位と3位の差が2位であるというようなことや，1位と2位を足して3位になるということも意味をなしません。

- **名義尺度**……たとえば，北海道＝1，長崎県＝42，沖縄＝47 というように数値に置き換えたもの。文字列と同じ扱いをします。

データ同士を足したり引いたりして算出された値に意味はありません。

　データの分類に注意を払わずに誤った分析を行ってしまわないために，自分が扱うデータの種類には注意を払う必要があります。量的データは，質的・量的変数といった分類の他に，尺度水準という4つの尺度に分類する説明もよくなされます（**コラム4.1**参照）。

4.1.3　データの表現方法

　データを収集した後は，データファイル（第1章参照）を作成します。データファイルは，Excel や Numbers，Google スプレッドシートなどの表計算ソフトを用いて作成します（**図4.1**に表計算ソフトで入力されたデータファイルの概念図を示します）。

　データファイルにおいて，一つひとつのマスのことを**セル**といいます。横方向のセルの連なりを**行**，縦方向のセルの連なりを**列**といいます。

　データファイルを列方向（縦方向）に見ると，データを変数ごとに確認することができます。1つの列は，1つの変数を表します。**図4.1**では，「ID」「年齢」「学年」「性別」「Q1」…「Q10」という列があり，それぞれ1つの変数を表しています。「年齢」という列には各回答者の年齢のデータが入力されています。これは，今回収集した「年齢」という量的変数に，20歳，19歳，20歳，

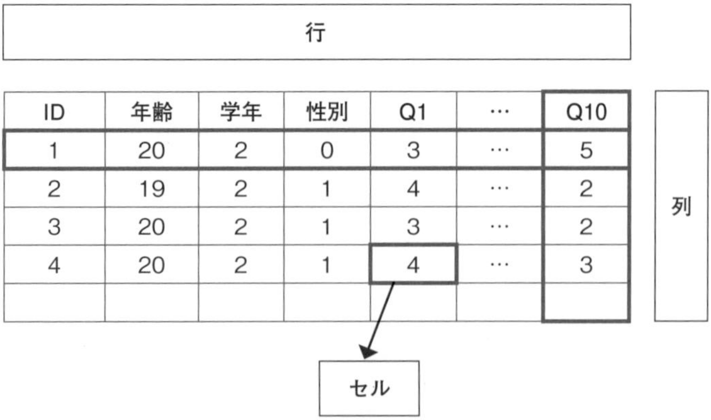

図4.1　データファイルの概念図

20 歳…というデータが入っていることを表します。「ID」という列には，データを収集した個人を区別する番号，「学年」の列には各回答者の学年が入力されています。「性別」はダミー変数で，0 が男性，1 が女性を表します。変数「Q1」の Q は質問を表す Question の頭文字をつけています。ここでは，Q1 から Q10 まで質問が 10 個あると考えてください。

　データファイルを行方向（横方向）に見ると，データを収集した人ごとに確認することができます。ID が 1 の行を見ると，「ID が 1 の回答者は，年齢が 20 で学年が 2，性別が男性で質問 1 には 3 と回答している」と読みとることができます。

　図 4.1 は 4 人分のデータ（の一部）しか示されていませんが，多くの場合はもっと多くの人からデータを収集します。50 人からデータを収集すれば，50 行のデータファイルになります。収集する人が多ければその分行数が増え，収集する変数が多ければ列数が増えていきます。データファイルに入力された数値を眺めるだけでは，データがどのような傾向や特徴をもっているのか読みとることができません。そこで，収集されたデータを集約してわかりやすい表現にします。対象から得られたデータを整理・集約し，データのもつ特徴を明らかにする学問を**記述統計学**といいます。データの主な表現方法として，図や表で表現する**可視化**と，1 つの数値に集約する**数値要約**の 2 つがあります。

4.2　1 変数のデータ

　図 4.1 の例では，「年齢」「性別」など変数が複数あるデータセットを考えました。本節では，1 つの変数に注目した際に用いられる可視化と数値要約の手法について説明します。ここで挙げている手法は代表的なもので，他にも多くの表現手法があります。

4.2.1　データの可視化

　データについて可視化を行う際は，変数が質的（カテゴリカル）変数か量的変数かによって，用いられる手法が異なります。

1. 質的（カテゴリカル）変数

1変数における質的変数の可視化のために，以下のデータ（以下，「出身県データ」といいます）を使います。

【出身県データ】（1変数・質的（カテゴリカル）変数）

150人が受講しているある大学の講義において，受講者の出身県を尋ねました。ただし，出身県は卒業した高校の所在地とし，47都道府県に該当しない場合，「その他」と回答することを求めました。以下は，そのデータの一部です。ただし，列名の「ID」は回答者を識別する番号を表します。

ID	出身県
1	福岡県
2	広島県
3	山口県
⋮	⋮
149	長崎県
150	佐賀県

(1) 度数分布表

出身県データは，「長崎県」「福岡県」などがデータとしてとり得る，質的（カテゴリカル）変数です。質的変数の場合，データがとり得る値（選択肢）を**カテゴリー**，各カテゴリーに反応した個数を**度数**といいます。**度数分布表**は

表4.1　出身県データの度数分布表

出身県	度数	相対度数
福岡県	35	0.23
佐賀県	13	0.09
長崎県	42	0.28
熊本県	13	0.09
大分県	10	0.07
宮崎県	4	0.03
鹿児島県	5	0.03
沖縄県	5	0.03
九州以外・その他	23	0.15
計	150	1.00

カテゴリーとその度数を対応させ，表にまとめたものです。各カテゴリーに反応した人数を数量として表現するものであり，データ・クリーニング（第1章参照）も兼ねて，データをとった後にまずとられる表現手法です。**表4.1**に出身県データの度数分布表を示します。

　出身県データは，とり得る値が48カテゴリー（47都道府県＋その他）あります。データを集約するという観点から考えると，48カテゴリーは多いです。カテゴリー数が多すぎるときは，内容の近いカテゴリーをまとめて集計します。データファイルを眺めると九州地方の出身者が多く，近畿地方や関東地方の出身者はあまり多くありませんでした。今回は，九州地方の県はそのままカテゴリーとし，それ以外の地域を「九州以外・その他」としてまとめることにしました。

　度数分布表の「度数」の右側には「相対度数」という列があります。これは，全体を1としたときに，各カテゴリーの度数が占める割合を表し，各カテゴリーの度数を全体の度数で割って計算します。度数分布表から，本講義の受講者は福岡県と長崎県の出身が多く，2つの県の出身者が約半数（$0.23 + 0.28 = 0.51$）を占めていることが読みとれます。

(2) 棒グラフ

　度数分布表は，各カテゴリーの度数を数値として可視化しましたが，グラフ

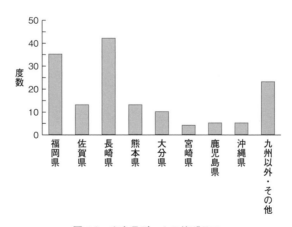

図4.2　**出身県データの棒グラフ**

として表現する方法として，棒グラフが挙げられます。**棒グラフ**は，横軸にカテゴリー，縦軸に度数をとり，棒の長さで度数を表現します。**図4.2**に，度数分布表と同じ出身県データを棒グラフで表現します。度数分布表と比較して，数量を見た目で判断することができます。

(3) 円グラフ

　全体における各カテゴリーの割合を表現する際には，**円グラフ**が用いられます。**図4.3**左に同じ出身県データを円グラフで表します。円グラフにおける各カテゴリーの扇形の大きさは，全体を100％としたときの割合を表しています。

　円グラフは新聞やニュース，プレゼンテーションなどでよく用いられますが，心理学の研究論文ではあまり利用されません。グラフから値を正確に読みとるためには，棒グラフにあるような目盛りの軸が必要です。棒グラフは基準となる0からの長さをカテゴリーごとに比較することができますが，円グラフは基準となる軸がなく，各カテゴリーの面積を比較する際に，頭の中で扇形を切り出して大きさを考える必要があります。棒グラフのように0の基準がないため，扇形がどれくらいの大きさを表しているのか，目盛りの軸なしに正確に読みとることは困難です。

　円グラフと同等の表現方法として，積み上げ棒グラフがあります（**図4.3**

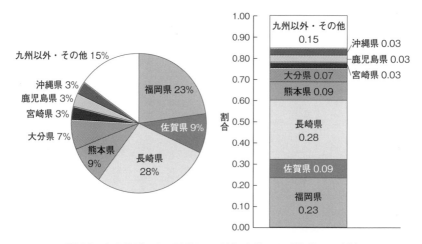

図4.3　出身県データの円グラフ（左）と積み上げ棒グラフ（右）

右）。積み上げ棒グラフも，全体を1としたときの各カテゴリーの割合を表します。ただし，円グラフと同様に，各カテゴリーの面積を正確に読みとるには，各カテゴリーの割合と軸の値を照らし合わせながら計算する必要があります。

2. 量 的 変 数

1変数における量的変数の可視化のために，以下の「テスト得点データ」を使います。

【テスト得点データ】（1変数・量的変数）

150人が受講しているある大学の講義において，30点満点のテストを行いました。得点は1問1点で，0点から30点までの範囲をとります。以下は，テスト得点データの一部です。ただし，列名の「ID」は答案を識別する番号を表します。

ID	得点
1	13
2	22
3	27
⋮	⋮
149	23
150	22

(1) 度数分布表

質的（カテゴリカル）変数を可視化した際に，はじめに度数分布表を作成しました。量的変数においても，度数分布表を作成することができます。質的（カテゴリカル）変数では，各カテゴリーに対して度数を対応させましたが，量的変数の場合，とり得る値を「0点より大きい〜5点以下」「5点より大きい〜10点以下」のように区切って度数を集計します。量的変数の場合，とり得る値を区切った範囲のことを**階級**，階級の真ん中の値を**階級値**といいます。量的変数では，階級と度数を対応させ，度数分布表を作成します。**表4.2**は，テスト得点を5点ずつに区切り，「0点より大きい〜5点以下」から，「25点より大きい〜30点以下」まで6つの階級に分けた度数分布表です。**表4.2**から，「15点より大きい〜20点以下」が54でもっとも度数の多い階級であることがわかります。

表 4.2　テスト得点データの度数分布表

階級	度数	相対度数
0 点より大きい〜5 点以下	0	0.00
5 点より大きい〜10 点以下	6	0.04
10 点より大きい〜15 点以下	33	0.22
15 点より大きい〜20 点以下	54	0.36
20 点より大きい〜25 点以下	35	0.23
25 点より大きい〜30 点以下	22	0.15
計	150	1.00

(2) ヒストグラム

　質的（カテゴリカル）変数では，度数分布表の度数を棒グラフで表現しました。量的変数では，ヒストグラムを作成することで，可視化を行うことができます。図 4.4 にテスト得点データのヒストグラムを示します。

　ヒストグラムの横軸は階級，縦軸は度数をとり，柱（ビン）の長さで度数を表現しています。ヒストグラムを見ることで，どのあたりのデータが多く観測されたのか（データの分布がどうなっているのか）を確認することができます。質的（カテゴリカル）変数の可視化の際に用いた棒グラフは，一つひとつの棒が離れていました。ヒストグラムは連続した数量を区切って階級としているため，柱が隣接して作成されていることに注意してください。図 4.4 から，テスト得点データは 15 点から 20 点の間を中心に，左右対称に広がる分布であることがわかります。

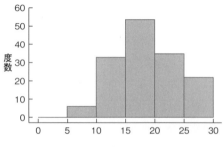

図 4.4　テスト得点データのヒストグラム

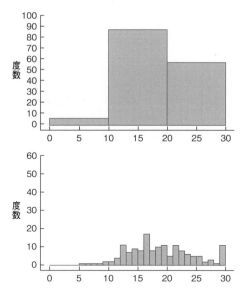

図 4.5　**階級幅の広いヒストグラム（上）と狭いヒストグラム（下）**

　ヒストグラムを作成する際に注意すべき点として，階級の幅（ビンの幅とも
いいます）や数の決め方によって，ヒストグラムの形状が変化してしまうこと
が挙げられます。テスト得点データのヒストグラムを階級の幅を変えて作成し
てみます。

　図 4.5 上は階級の幅が広すぎるヒストグラム，下は狭すぎるヒストグラムの
例です。階級の幅が広すぎると，1 つの柱にデータが集約されすぎてしまい，
データ全体を概観することができません。一方，図 4.5 下のように階級の幅が
狭すぎると，階級の数が増えるため対応する度数が 0 となるパターンが増えて
しまい，最終的に歯が抜けたようなデコボコの形状になってしまいます。階級
の幅や数を適切に設定しないと，階級データ全体の形を概観することが難しく
なります。階級の幅を決める公式などもありますが，どの階級にするべきか，
答えがあるわけではありません。幅を変えて何度かヒストグラムを作成し，デ
ータの分布が適切に可視化できるようなグラフを作成する必要があります。

(3) 密度プロット

　図 4.5 において，ヒストグラムは階級幅によって形状が変わることを確認し

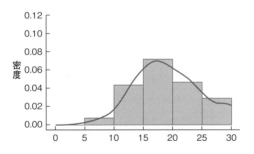

図4.6 テスト得点データのヒストグラムと密度プロット

ました。階級幅に影響されずに，分布をプロットする方法として，**密度プロット**（density plot）があります。密度プロットはカーネル密度推定という手法[1]で計算された値を曲線で示したものです。横軸はデータの値，縦軸は計算された密度を表します。曲線が盛り上がっているところはデータが集まっている（密度が高い）といえます。

　密度プロットは，ヒストグラムと比較してデータが分布している形状を滑らかに表現することができます。密度プロットは，ヒストグラムと重ねて描かれることが多くあります。図4.6にテスト得点データのヒストグラムに密度プロットを重ね書きした図を示します。

（4）ドットプロット

　ドットプロットは，横軸にデータの値，縦軸に度数をとり，ヒストグラムにおいて柱の長さで表された度数を，点で積み上げて表現したものです。ヒストグラムと比較して，実際のデータが点としてそのまま表現されているため，データに忠実でわかりやすいという利点があります。ヒストグラムと同等の表現ができますが，とり得る値が細かすぎるとドットが重なって表現できなくなってしまいます。図4.7にテスト得点データをドットプロットで表した図を示します。ただし，一つひとつの点は1個のデータを表しています。比較的少数のデータセットにおいて適している表現方法です。

---

[1] 詳しくはより高度なテキストを参照してください。

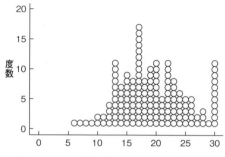

図4.7　テスト得点データのドットプロット

（5）箱 ひ げ 図

箱ひげ図は，箱とひげを組み合わせることでデータがどのような範囲に分布
しているか確認することができる可視化の手法です。図4.8にテスト得点デー
タの箱ひげ図を示します。

箱ひげ図は，箱とその上下のひげで描かれ，箱の内部に引かれている横線は
中央値，箱の下部は第1四分位数，上部は第3四分位数の位置を表します。

四分位数は，データを小さい順に並べ全体を4分割したときに，それぞれの
境界に位置するデータの値です。第1四分位数は，データを小さい順に並べた
ときの下から25％の位置，第2四分位数は50％の位置，第3四分位数は75％

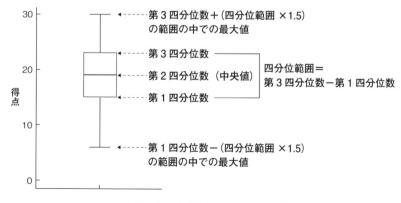

図4.8　テスト得点データの箱ひげ図

の位置に相当する値を示しています。第2四分位数はデータを小さい順に並べたときの真ん中（50%）に相当する値で，中央値ともいいます。また，第1四分位数から第3四分位数までの範囲（第3四分位数－第1四分位数）を**四分位範囲**といいます。

　箱の上下についているひげは，四分位範囲を1.5倍した範囲の中でもっとも大きい（小さい）値の場所を表しています。データの散らばりが小さい場合は箱やひげが短く圧縮されたような形になり，大きい場合は箱やひげが長く表現されます。四分位範囲の1.5倍を超える値は外れ値として扱われ，ひげの外側に点で表示されます。

　テスト得点データの第1四分位数は15，第2四分位数は19，第3四分位数は23です。また，150人のデータの最大値は30（満点），最小値は6です。よって，四分位範囲は $23-15=8$ で，四分位範囲の1.5倍は $8 \times 1.5 = 12$ です。箱の上部に伸びているひげの先端は，第3四分位数の23に四分位範囲の1.5倍の12を足した $23+12=35$ までの範囲で，もっとも大きい値である30を示しています。同様に下部に伸びているひげは，第1四分位数 $15-12=3$ までの範囲でもっとも小さい値である6を示しています。今回は四分位範囲の1.5倍を超える値はありませんでした。それぞれの値が**図 4.8** と対応しているか確認してください。

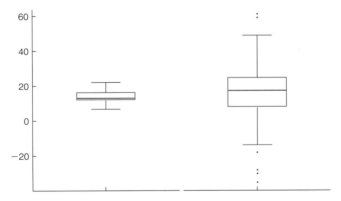

図 4.9　**分布の狭いデータの箱ひげ図（左）と分布の広いデータの箱ひげ図（右）**

図4.9には分布の範囲が狭いデータ例における箱ひげ図と，分布の範囲が広いデータ例における箱ひげ図を示しています。分布の範囲が広いと，四分位範囲の1.5倍を超える値が観測される場合があります。その際，範囲を超えたデータはひげの外側に点として描かれます。

(6) ヴァイオリンプロット

ヴァイオリンプロットは箱ひげ図と密度プロットを組み合わせた図です。箱ひげ図は，箱とひげの範囲で，データ全体のおおよその範囲と中央値を確認することができます。しかし，具体的にどの値がよくみられるか，など分布の具体的な形状は読みとることができません。ヴァイオリンプロットでは，箱の代わりに密度プロットを左右対称となるようにして描くことで，データがどのあたりに集中しているか読み取ることが可能となります。

図4.10に一般的なテスト得点データのヴァイオリンプロットを示します。図の読みとり方は密度プロットと同様，曲線が膨らんでいるところが，データの密度が高いことを表します。ヒストグラムと重ね書きした際は，水平になるように密度プロットを描きました。Aでは垂直に描き，その後左右対称となるように反対側にも配置し，その上から箱ひげ図を重ね書きしています。他にも，Bのように左右対称に配置した密度プロットの上に点でデータを重ね書きした

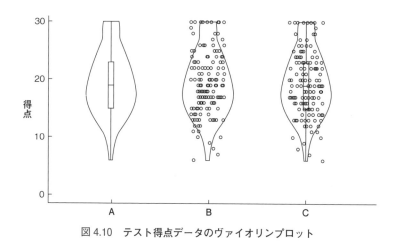

図4.10 テスト得点データのヴァイオリンプロット

り，Cのように，Aの図の上に点でデータを重ね書きしたりする場合もあります。ただし，B，Cの図で重ね書きしたデータはデータが重ならないように，ランダムな幅をもたせて描いています。

　ヴァイオリンプロットによって，15点から20点の間にデータが多くみられることがわかります。箱ひげ図のみと比較して，データが集まっている場所や中央値など，1つの図からより多くの情報を得ることができます。

4.2.2　グラフを読みとる際，作成する際の留意点

　同じデータに対して，さまざまな可視化の手法を使ってグラフを作成しました。グラフは，一目でデータの分布を確認することができ，データのもつ意味の解釈を手助けしてくれるツールです。一目でわかることから，人に与える影響は非常に大きく，グラフを読みとる際，そして作成する際には注意が必要です。ヒーリー（Healy, 2019 瓜生ら訳 2021）は，悪いグラフの要因として，①センスの問題，②データの問題，③知覚の問題，の3つを，具体例とともに挙げています。

　グラフを読みとる際には，グラフは（意図的でなくても）誤った印象を与えてしまう場合があることに注意してください。図4.11をみてください。これは，1変数の質的変数の可視化で登場した棒グラフを3Dで描いたものです（この図と以下の説明は，ヒーリー（Healy, 2019 瓜生ら訳 2021）を参考にしました）。

　図4.11の各カテゴリーA〜Dはそれぞれどんな値でしょうか。軸を見てみ

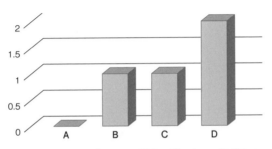

図4.11　Excelのデフォルト設定で描いた3D棒グラフ

るとカテゴリーAは0ですが何か四角が描かれています。BとCは1よりも少し小さく，Dは2よりも小さいことが読みとれます。正解は，「A＝0，B＝1，C＝1，D＝2」です。図4.11はExcelで描かれ，デフォルトの設定から変更はしていません。手元にPCがある方は，同じ値で3D棒グラフを描くと，同様の図が描けることが確認できると思います。図4.11のカテゴリーBの値が正確に1と読みとれる人はごく少数でしょう。3Dグラフのように，不要な装飾や効果（角度や影など）があると，正確な値の読みとりが阻害され，グラフから誤った印象を受けてしまいます。

　図4.12には，質的（カテゴリカル）変数の説明の際に用いた出身県データを3D円グラフで示しました。長崎県がもっとも多いことは確かですが，図4.3左の円グラフで確認したときよりも，割合をより多く感じます。また，佐賀県と熊本県は同じ9％ですが，熊本県の割合のほうが多く感じます。このように角度がついていると手前側が膨張して見えるため，手前側に位置しているカテゴリーは実際の割合よりも大きく表現されてしまいます。Excelでは，他にも3Dグラフを作成することが可能ですが，少なくとも心理学の領域において3Dグラフを使うことは推奨されません。

　3Dグラフの例のように，グラフはそれが意図しない場合であっても，間違った印象を与えてしまうことがあります。グラフを読みとる際には，見た目のインパクトに惑わされず，軸がどうなっているか，数値が正確に読みとれるかなどに注意する必要があります。これはグラフを作成する際にも同じことがいえます。

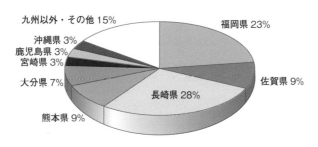

図4.12　出身県データの3D円グラフ

　ここまでさまざまな可視化の手法を紹介しましたが，グラフを作成する際には，手元にあるデータに対して適切で誠実なグラフを作成する，という心構えが大切です。グラフは意図しない印象を与えてしまうことを忘れずに，細かなところまで配慮を行いましょう。たとえば，文字の大きさや表示する順番，配色によっても印象は大きく変わります。特にグラフの色については，近年カラーユニバーサルデザインという考えが提唱され，見分けやすい配色などについてガイドブックも作成されています（カラーユニバーサルデザイン推奨配色セット制作委員会，2018）。

　図や表を作成し，レポートなどにまとめるときには，日本心理学会が公開している『執筆・投稿の手びき』（日本心理学会，2022）や，アメリカ心理学会の『APA論文作成マニュアル　第3版』（American Psychological Association, 2019 前田ら訳 2023）が参考になります。ただし，授業などで図や表に関して指定されたフォーマットがある場合にはそちらに従ってください。

4.2.3　数値要約

　データを記述する方法として，図や表を用いた可視化の他に**数値要約**が挙げられます。数値要約は，データの特徴を1つの数値にまとめることをいいます。また，まとめる値のことを**要約統計量**といいます。要約統計量は，**基本統計量**や**記述統計量**ともよばれます。

　図 4.13 に要約統計量についてまとめました。要約統計量は，データの分布における中心を表す**代表値**と，散らばり具合を表す**散布度**に大きく分けられます。また，代表値，散布度にはそれぞれさまざまな種類があります。

1. 代 表 値

　代表値は，データの分布における中心を表す指標です。代表値には図 4.13 にあるような3つの指標が主に用いられます。

・**平均値**

　すべてのデータの値を足し合わせ，データの個数で割った値。

・**中央値**

　データを小さい値から順に並べたときに，ちょうど真ん中に該当する値。デ

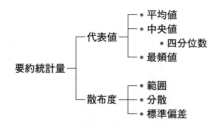

図 4.13　要約統計量（山田・村井，2004 より一部改編）

ータの個数が偶数の場合には 1 つに定まらず，たとえばデータが 10 個ある場合は 5 番目と 6 番目の値の平均値を中央値とします。四分位数は，データを小さい順に並べ 4 等分したときの境界に位置する値。第 1 四分位数は下から 25% の位置，第 2 四分位数は 50% の位置，第 3 四分位数は 75% の位置に該当する値を表します。第 2 四分位数は中央値と同じ値になります。

• **最頻値**

　データ全体でもっとも多く出現した値。各データの出現頻度がすべて 1 であったり（例：$\{1, 2, 3, 4, 5\}$），同じ出現回数の値が複数あったりする場合（例：$\{1, 1, 2, 2, 3\}$），1 つに定まりません。

　代表値を確認することで，データがどの付近を中心に分布しているのかを知ることができます。ただし，どれか 1 つだけで判断すると，間違った解釈を行ってしまう可能性があります。**図 4.14**，**図 4.15** に 4 パターンの，0 から 100 までの値をとる 1,001 個のデータをドットプロットで示しました。図中の横軸はデータの値，縦軸は度数を表しています。また，破線は平均値，青い丸は中央値（データが 1,001 個なので 501 番目のデータの位置），黒丸で塗りつぶされている丸の列は最頻値の位置を表しています。

　図 4.14 上はデータ分布が 1 つの山で，ほぼ左右対称の形になっています。このようなデータの分布の場合，平均値，中央値，最頻値はすべて分布の中心付近にあります。

　しかし，**図 4.14** 下のように分布が左に寄っている場合，3 つの値は一致しません。平均値は，すべてのデータを足して割るため，他の代表値と比べて中

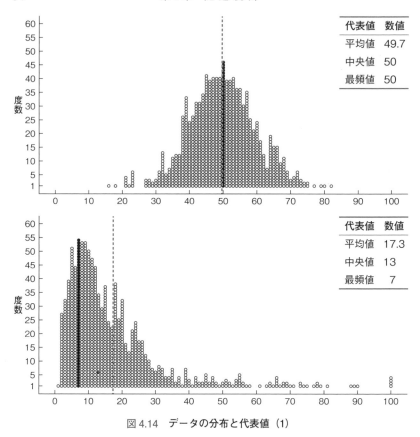

図4.14　データの分布と代表値（1）

心から外れたデータのほうに値が引っ張られる傾向があります。図4.15上は，分布の中心が右に寄っていますが，同様に平均値は3つの代表値の中で一番中心から外れた方向に位置していることがわかります。

　図4.15下は分布の山が複数ある場合の代表値の位置を表しています。分布のコブが複数存在するときも，代表値の解釈には注意を払う必要があります。図4.15下の場合，平均値や中央値はちょうど2つの山と山の間に位置しています。この場合，これらの代表値はこの分布を代表した値とはいえません。最頻値も山が複数あるような分布では，分布全体を代表する値となりません。

　図4.14，図4.15の例のように，分布の形状によっては1つの代表値だけで

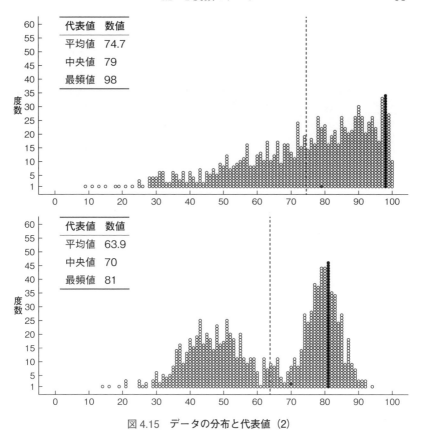

図 4.15 データの分布と代表値（2）

は分布の概要を十分把握することができません。ヒストグラムや密度プロット，ドットプロットなどを用いて可視化を行い，複数の代表値の値を見て形を把握することが大切になります。

2. 散 布 度

代表値はデータの中心の位置について 1 つの値で表すものでした。しかし，代表値だけではデータの分布をうまくとらえることができません。図 4.16 は3 つの代表値がほぼ同じ 2 つのデータを示しています。

どちらの分布も代表値は 50 付近ですが，上の図の分布は下の図の分布に比べてより広い範囲にデータ分布が広がっています。代表値はデータ分布の中心

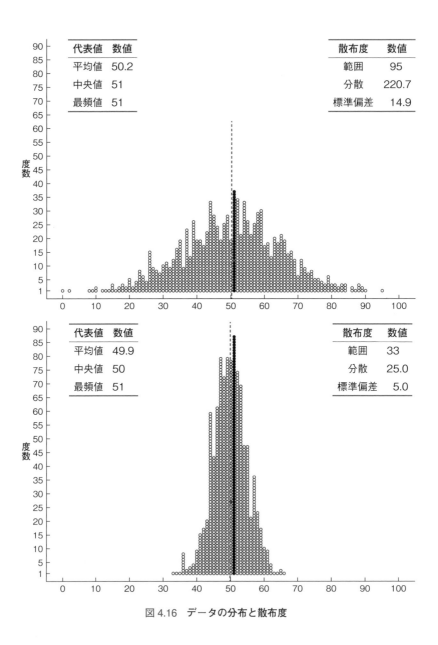

図 4.16　データの分布と散布度

を表しましたが，データの分布を把握するには，データがどのような範囲に分布しているのか，データ分布の幅（データの散らばり具合）についても，指標として考える必要があります。散らばり具合の指標をまとめて散布度といいます。以下に散布度の代表的なものを紹介します。

• **範囲**

データの最大値から最小値を引いた値。図4.16上は最大値が95，最小値が0なので，範囲は $95-0=95$ となります。

• **分散**

データから平均値を引いた値を**偏差**，または，平均からの偏差といいます。分散は偏差の2乗の平均値。たとえば，$\{1, 2, 3, 4, 5\}$ というデータは，平均値が3で偏差は $\{-2, -1, 0, 1, 2\}$ となります。偏差の2乗は $\{4, 1, 0, 1, 4\}$ で，分散は偏差の2乗の平均値であるため，$(4+1+0+1+4)/5=2$ となります[2]。

• **標準偏差**

分散の正の平方根をとったものを標準偏差といいます。データ例 $\{1, 2, 3, 4, 5\}$ の場合，分散が2より，標準偏差は $\sqrt{2}=1.41\cdots \fallingdotseq 1.4$ となります。

偏差は各データが平均値からどのくらい離れているかを表します。しかし，偏差の値を足し合わせるとプラスとマイナスが打ち消し合って必ず0になります。偏差を2乗することで符号に左右されずにデータがどれほど散らばっているのかについて値を求めることができます。分散は値を2乗しているため，正の平方根をとることで元の値に戻すことができます。分散や標準偏差は，第10章で非常に重要な値となります。

---

[2] 通常，一般的な統計ソフトウェアでは得られたデータが母集団からのサンプルであるとみなして処理が行われます。その場合，分母をデータの個数から1を引いた $n-1$ とするのが適切です（第10章参照）。しかし，本章ではあくまでも手元のデータのみに焦点をあてその特徴を記述するという観点から，分母を $n-1$ ではなくデータの個数 n としています。

4.3 2変数のデータ

ここまで，興味のある変数を1つ取り出して可視化や数値要約を行いました。変数を1つだけ取り出すのではなく，複数の変数を同時に見ることで，変数間の関係について検討を行うことができます。

ただし，2変数以上であっても，一つひとつの変数については，1変数のときと同様の可視化や数値要約の方法で確認を行います。本節では，特に2変数における，質的変数間，量的変数間の関係についてそれぞれ可視化，数値要約する方法について説明します。

4.3.1 データの可視化

1. 質 的 変 数

2つの質的変数の可視化のために，以下の「飲酒喫煙データ」を使います。

【飲酒喫煙データ】（2変数・量的変数×量的変数）

大学生100人に飲酒と喫煙習慣の有無を尋ねました。ここでの飲酒（喫煙）習慣とは，毎週飲酒や喫煙を行うことを指します。1回の量や1週間に何日行ったかではなく，毎週継続して喫煙や飲酒を行っていれば「有」，そうでなければ「無」と回答するように求めました。以下は，飲酒喫煙データの一部です。ただし，列名の「ID」は回答者を識別する番号です。

ID	飲酒	喫煙
1	有	無
2	有	有
3	有	無
⋮	⋮	⋮
99	無	有
100	無	無

(1) クロス集計表

2つの変数の度数を，各カテゴリーの組合せごとに集計を行い表にしたものを，**クロス集計表**といいます。**表4.3**に飲酒喫煙データのクロス集計表を示します。

表 4.3　飲酒喫煙データのクロス集計表

	喫煙習慣・有	喫煙習慣・無	計
飲酒習慣・有	20	50	70
飲酒習慣・無	10	20	30
計	30	70	100

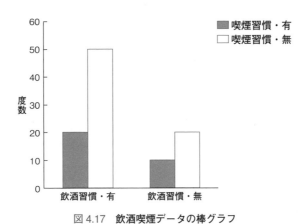

図 4.17　飲酒喫煙データの棒グラフ

　クロス集計表の一つひとつのマスを，セルといいます。左上の「20」と書かれたセルは，喫煙習慣と飲酒習慣のどちらも「有」と回答した度数を表します。「計」と書かれてある行と列は行方向，列方向に見たときの合計を表し，周辺度数といいます。たとえば，周辺度数を行方向に見たときは，喫煙習慣の有無が無視され，単に飲酒習慣「有」と回答した人が 70 人，「無」と回答した人が 30 人，と読みとることができます。右下の 100 は，すべての度数の合計を表し，総度数といいます。表 4.3 より，飲酒習慣のみあると回答した人が 50 人で，全体の半数を占めていることがわかります。

(2) 棒グラフ

　1 変数の可視化の際に用いた棒グラフを，2 変数の可視化でも用いることができます。棒の意味は 1 変数のときと変わりません。図 4.17 に飲酒喫煙デー

タを棒グラフで表しました。喫煙習慣の有無は色で区別されています。

2. 量 的 変 数

　2 つの量的変数を可視化するために，以下の「成績データ」を使います。

【成績データ】（2 変数・量的変数×量的変数）

　ある大学の講義を受講している大学生 150 人の，講義の最終成績と当該学期の GPA を調べました。最終成績はテスト得点と提出物，出席点を合算した値で，100 点満点です。GPA（Grade Point Average）は 1 単位あたりの成績平均値を表します。大学によって算出方法が異なる場合がありますが，今回は各講義の成績を 0〜4 に換算し単位数を掛けた値を合算し，該当学期の登録単位数で割った値とします。以下は，成績データの一部です。ただし，列名の「ID」は対象者を識別する番号です。

ID	最終成績	GPA
1	80	3.2
2	68	2.3
3	61	0.9
⋮	⋮	⋮
149	66	2.1
150	67	2.1

(1) 散 布 図

　2 変数の場合，1 人につき 2 つのデータ（最終成績，GPA）を同時に示す必要があります。平面上の横軸と縦軸にそれぞれデータをとることで，2 つのデータの位置を，平面上に同時に図示することができます。2 変数のデータをそれぞれ縦軸と横軸にとり，点として表現したものを**散布図**といいます。図4.18 に成績データの散布図を示します。

　図 4.18 の横軸は最終成績のスコア，縦軸は GPA の値を示しています。図4.18 の全体を見ると，わずかに右上がりに点が打たれているように見えます。右上がりに点があることは，「横軸の点数が高いと縦軸の点数も高い」という傾向にあるといえます。**図 4.18** から，本講義の最終成績の値が高い人は当該学期の GPA も高いという傾向がみられることがわかります。

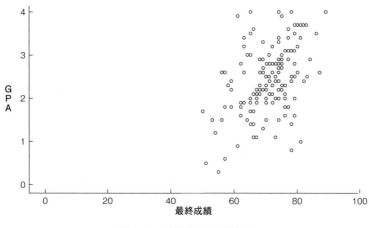

図 4.18　成績データの散布図

4.3.2　数 値 要 約

1変数のときは，それぞれの変数について分布の特徴を1つの値に表す数値要約を行いました。2変数では，2つの変数間の関係の強さについて，1つの値で表します。質的変数間の関係のことを**連関**，量的変数間の関係のことを**相関**といいます。

1．連 関 係 数

質的変数間の連関の強さを表す代表的な指標として，**クラメールの連関係数**があります。クラメールの連関係数は0〜1の値をとり，値が1に近いほど2変数間の関係が強いことを表します。

表4.4に飲酒喫煙データのクロス集計表を再度示します。2変数間の関係がまったくない場合，連関係数は0となります。2変数がまったく関係ない（＝連関係数が0）場合，**表4.4**の飲酒喫煙データのクロス集計表はどのように変化するでしょうか。**表4.5**に連関係数が0になるときのクロス集計表を示します。

もし2変数間にまったく関係がない場合，一つひとつのセルの値は飲酒や喫煙習慣に関係なく，人数比（周辺度数の比）によって一定に配分されるはずです。飲酒習慣に「有」と回答した人数は70人です。2変数間に関係がない場

表 4.4　飲酒喫煙データのクロス集計表（再掲）

	喫煙習慣・有	喫煙習慣・無	計
飲酒習慣・有	20	50	70
飲酒習慣・無	10	20	30
計	30	70	100

表 4.5　連関係数 0 のクロス集計表

	喫煙・有	喫煙・無	計
飲酒・有	21	49	70
飲酒・無	9	21	30
計	30	70	100

表 4.6　連関係数 1 のクロス集計表

	喫煙・有	喫煙・無	計
飲酒・有	0	70	70
飲酒・無	30	0	30
計	30	70	100

合，その 70 人は，もう片方の変数である喫煙習慣について「有」と回答した人と，「無」と回答した人の比率である 3：7（30 人：70 人）に従って配分されます。飲酒習慣のある人で，喫煙習慣に「有」と回答する人は，70×(3/10)＝21 人，喫煙習慣に「無」と回答する人は 70×(7/10)＝49 人となります。このとき計算される各セルの値を**期待度数**といいます。逆に，完全に連関がある場合，一方の変数によってすべて決まるため，表 4.6 のようなクロス集計表になります。

　クラメールの連関係数は以下の式で求めることができます。以下の式では，クラメールの連関係数を V という記号で表しています。連関係数は，実際の度数と期待度数のズレを表す χ^2 値とよばれる値を用いて計算します。

$$V = \sqrt{\frac{\chi^2}{(\text{行数，列数で小さいほうの値}-1) \times \text{総度数}}}$$

$$\chi^2 = \frac{(\text{セルの度数} - \text{セルの期待度数})^2}{\text{セルの期待度数}} \text{の和}$$

実際に表 4.4 の値で連関係数を求めます。

$$\chi^2 = \frac{(10-21)^2}{21} + \frac{(60-49)^2}{49} + \frac{(20-9)^2}{9} + \frac{(10-21)^2}{21}$$

$$= \frac{121}{21} + \frac{121}{49} + \frac{121}{9} + \frac{121}{21}$$

$$= \frac{121 \times (21 + 9 + 49 + 21)}{441}$$

$$= \frac{121 \times 100}{441}$$

$$= 27.438$$

$$V = \sqrt{\frac{27.438}{(2-1) \times 100}} = 0.524$$

以上から，**表4.4**のデータの連関係数は0.524と計算できました。

2. 相 関 係 数

　量的変数間の相関の強さは，**相関係数**という指標を用いて算出します。2変数間の相関が強い場合，たとえば他方の量的変数の値が大きくなれば，もう片方の量的変数の値も大きくなるという関係にあります。量的変数間における，他方が変化すればもう片方も変化するという線形の関係の強さを表す指標は，ピアソンの積率相関係数とよばれます。一般的に相関係数といえば，ピアソンの積率相関係数を指し，アルファベットのrで記述されます。本章でも，特に断りのない場合を除いて相関係数はピアソンの積率相関係数を指します。

　相関係数は$-1{\sim}1$の値をとります。**図4.19**に相関係数が$r = -1.0$，-0.5，0.0，0.5，1.0の5つの場合の散布図を示します。ただし，**図4.19**は乱数を用

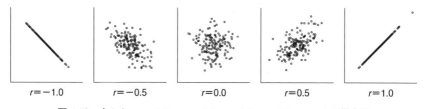

図4.19　左から $r=-1.0$，$r=-0.5$，$r=0.0$，$r=0.5$，$r=1.0$ の散布図

いているので多少の誤差が存在します。相関係数の符号が負の値のときの散布
図は右下がり，符号が正のときの散布図は右上がりにデータが配置されていま
す。

　相関係数の符号が正のとき，正の相関があるといいます。正の相関は，一方
の量的変数の値が大きくなれば他方も大きくなり，反対に，一方の量的変数の
値が小さくなれば他方も小さくなる，というように大小の変化が一致している
という関係にあります。

　それに対し，相関係数の符号が負の場合，負の相関があるといいます。負の
相関がある場合，一方の量的変数が大きくなれば他方は小さくなります。図
4.19 の散布図で明らかなように，大小の変化が一致している正の相関は右上
がりの散布図，逆の方向に変化する負の相関は，右下がりの散布図になります。

　相関係数が $r=1.0$，または $r=-1.0$ ということは，完全な相関があること
を意味します。一方の量的変数の値が定まれば，他方の値も自動的に決定する
関係にある，つまり完全に一直線上にデータが並ぶということです。逆に相関
係数が 0.0（無相関といいます）のとき，一方の量的変数に関係なく値をとる
ので，全体的に丸い形をした散布図になります。

　相関係数の計算式は以下の通りです。ただし，2つの量的変数を x と y，相
関係数を r で表しています。

$$r=\frac{x と y の共分散}{x の標準偏差 \times y の標準偏差}$$

$$x と y の共分散 =（x の偏差 \times y の偏差）の平均値$$

　相関係数は x と y の共分散を各変数の標準偏差の積で割った値です。共分散
は各変数の平均からの偏差の積を平均したものです。表 4.7 の 8 個のデータを
用いて，実際に相関係数の算出を行います。

　表 4.7 の ID 列は 8 個のデータを識別する 1 から 8 の番号を割り振っていま
す。表中の x と y 列はそれぞれ量的変数を表し，$\bar{x}$ は x の平均値，$\bar{y}$ は y の平
均値を表します。相関係数を求めるには，x と y の共分散，標準偏差の値が必
要です。それぞれを求めるために，まずは x と y の平均値を求めます。電卓や
パソコンを使って計算してみましょう。

表 4.7　**標準偏差・共分散を求めるデータ例**

ID	x	y	$x-\bar{x}$	$(x-\bar{x})^2$	$y-\bar{y}$	$(y-\bar{y})^2$	$(x-\bar{x})(y-\bar{y})$
1	3	3	-2	4	-2	4	4
2	3	5	-2	4	0	0	0
3	4	5	-1	1	0	0	0
4	5	4	0	0	-1	1	0
5	5	5	0	0	0	0	0
6	5	7	0	0	2	4	0
7	7	4	2	4	-1	1	-2
8	8	7	3	9	2	4	6
平均	5	5	0	2.75	0	1.75	1

　表 4.7 の一番下の行には，各列の平均値を掲載しています。x と y の平均値はどちらも 5 です。x と y の値から平均値を引いた，平均からの偏差をそれぞれ求め（「$x-\bar{x}$」列，「$y-\bar{y}$」列），2 乗を計算します（「$(x-\bar{x})^2$」列，「$(y-\bar{y})^2$」列）。偏差の 2 乗の平均は分散でした。「$(x-\bar{x})^2$」列，「$(y-\bar{y})^2$」列の一番下の行には，分散が表示されていることになります。

　偏差の積の列には，x の偏差と y の偏差の値を掛けた値が示されています。この平均をとることで，共分散が計算されます。表 4.7 のデータでは，x の標準偏差は $\sqrt{2.75}$，y の標準偏差は $\sqrt{1.75}$，共分散は 1 となりました。

　最後に相関係数を求めます。相関係数は，x と y の共分散を，それぞれの標準偏差で割った値でした。計算すると，以下の式になります。

$$r = \frac{1}{\sqrt{2.75} \times \sqrt{1.75}} = \frac{1}{1.658 \times 1.323} = 0.456$$

　以上から，表 4.7 のデータを計算すると変数 x と y の相関係数は $r = 0.456$ となります。

　共分散は，それぞれの変数における偏差の積を平均することで求めることができます。共分散は何を表しているのでしょうか。図 4.20 に表 4.7 のデータの散布図を示します。図中の数字は表 4.7 の ID の番号，破線はそれぞれの平均値を表しています。ID 番号 1 のデータは $(x, y) = (3, 3)$ でした。偏差の積

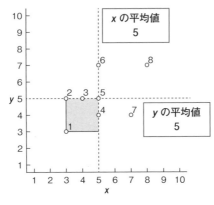

図 4.20　表 4.7 のデータ例の散布図

は $-2 \times -2 = 4$ です。このとき，ID 番号 1 のデータから各変数の平均値に垂線を下ろしたとき，図 4.20 で色付けしたような四角形が出来上がります。それぞれの平均からの偏差は四角形の縦と横，偏差の積の絶対値は四角形の大きさとして表現することが可能です。

　ID 番号 7 の偏差の積は $2 \times -1 = -2$ です。ID 番号 1 のときは偏差の積の符号が正の値でしたが，ID 番号 7 は負の値になっています。偏差の積はどちらの値も平均値よりも大きい，もしくはどちらも平均値よりも小さいときに正の値になります。図 4.20 の散布図を x と y の平均値で 4 分割したときの右上と左下にデータがあるとき，偏差の積が正になるということです。逆に，左上と右下にデータがあるとき，偏差の積の値は負になります。

　相関係数は，2 変数間の共分散をそれぞれの変数の標準偏差で割った値でした。共分散はそれぞれの偏差の積の平均値を求めたものなので，変数がとり得る値や単位によって値が大きく変動し，共分散の値による統一的な解釈ができません。そのため，それぞれの標準偏差で割り，-1 から 1 の範囲に収まるようにしたものが相関係数になります。実際に単位によって共分散の値が変化し，相関係数の値は変化しないかを確認します。

　表 4.7 のデータ x と y をそれぞれ 100 倍します（これは，3 m を 300 cm に単位を変換したことに相当します）。それぞれの平均からの偏差も同様に 100

倍され，偏差の積は 100 倍×100 倍の 10,000 倍となります。具体的に，偏差の積は ｜40000, 0, 0, 0, 0, 0, −20000, 60000｜ となり，共分散は 80000/8 = 10000 です。元の**表 4.7** のデータでは 1 だった共分散が 100 倍×100 倍されて非常に大きな値となりました。次に 100 倍したデータで相関係数を求めます。

$$r = \frac{10000}{\sqrt{27500} \times \sqrt{17500}}$$

$$= \frac{10000}{100 \times \sqrt{2.75} \times 100 \times \sqrt{1.75}}$$

$$= \frac{1}{\sqrt{2.75} \times \sqrt{1.75}}$$

$$= \frac{1}{1.658 \times 1.323}$$

$$= 0.456$$

それぞれの変数を 100 倍すると，共分散は大きな値となりましたが，標準偏差の値も同じく大きくなるため，相殺されて**表 4.7** のデータで計算した相関係数と同じ値になりました。このように相関係数は，共分散をそれぞれの標準偏差で割ることで，測定単位に左右されず−1 から 1 の範囲で，統一的な解釈を行うことが可能な指標といえます。標準偏差で割るという作業は，第 10 章で登場する**標準化**と同じことを行っています。

4.3.3 相関係数の値を解釈するときの注意点

相関係数は非常に重要な指標ですが，値の解釈には注意が必要です。以下に，注意すべき 4 つの点を示します。

1. 極端な値の影響

図 4.21 左は，**表 4.7** のデータ例に $(x, y) = (55, 55)$ という極端なデータを追加したときの散布図を示しています。元のデータで相関係数を求めると $r = 0.456$ でしたが，極端な値（55, 55）を追加すると，$r = 0.996$ とかなり強い相関係数の値となります。データの打ち間違いで，$(x, y) = (5, 5)$ が $(x, y) = (55, 55)$ のように入力されることは十分あり得ます。その際，生のデータをすぐに

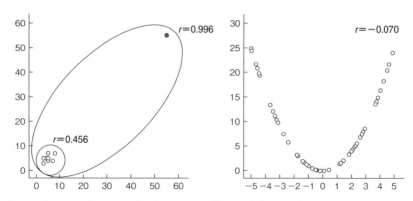

図 4.21 表 4.7 のデータに極端な値を追加した散布図（左）と曲線関係にあるデータの散布図（右）

数値要約し，相関係数を求めてしまうと，図 4.21 左のように非常に強い相関係数が算出されてしまいます。1 変数でも 2 変数以上でも，数値要約の前に可視化を行うことが，このようなデータのミスや特徴を発見することにつながります。

2. 直線以外の関係

　相関係数は，他方の変数の値が大きいと，もう片方の変数の値も大きい（または小さい）という関係の強さを示したものです。よって，2 変数間の関係が一直線状であれば，関係性の強さについて解釈を行うことができますが，それ以外の曲線などの関係性の場合，相関係数の値の大小をもとに解釈を行うことができません。たとえば，図 4.21 右のような曲線の関係の場合，明らかに 2 変数間には関係があるといえますが，相関係数の値は $r = -0.070$ と無相関に近い値となってしまいます。この場合も 1. と同様，先に散布図で可視化を行い，変数間の関係がどのようなものか確認する必要があります。

3. 選抜効果

　ある値以上，もしくはある値以下のデータ，というように全体からある基準の値をもとに選抜された集団のデータは，一般に全体の相関係数よりも低下します。図 4.22 には，50 以上の値のデータを選抜した場合と，選抜する前の全体のデータについて散布図をそれぞれ示しています。

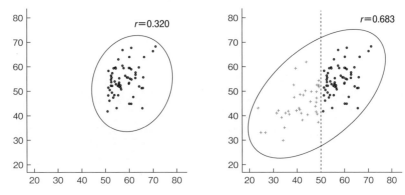

図 4.22 特定の値で選抜された集団の散布図（左）と選抜される前の集団の散布図（右）

　全体のデータは相関係数が $r=0.683$ なのに対し，50以上の値で選抜したデータの相関係数は $r=0.320$ と値が低くなっています。ある基準で選抜を行った場合，データがぶつ切りになり散布図としては楕円に近くなるため，多くの場合相関係数の値が下がります。

　たとえば，高校や大学受験の合格者は，入学試験の得点が合格点以上だった人であるため，受験者全体から合格点で選抜された集団といえます。入学時の成績について合格者にのみ尋ねたデータは，不合格者のデータが含まれていない，選抜された集団のデータであることを念頭に置く必要があります。

4. 層別相関

　図 4.23 の左図を見てください。図 4.23 の散布図は全体的に右上がりで，正の相関があるように見えます。実際にこのデータから相関係数を求めると $r=0.507$ でした。左図のデータは，実は3つの別のデータを合併したものです。図 4.23 の右図は，左図と同じデータを3つのグループごとにマーカーを変えて描いた散布図です。散布図はグループごとに右下がりになっていることがわかります。それぞれのグループに分けて相関係数を求めると，$r=-0.456$，-0.430，-0.547 と，すべてのグループで負の値になりました。このように，全体における傾向と，グループごとの傾向が異なる場合もあります。逆に，グループごとでは相関がないのに，合併することで全体として相関があるように見えてしまう場合もあります。特に，年代や学年といった変数には注意を払う

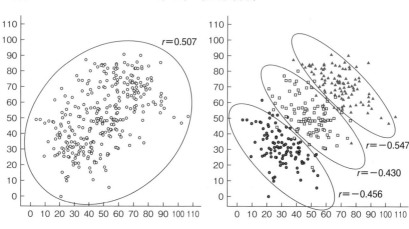

図 4.23　層別散布図

必要があります。

　グループごとに分けて求める相関を**層別相関**，グループごとに描いた散布図を**層別散布図**といいます。グループ分けの変数としては，学年や年代，性別など質的（カテゴリカル）変数が用いられることが一般的です。

4.4　データの変換（標準化）

　以下の模試データの例で成績を比較することを考えてみましょう。

【模試データ】（2 変数・量的変数）

　5 人の生徒が受験した模試の結果のうち，「国語」と「外国語（リスニング含）」の結果を下の表にまとめました。ただし，それぞれ 200 点満点で，列名の「ID」は生徒を識別する番号を表します。

ID	国語	外国語
1	149	140
2	151	120
3	148	60
4	152	200
5	150	130

　模試データは，「国語」と「外国語」の模試の得点という 2 つの変数です。たとえば，ID 番号が 1 の生徒は国語が 149 点，英語が 140 点でした。この結果から，今回の模試で ID 番号が 1 の生徒は，国語のほうが英語よりも出来が良かったといっていいでしょうか。

　データをもう一度確認しましょう。国語の得点は 5 人全員が 150 点付近の得点であることがわかります。それに比べ，外国語の得点は 5 人で大きく異なっています。データの全体像を確認できたら，これまでに学習した数値要約を行い，データの特徴を確認しましょう。ここでは，まず 2 つの変数についてそれぞれ平均値を計算します。復習になりますが，平均値は「すべてのデータの値を足し合わせ，データの個数で割った値」でした。

　国語，外国語の平均値は以下の式で計算できます。

$$国語の平均値 = \frac{149 + 151 + 148 + 152 + 150}{5} = 150$$

$$外国語の平均値 = \frac{140 + 120 + 60 + 200 + 130}{5} = 130$$

　国語の平均値は 150 点，外国語の平均値は 130 点でした。模試データにおいて ID 番号が 1 の生徒は国語が 149 点，外国語が 140 点でした。平均値と比較すると，ID 番号が 1 の生徒の得点が，国語が平均値より低く，外国語は平均値より高いことがわかります。

　ただし，平均値のみで比較をすることは適切ではありません。4.2 節で学習したようにデータの分布が異なっていても，平均値などの代表値は同じ値となる場合があります。

　そこで，国語と外国語でデータの分布を確認したところ，それぞれの教科でデータの分布が異なることがわかりました。具体的には，国語は全員 150 点の ±2 点という狭い範囲にデータが分布しているのに対し，外国語は最大が 200 点，最小が 60 点とデータの分布範囲が広いというものでした。

　分布を確認することで，直感的に，「全員 150 点くらいだった国語の 149 点という得点よりも，5 人の中に 60 点や 120 点といった得点のいる外国語における 140 点という得点のほうが，成績が良かったといえるのではないか？」と

思うのではないでしょうか。

　上記は直感的な印象なので，数値として2つの変数間でも得点が比較できるよう，それぞれの変数に変換を加えたいと思います。まず，変数間で平均値が異なると単純に比較ができなくなってしまうので，それぞれのデータから平均からの偏差（4.2.3項参照）を引き平均値をそろえます。しかしこれだけでは十分ではなく，データの分布も考慮する必要があります。

　データの分布を考慮するとはどういうことでしょうか。次の例を考えてみましょう。車と新幹線はどちらが速いでしょうか？　比較するには，それぞれの速度を求める必要があります。時速は，距離を時間で割って求めることができます。これは，比較する2つの進む距離を，1時間という1単位あたりで揃えているといえます。同じことをデータの分布に対しても行います。ここでの1単位は「標準偏差」です。標準偏差で割ることで，1標準偏差あたりというように単位をそろえることができます。

　それでは，模擬データを使ってそれぞれの変数を実際に変換してみましょう。表4.8に模試データの平均値・分散についてまとめました。表中のxは国語，yは外国語を示し，$\bar{x}$，$\bar{y}$はそれぞれの平均値を表しています。このとき，$x-\bar{x}$，$y-\bar{y}$はそれぞれ平均値からの偏差で，その2乗$(x-\bar{x})^2$，$(y-\bar{y})^2$の平均は分散です（4.2.3項参照）。

　模試データでは，国語と外国語の平均値が150点と130点で異なりました。これを比較できるようにするため，それぞれのデータから平均値を引きます。その後，分散を計算し，標準偏差を求めます。標準偏差は，分散の正の平方根

表4.8　模試データの平均値・分散

ID	x	y	$x-\bar{x}$	$(x-\bar{x})^2$	$y-\bar{y}$	$(y-\bar{y})^2$	z_x	z_y
1	149	140	-1	1	10	100	-0.707	0.224
2	151	120	1	1	-10	100	0.707	-0.224
3	148	60	-2	4	-70	4900	-1.414	-1.565
4	152	200	2	4	70	4900	1.414	1.565
5	150	130	0	0	0	0	0.000	0.000
平均	150	130	0	2	0	2000	0	0

です（4.2.3項参照）。

国語の分散

$$= \frac{(149-150)^2 + (151-150)^2 + (148-150)^2 + (152-150)^2 + (150-150)^2}{5} = 2$$

外国語の分散

$$= \frac{(140-130)^2 + (120-130)^2 + (60-130)^2 + (200-130)^2 + (130-130)^2}{5} = 2000$$

標準偏差は分散の正の平方根なので，以下の値となります。

$$国語の標準偏差 = \sqrt{2} \fallingdotseq 1.414$$
$$外国語の標準偏差 = \sqrt{2000} \fallingdotseq 44.721$$

模試データを確認した際，国語はすべてのデータがほとんど同じ値だったのに対し，外国語は低いものから高いものまでさまざまな値でした。分布が狭いと同じような値に集中し，標準偏差の値はまったく散らばりのないことを意味する0に近づきます。それに対し，分布が広いとさまざまな値をとるようになり，標準偏差の値も大きくなります。

最後に，それぞれのデータについて，平均からの偏差を標準偏差で割ります。

ID番号1の生徒の国語は，以下の式で変換後の値を計算することができます。

$$\frac{149-150}{\sqrt{2}} \fallingdotseq \frac{-1}{1.414} = -0.707$$

表中の z_x, z_y がこの変換後の値ですが，z_x, z_y の平均値は0です。また，標準偏差を計算すると1であることも確認できます。自分で計算してみてください。

このように，変数に対して，特定の平均値と標準偏差をもつように変換することを**標準化**といい，標準化によって得られる値のことを**標準得点**といいます。特に模試データで行った標準化のように，平均値が0，標準偏差が1となる標準得点のことを **z得点** といいます。

z得点は，以下の計算式のように，それぞれの平均からの偏差を標準偏差で

割って求めることができます。

$$z\,得点 = \frac{データ - 平均値}{標準偏差}$$

　表4.8では，国語の z 得点を z_x，外国語の z 得点を z_y と表しています。ID番号1の生徒の国語と外国語の z 得点を確認すると，国語が -0.707，外国語が 0.224 と，外国語のほうが高い値となっていました。このことから，ID番号1の生徒は今回の模試データにおけるこの5人の集団の中においては，英語のほうが出来が良いということができます。

4.5　ま と め

　本章では，心理学の研究で用いられるデータの種類，およびデータの可視化と数値要約について説明しました。データの分類の仕方として，大きく質的データと量的データ，さらに本章で取り上げた量的データは，質的変数と量的変数に分けられました。質的変数と量的変数では，可視化の手法，数値要約で用いる指標が異なります。

　データを収集する前には，研究計画を立て，どのようなデータが得られ，どのように集約するのか予想を立てておくことが重要です。その際，本章で説明した可視化の手法，および数値要約の指標に関する知識は大いに役立つはずです。

　本章では，心理学の研究で用いられるデータの中でも，量的データに絞って説明しました。質的データと量的データについて，第1章から第3章までの内容との対応をみてみましょう。

　第1章は，調査によるデータ収集について，質的データの得られるインタビュー調査と，量的データの得られる調査票調査の両方について紹介がありました。第2章の実験で扱われるデータは主に量的データです。第3章の観察法は，ビデオカメラによる映像やフィールドノーツなどの質的データを収集します。ただし，観察法では質的データだけでなく，量的データの収集や，質的データを量的データに変換して分析を行うこともしばしばなされます。

コラム 4.2 **偏 差 値**

本章の最後で取り扱った標準化は，皆さんにも身近なものです。平均値が 0，標準偏差が 1 となる標準得点を z 得点といいますが，その他にも平均値が 50，標準偏差が 10 となるように変換を行った標準得点は**偏差値**とよばれます。偏差値は以下の式で計算することができます。

$$偏差値 = (10 \times z 得点) + 50$$

上記の式から，z 得点が 0 であれば偏差値が 50 になることがわかります。z 得点が 0 ということはどういうことを意味するのでしょうか。再度 z 得点を求める式を思い出してください。z 得点は平均からの偏差を標準偏差で割った値でした。つまり，データと平均値が同じ値であれば，引き算で分子が 0 となり z 得点も 0 となります。偏差値は，ちょうど平均値をとった人が 50 となるように調整した値といえます。また，臨床心理学で用いられるウェクスラー式の知能検査で算出される IQ は，平均値が 100，標準偏差が 15 となるように標準化されています。

z 得点（または，偏差値）を用いると，どのようなものでも比較可能になるように感じますが，比較を行う際には注意が必要です。模擬データにおける ID 番号 1 の人における結果の解釈においても，「今回の模試データにおけるこの 5 人の集団の中においては」と注釈をつけています。

再度 z 得点を算出する計算を思い出してください。z 得点は標準偏差で割って求めることができます。標準偏差は，得られたデータの散らばり具合を表すものでした。つまり，z 得点は得られたデータの中での相対的な位置という意味をもち，データを収集する集団に強く依存する値ということになります。能力の高い集団で算出された z 得点と，能力の低い集団で算出された z 得点は比較を行うことが不適切ということになります。これは，偏差値も同じです。

本章で学習した数値要約は，収集されたデータ自体（=収集を行った集団）について特徴を表すものでした。本章以降は，収集されたデータをもとに，その背後にあるデータ分布を想定し，その分布と手元のデータを比べることを行います。その際も，今回得られたデータがどのような集団から収集されたデータなのか意識することを忘れないようにしてください。

　データの種類，分類はデータの分析や解釈の基礎をなすものです。第5章以降も，扱われているデータが質的か量的か，量的データであれば質的（カテゴリカル）変数か量的変数かを常に考えながら読み進めるようにしましょう。

復習問題

1. 質的データと量的データの例をそれぞれ考えてみましょう。
2. 1. で挙げた量的データの可視化の手法として適切なものを考えてみましょう。
3. 質的変数間の関係，量的変数間の関係のことをそれぞれ何というでしょうか。
4. 見る人に誤解を与えそうなグラフを，ウェブや書籍などの中から探してみましょう。

参考図書

山田 剛史・村井 潤一郎（2004）．よくわかる心理統計　ミネルヴァ書房

　本章の中でも紹介しましたが，心理統計について基礎から学ぶことのできる入門書です。統計に関する基本的な概念や用語が丁寧に解説されています。心理統計の学習を始めるならばまずこの本を読むことをおすすめします。初級向け。

高橋 佑磨・片山 なつ（2021）．伝わるデザインの基本——よい資料を作るためのレイアウトのルール——　増補改訂3版　技術評論社

　スライドやポスターのデザインについて解説された本です。本書の特徴は，著者が理系の研究者であるため，スライドやポスターの題材や例が学術研究や学会発表などを対象としている点です。スライドやポスターにおけるグラフの作り方，配置の仕方など多くの具体例とともに学ぶことができます。研究発表のスライドを作るときに，まず参考にしてほしい本です。初級向け。

ヒーリー，K. 瓜生 真也・江口 哲史・三村 喬生（訳）（2021）．データ分析のためのデータ可視化入門　講談社

　フリーの統計ソフトRを用いて，優れたグラフを作成するための指南書です。ちなみに，本章で紹介したグラフや表はExcelと統計ソフトRを用いて作成することが可能です。データの可視化について，理論立てて詳細に説明されている日本語の文献はごくわずかで，本書の内容は非常に価値のあるものです。回帰分析などの分析方法についての知識と，統計ソフトRを少し触ったことがあれば，自分でコードを書きながら読み進められる内容になっています。中級向け。

第 5 章

関係を調べる——回帰分析

　心理学の研究においては，データ分析を通して検討されるものが「ある変数の値が大きくなるほど別のある変数の値が大きくなる（小さくなる）」という形式になっている研究が非常に多く見受けられます。たとえば，教育心理学分野の研究における「内発的動機づけが高い生徒ほど学業成績が高い」を調べる研究はまさにこの形式をとっていますし，発達心理学の分野における「母親からの言葉かけが多かった子どもほど語彙発達が早い」を調べる研究や，臨床心理学の分野における「介入時期が長いほど抑うつ度が減少する」を調べる研究も同様の形式になっています。このように，「複数の変数間の関係について検討する形式の研究は心理学の研究の根幹をなしている」といってもよいでしょう。

　そのため，このような「変数間の関係」を調べるための統計的手法としては，現在までに実にさまざまなものが提案されてきました。本書でも取り上げられている相関係数，*t* 検定，分散分析，因子分析などはその一例といえるでしょうし，その他にも，主成分分析や構造方程式モデリング，正準相関分析などといった手法も，そのような手法の例として挙げることができるでしょう。

　本章では，このようにさまざまに提案，提供されている「変数間の関係」を調べるための統計手法の中でも，多くの手法の基礎となっているということのできる「（重）回帰分析」を取り上げます。そして，その概要について，実際にデータ解析を行いながら，解説していこうと思います。

5.1　回帰分析とは

　たとえば，今，ある大学の心理学部心理学科に所属する A さんという学生がいたとしましょう。A さんは学部 4 年生で，今年，卒業論文を執筆することになっています。実は A さんは，前々から「自尊感情」と「抑うつ度」の「関係」に興味をもっており，卒業論文では，「自尊感情と抑うつ度の関係」を

調べてみたいと考えていました。

　そこで，実際に卒業論文を執筆するにあたり，予備調査を大学の友達10人に実施し，「自尊感情」を測るための尺度の得点（以下，自尊感情得点とよびます）と「抑うつ度」を測るための尺度の得点（以下，抑うつ度得点とよびます）を収集してみました。なお，自尊感情得点と抑うつ度得点は共に0点から10点までの得点をとり得る得点で，得点が高いほど，回答者の「自尊感情」や「抑うつ度」が高いことを表すものとします（**表5.1**，**図5.1**）。

　Aさんはまず，このデータを使って自尊感情得点と抑うつ度得点との間にどのような関係がみられそうか，本格的にデータを収集する前に検討してみることにしました。具体的には，**図5.2**にもあるように，Aさんの中には，「きっと自尊感情が抑うつ度に影響を与えており，自尊感情が高い人ほど抑うつ度が低い傾向にあるだろう」という仮説があったので，この仮説が正しそうか調べることにしました。実は，本章で解説する「**回帰分析**」という手法は，このようなときなどに用いられる手法になります（**図5.3**）。

　以下では，この回帰分析を用いて，実際に自尊感情と抑うつ度の間にどのような関係がみられるのか，Aさんが収集した10人分のデータを用いて確認していくことになります。そして，その際には，最小二乗法とよばれる方法を用

表5.1　10人分の自尊感情得点と抑うつ度得点

回答者	自尊感情得点	抑うつ度得点
1人目	3	8
2人目	0	7
3人目	5	4
4人目	8	2
5人目	2	9
6人目	9	1
7人目	10	3
8人目	1	8
9人目	4	6
10人目	6	6

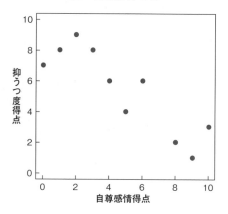

図 5.1　10 人分の自尊感情得点と抑うつ度得点の散布図

図 5.2　A さんの頭の中

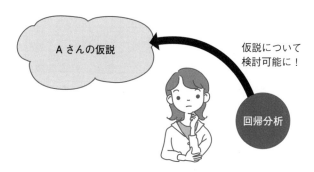

図 5.3　回帰分析のイメージ図

いた統計的推定や統計的仮説検定を行うことになります。回帰分析が利用され始めたばかりの頃であれば，これら統計的推定や検定（推定値や検定統計量の実現値，p値の算出）は人間が自ら行っていましたが，現代では，これら心理学の研究者にとって本質的ではない部分を，SPSSやSAS，あるいはRといったソフトウェアが私たちに代わって行ってくれるようになっています。そこで本章では，これらのやや数学的な知識を必要とする部分に関しては説明を割愛することとし，回帰分析（や重回帰分析）とはどのようなことを行う手法なのか，ソフトウェアから出力された種々の結果をどのように解釈すればよいのか，という点に絞って，以下，解説を行っていくことにしたいと思います。なお，SPSSやSAS，Rで回帰分析（や重回帰分析）を行う際の具体的な手続きに関しては，すでに多くの書籍において解説がなされていますので，本章ではこれらのソフトウェアの具体的な操作方法等については言及しないことにします。各種ソフトウェアの具体的な操作方法について知りたい方は，関連する書籍をご参照ください。

5.2　自尊感情と抑うつ度の関係

　それでは早速，自尊感情と抑うつ度の関係について，Aさんが集めた10人分のデータを用いて，検討していきましょう。

　回帰分析を用いて2変数（この場合，自尊感情と抑うつ度）間の関係について検討する際には，はじめに，どちらの変数が独立変数でどちらの変数が従属変数であるかを決めなければなりません。ここで，独立変数とはもう一方の変数に影響を「与えている」と考えられる変数のことを指しており，従属変数とはもう一方の変数から影響を「受けている」と考えられる変数のことを指しています。先ほどのAさんの仮説は，「自尊感情がきっと抑うつ度に影響を与えており，自尊感情が高い人ほど抑うつ度が低い傾向にあるだろう」というものでしたから，この場合，「自尊感情」を測定している自尊感情得点が独立変数になり，「抑うつ度」を測定している抑うつ度得点が従属変数になります。

　そして，独立変数と従属変数が決まったならば，次は，仮説に基づいて独立

変数と従属変数の関係を表す式（モデル）を立てることになります。「回帰分析」で用いる「式（モデル）」なので，この式のことを「**回帰式**」や「**回帰モデル**」とよびます。この場合，Aさんの仮説においては，「独立変数である自尊感情得点が従属変数である抑うつ度得点に影響を与えている」，つまり，「自尊感情得点の値により抑うつ度得点の値がある程度は決まっている」という関係が想定されています。そこで，この関係を表すモデルとして以下のようなモデルを立ててみることにします。

$$抑うつ度得点＝切片＋傾き×自尊感情得点＋残差 \qquad (1)$$

式（1）のモデルから「＋残差」という部分を取り除けば，これは，よく見慣れた直線の式になります。したがって，この部分（「＋残差」を取り除いた部分）にだけ着目すれば，「自尊感情得点の値が決まれば，それに「傾き」を掛けて「切片」を足すことにより抑うつ度得点になる」，つまり，「自尊感情得点の値により抑うつ度得点の値が完全に決まっている」ということになります。しかしながら，私たちが今立てたいモデルは「自尊感情得点の値により抑うつ度得点の値がある程度は決まっている」というモデルなので，この直線の式では，「残差」という未知の値を加えることにより，この「ある程度」という部分を表現しています。なお，式（1）中の「傾き」に関しては，「回帰モデル」の中に出てくる独立変数に「係る数」ということで，一般に，「回帰係数」とよばれます。以降，「回帰係数」という単語が出てきたら，この「回帰モデルの中で独立変数に係る数（傾き）」を表している，ということに注意してください。

このように，仮説に基づいて独立変数と従属変数の関係を表す回帰モデルを立てたら，次はいよいよ，推定や検定を行うことになります。つまり，式（1）に含まれる切片や回帰係数といった未知の値（母数）に関して，最小二乗法を用いてその値を推定し（推定），それらの真の値（母集団における値）が0であるか否かを検討する（検定）ことになります。SPSSやSAS，あるいはRといった統計解析用のソフトウェアを使用し，適切な手続きを踏むと，たとえば，**表5.2**のような出力が皆さんの手元に返ってくるはずです。各単語の詳しい説

表 5.2　A さんが収集したデータに式（1）に基づく回帰分析を行った結果（1）

母数	推定値	標準誤差	検定統計量（t 値）	p 値
切片	8.77	0.80	10.91	0.00
回帰係数	−0.70	0.14	−5.06	0.00

明については他章をご覧いただければと思いますが，表 5.2 の 1 列目はそれぞれの行がどの母数に関する結果なのかを表しており，2 列目はそれぞれの母数の点推定値を表しています。また，表 5.2 の 3 列目は「仮に別のデータを収集して同じような分析を再度行った場合に，点推定値がどれくらい変化する可能性があるか」を表しており，4 列目は真の値が 0 であるか否かを検討する際に使用する「検定統計量」とよばれるものの実現値（この場合 t 統計量の値）を表しています。最後に，表 5.2 の 5 列目には，検定統計量に基づいて算出され真の値が 0 であるか否かを検討する際に使用される p 値とよばれるものの値が記載されています。

　こうして推定や検定を実施しその結果を得た後には，最後に，データを収集するにあたって立てていた仮説の真偽について検討することになります。その際にまず着目すべき箇所は p 値の値，この場合では，表 5.2 の 5 列目の値ということになります。心理学の分野では，この p 値の値が 0.05 よりも小さければ，「対応する母数が 0 ではない」と判断することが多いです（「5％水準で有意」などといいます）。そこで，表 5.2 の 5 列目にある 2 つの p 値を見てみると，切片，回帰係数共にその p 値が 0.00 となっており，5％水準で有意となっていることがわかります。したがって，今回の分析結果からは，「切片と回帰係数の母集団における値は 0 ではない」ということが示唆されます。このことは，式（1）における「切片」や「傾き」が 0 ではない，つまり，式（1）が成り立っていることを表していますから，このことからは，A さんの仮説通り，「自尊感情が抑うつ度に影響を与えている」だろうことがうかがえます。このように p 値が 0.05 よりも小さかった場合，次に参照すべき箇所は点推定値の値，この場合ですと，表 5.2 の 2 列目の値ということになります。実際に表 5.2 の 2 列目の値を見てみると，切片の点推定値が 8.77，回帰係数の点推定値

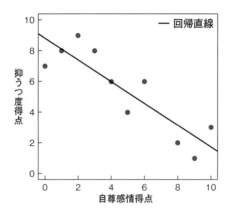

図5.4 回帰分析を実施した結果得られる回帰直線

が−0.70となっていることがわかります。これらの推定値は式（1）における「切片」や「傾き」を数値化したものになりますから，これらの結果からは，「自尊感情得点が高い人ほど抑うつ度得点が低くなる傾向にある」ことがうかがえます。実際，これらの値を式（1）の該当する箇所に代入し直線部分（回帰直線）を取り出して散布図上に追記してみると（**図5.4**），確かに，自尊感情得点が高い人ほど抑うつ度得点が低くなる傾向にあることが視覚的にも把握できます。したがって，今回の分析結果からは，「自尊感情が高い人ほど抑うつ度が低い傾向にあるだろう」というAさんの仮説が支持された，ということができるでしょう。

　回帰分析の概要に関する説明は以上となりますが，本節の最後に，回帰分析に関する補足の説明を2点，加えておきたいと思います。

　心理学の研究においては，データに含まれる各変数の平均が0，分散が1になるように変換した上で各種分析を実施することがよくあります。このように特定の平均と分散をもつように変数を変換する手続きのことを**標準化**とよびますが，標準化を行い，すべての変数の分散をそろえたデータから回帰分析等の分析を経て得られる推定値は標準化推定値とよばれます。

　式（1）からも明らかなように，回帰分析の結果得られる回帰係数というのは「独立変数が1ポイント増加したときに従属変数が平均何ポイント増加する

か」を表す指標となっています。したがって，たとえば，従属変数を体重とし独立変数を身長とする回帰分析を考えてみると，独立変数をセンチメートルで表すのかメートルで表すのかによって，同様に従属変数をグラムで表すのかキログラムで表すのかによって，同じデータから得られた回帰係数であるにもかかわらずその値が異なってきてしまいます。先の標準化推定値は，このような「回帰係数の単位依存性」を回避するために求められるものです。そして，この標準化推定値を参照することで，たとえば，次節で紹介するように独立変数が2つ以上ある場合などには，「どちらの変数が従属変数に対してより大きな影響力を有しているか」などといったことの検討が可能になります。

　また，この場合，Aさんの仮説においては，「自尊感情得点の値により抑うつ度得点の値がある程度は決まっている（予測できる）」という関係が想定されていましたが，この「ある程度」を表現する際に利用される指標が「決定係数」あるいは「分散説明率」とよばれる統計量です。この指標は0から1までの値をとり得る統計量で，0は「独立変数の値により従属変数の値がまったく予測できない」状況を，1は「独立変数の値により従属変数の値が完全に予測できる」状況を，それぞれ示す値となっています。実際のデータ解析場面においては決定係数の値が0や1になることはほとんどなく，その間の値をとることになりますので，利用する際には，得られた決定係数の値が「0や1にどれだけ近いか」という観点からその値の意味を解釈することになります。

　表5.3には，上記で補足説明した標準化推定値と決定係数を先のデータ例から求めたものが記載してあります。この結果からは，たとえば，決定係数の値が0.76となっており，「自尊感情得点により抑うつ度得点の値を完全には予測できないが，人によりその値が変動する抑うつ度得点の挙動の4分の3程度は説明できている」ことが読みとれます。

表5.3　Aさんが収集したデータに式（1）に基づく回帰分析を行った結果（2）

標準化推定値		決定係数
切片	回帰係数	（分散説明率）
0.00	−0.87	0.76

5.3　重回帰分析とは

　このように，自尊感情と抑うつ度の関係に興味があったＡさんは，予備調査のデータに対して回帰分析を適用することにより，「きっと自尊感情が抑うつ度に影響を与えており，自尊感情が高い人ほど抑うつ度が低い傾向にあるだろう」という自身の仮説が誤りではないことを検証することができました。

　ところで，大学の友達10人に対して行った予備調査を通して，Ａさんは先の仮説に加えて，「同じくらいの自尊感情をもつ人であっても，年齢が高い人のほうが，抑うつ度が高いのではないか」という仮説も抱くようになっていました（図5.5）。そこで，5.2節で使用した自尊感情得点と抑うつ度得点に加えて，回答者の年齢についてもデータを収集し，これら3つの変数の間に上記の仮説にあるような関係がみられるかどうか，検討することにしました（表5.4）。実は，このようなときに用いることのできる分析手法として，回帰分析を拡張した「重回帰分析」とよばれる手法が存在します。以降では，この重回帰分析を用いて，抑うつ度と自尊感情，年齢の間にＡさんの新しい仮説通りの関係がみられるのかどうか，表5.4のデータを用いて確認していくことにします。

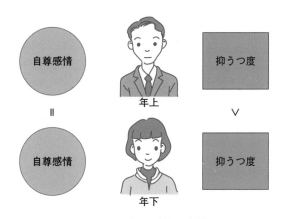

図 5.5　Ａさんの新しい仮説

表5.4　10人分の自尊感情得点と抑うつ度得点，年齢

回答者	自尊感情得点	抑うつ度得点	年齢
1人目	3	8	22
2人目	0	7	21
3人目	5	4	22
4人目	8	2	22
5人目	2	9	21
6人目	9	1	22
7人目	10	3	21
8人目	1	8	22
9人目	4	6	24
10人目	6	6	22

5.4　抑うつ度と自尊感情，年齢の関係

　それでは早速，抑うつ度と自尊感情，年齢の関係について，Aさんが集めた10人分のデータを用いて，検討していきましょう。

　重回帰分析を用いて3変数（この場合，抑うつ度と自尊感情，年齢）間の関係について検討する際には，回帰分析のときと同様に，まずはどの変数が独立変数でどの変数が従属変数であるのかを決めなければなりません。5.3節では，「重回帰分析は回帰分析の拡張である」と述べましたが，これは，「重回帰分析では従属変数に影響を与える独立変数を複数選択することができる」ということを意味しています。つまり，重回帰分析とは，もちろんいろいろと異なる点はありますが，おおざっぱな表現をすれば，「回帰分析において独立変数が複数になったもの」ということができます。Aさんの新しい仮説は，「同じくらいの自尊感情をもつ人であっても年齢が高い人のほうが抑うつ度が高いのではないか」というものでしたから，この仮説からは，「自尊感情と年齢が抑うつ度に影響を与えている」という関係が想定されます。したがって，この場合，「自尊感情」を測定している自尊感情得点と「年齢」が独立変数になり，「抑うつ度」を測定している抑うつ度得点が従属変数になります。

　そして，独立変数と従属変数が決まったならば，次は，仮説に基づいて独立

変数と従属変数の関係を表す式（モデル）を立てることになります。「重回帰分析」で用いる「式（モデル）」なので，この式のことを一般に「重回帰式」や「重回帰モデル」とよびます。この場合，A さんの新しい仮説においては，「独立変数である自尊感情得点と年齢が従属変数である抑うつ度得点に影響を与えている」，つまりは「自尊感情得点と年齢の値により抑うつ度得点の値がある程度は決まっている」という関係が想定されています。そこで，この関係を表すモデルとして以下のようなモデルを立ててみることにします。

$$抑うつ度得点＝切片＋偏回帰係数1×自尊感情得点$$
$$＋偏回帰係数2×年齢＋残差 \qquad (2)$$

　式 (2) のモデルから「＋残差」という部分を取り除けば，5.2 節でもみたように，これはよく見慣れた直線の式になります。したがって，この部分（「＋残差」を取り除いた部分）にだけ着目すれば，「自尊感情得点と年齢の値が決まれば，それに「偏回帰係数1」や「偏回帰係数2」を掛けて「切片」を足すことにより抑うつ度得点になる」，つまり「自尊感情得点と年齢の値により抑うつ度得点の値が完全に決まっている」ということになります。しかしながら，私たちが今立てたいモデルは「自尊感情得点と年齢の値により抑うつ度得点の値がある程度は決まっている」というモデルなので，この直線の式に対しても「残差」という未知の値を加えることにより，この「ある程度」という部分を表現しているわけです。

　なお，式 (2) においては，式 (1) において「傾き（回帰係数）」となっていた独立変数に係る数が「偏回帰係数」と記載されています。これは，独立変数が複数となる重回帰分析の特性を反映したものになっています。たとえば今，自尊感情得点が共に 2 点の回答者（A さんと B さん）がおり，A さんの年齢は 21 で B さんの年齢は 22 であったとしましょう。このとき式 (2) からは，A さんの抑うつ度得点が大体「2 偏回帰係数 1＋21 偏回帰係数 2」となり B さんの抑うつ度得点が大体「2 偏回帰係数 1＋22 偏回帰係数 2」となると予想されます。そして，これらの予想からはさらに，自尊感情得点が同じ（2 点）回答者の間では年齢が 1 違うと抑うつ度得点が「偏回帰係数 2」だけ異なるという

予想が導かれます。このように，重回帰分析において独立変数に係る数は他の独立変数の値を固定（統制）したときに当該変数が1変化すると従属変数がどの程度変化するか（傾き）を表す数となっており，式（1）のように単純に当該変数が1変化した場合に従属変数がどの程度変化するかを表す数とはなっていないため，「偏」回帰係数という名前がついています。

このように仮説に基づいて独立変数と従属変数の関係を表す重回帰モデルが立てられたら，次はいよいよ推定や検定を行うことになります。具体的には，統計解析用のソフトウェアを用いて式（2）に含まれる切片や偏回帰係数1，2の値を最小二乗法により推定し，それらの母集団における値が0であるか否かを検討することになります。

たとえば，先のデータに式（2）のモデルを適用して重回帰分析を実施すると，回帰分析を実施したときのように，表5.5のような出力が帰ってくるはずです。表5.5では，重回帰モデルに含まれる母数が回帰モデルよりも多くなっていることを反映して，表5.2よりも行の数が1つ多くなっていることがわかります。

後は，回帰分析のときと同様の手順で，推定や検定の結果に基づき，データを収集するにあたって立てていた仮説が支持されたかどうか検討することになります。その際にまず着目すべき箇所はそれぞれの母数のp値の値でした。そこで，表5.5の5列目にある3つのp値を見てみると，偏回帰係数1に関してはそのp値が0.00となっており，5%水準で有意となっているものの，切片や偏回帰係数2に関しては，p値がそれぞれ0.37と0.80となっており，有意ではないことがわかります。したがって，この分析結果からは，「偏回帰係数1に関しては母集団における値が0ではないものの，切片や偏回帰係数2に関し

表5.5　Aさんが収集したデータに式（2）で表される重回帰分析を行った結果（1）

母数	推定値	標準誤差	検定統計量（t値）	p値
切片	12.06	12.66	0.95	0.37
偏回帰係数1	−0.70	0.15	−4.75	0.00
偏回帰係数2	−0.15	0.58	−0.26	0.80

表5.6　Aさんが収集したデータに式（2）で表される重回帰分析を行った結果（2）

| | 標準化推定値 | | 決定係数 |
切片	偏回帰係数1	偏回帰係数2	（分散説明率）
0.00	-0.87	-0.05	0.76

ては母集団における値が0かもしれない」ということが示唆されたといえます。このことは，式（2）より，「同じ自尊感情得点をもつ人がいた場合に年齢の違いによって抑うつ度得点は左右されない」ということを意味していますから，この分析結果は，「同じくらいの自尊感情をもつ人であっても年齢の高い人のほうが抑うつ度が高いのではないか」というAさんの新しい仮説は誤っているかもしれない，ということを示唆しているといえます。なお，p 値が 0.05 よりも小さかった偏回帰係数1に関して，次に参照すべき箇所，つまり点推定値の値を見てみると，その点推定値は-0.70 となっていることがわかります。この推定値は式（2）における「偏回帰係数1」を数値化したものになりますから，この結果からは，先の回帰分析のときと同様，「自尊感情得点が高い人ほど抑うつ度得点が低くなる傾向にある」ことがうかがえます。したがって，この分析結果からも，「自尊感情が高い人ほど抑うつ度が高い傾向にあるだろう」というAさんの先の仮説は支持されたということができるでしょう。

　また，表5.6 には，このデータ例から各母数の標準化推定値と決定係数を求めたものを記載してあります。この結果からは，たとえば，自尊感情得点に係る偏回帰係数（標準偏回帰係数）が-0.87 となっている一方で，年齢に係る標準偏回帰係数が-0.05 となっており，検定結果からも示唆されていたことではありますが，「抑うつ度得点に与える影響を比較すると，年齢よりも自尊感情得点のほうが大きい」ことが読みとれます。

5.5　おわりに

　本章では，心理学の研究でよくみられる「仮説を検証するために複数の変数間の関係について検討する」ための方法として，もっとも基本的な手法である

「回帰分析」および「重回帰分析」を取り上げ，実際にデータ解析を行いながらその概要について解説を行ってきました。本章が皆さんの（重）回帰分析への理解を深めるのに役立ったのだとすれば，著者としてこれほどうれしいことはありません。

　ただし，注意してほしい点が一つあります。それは，「本章で語られているのは回帰分析や重回帰分析の概略（基礎の基礎）のみであり，本章の内容がきちんと理解できたとしても，実際の研究場面において回帰分析や重回帰分析を適切に利用するためにはまだまだ学ばなければならない内容がたくさん残されている」ということです。たとえば，回帰分析や重回帰分析においては「従属変数が正規分布する」ということが仮定されているため，実際にこれらの手法を用いて研究を行う際には，この仮定が満たされていることをその都度検討しなければなりません。そして，この仮定が満たされないと考えられる場合には，よりデータに適した分析手法の使用を検討しなければなりません。また，重回帰分析においては，独立変数間の相関が高くなりすぎると回帰係数の標準誤差が大きくなってしまうという多重共線性の問題があり，実際に重回帰分析を行おうとする場合には独立変数の選び方にも注意しなければなりません。加えて，回帰分析や重回帰分析においては各回答者のデータが独立である（ある回答者のデータについて他の回答者のデータからはその値を予測できない）ことが想定されています。したがって，たとえば，2つの学校で生徒5人ずつからテスト得点を収集した場合などには，ある生徒のテスト得点が同じ学校の他の生徒のテスト得点からある程度予測できてしまうため（同じ学校に通う生徒は同じような学力を有する），本章で説明した回帰分析や重回帰分析をこのデータに対して適用するのは「不適切」ということになります。そこで，このようなデータに対しては，階層線形モデル等のデータ間の非独立性を考慮した分析手法を適用しなければならなくなるでしょう。

　以上のように，皆さんが自分の研究などで（重）回帰分析を利用するためにはまだまだ学ばなければならないことはたくさんあります。それでも，この本を手に取りこの章を読んだことで「適切な（重）回帰分析の利用」に一歩近づいたことは紛れもない事実です。ぜひ，これをきっかけにして，これからも

（重）回帰分析に関する勉強を続けてください。そして，その成果を生かし，面白い心理学の知見を一つでも多く世に送り出してください。いつの日にか「この本を読んで（重）回帰分析の勉強を始めました」という言葉に出会えることを期待しつつ，今回はこの辺で筆を置きたいと思います。

復 習 問 題
1. 回帰分析を行うことでどのようなことを明らかにできますか。
2. 重回帰分析を行うことでどのようなことを明らかにできますか。
3. 回帰係数と偏回帰係数の違いについて説明してください。

参 考 図 書
南風原 朝和（2002）. 心理統計学の基礎──統合的理解のために──　有斐閣

　本章でふれることのできなかった（重）回帰分析のさまざまな側面について，心理学を学ぶ人に向けて詳細かつ丁寧に解説がなされています。本章で基礎の基礎を学んだ後に（重）回帰分析について学びを深めるための書籍としておすすめです。

第 6 章

分類する
──クラスター分析と対応分析

　クラスター分析とは，対象×変数からなるデータにおいて，対象（あるいは変数）を分類するための方法であり，構造を把握したり仮説を発見したりするのに有効な手法です。クラスター分析では対象を分類することも変数を分類することも可能ですが，本章では対象を分類する場合に沿って説明を行います。ただし，変数を分類する場合にも基本的な考え方は一緒です。対象をグループに分類するには，何らかの基準が存在する場合はその基準に沿って分類すれば確実です。人口統計的要因や地理的要因などについてのデータが得られていれば，それらの要因の区分に基づいて分類を行えば，明確で間違いがありません。たとえば，市場を既婚・未婚の別でシングル市場，性別により女性市場，年齢別に団塊の世代市場などと分類することは簡単です。しかし，実際には単純な基準で多様な消費者を分類することは難しい場合もあり，そのような場合には，価値観，パーソナリティによる違いなどの心理的要因（サイコグラフィック特性），ニーズ，使用機会・量，買い方，ロイヤルティなどによる違いなどの行動的要因（ビヘイビアル特性）を用いて分類が行われます。心理的要因や行動的要因は，何らかの基準に基づいて区分されているわけではないため，それぞれのデータから対象間の類似度（あるいは非類似度）を計算して対象を分類します。類似度（あるいは非類似度）に基づいた分類を行う際に用いられるのがクラスター分析です。本章では，代表的なクラスター分析の方法を取り上げ，各方法の特徴について説明します。

6.1　クラスター分析法の種類

　クラスター分析法は，大きく階層クラスター分析法と非階層クラスター分析法に分類することができます。

　階層クラスター分析法では，1回に1つずつの対象（クラスター）の組を結

合しクラスターを作成します。そして，最後に，すべての対象を含む1つのクラスターができるまで結合を続けます。分類する対象の一つひとつがその対象自身のみからなるクラスターの状態から，対象すべてが含まれるクラスターが構成されるまで結合を繰り返します。1回に1つずつの対象（クラスター）が結合するため，その分類結果は，樹形図として階層的に表現されます（図6.1左）。階層クラスター分析法では，どの対象（クラスター）とどの対象（クラスター）がどの段階でどのように結合したのかという結合過程が明確で，分析結果の全体像をつかみやすく，分析後に分析者が任意のクラスター数を解として採用できます。しかし，分析の対象数が増えると樹形図が見づらく，樹形図からいくつのクラスター数の結果を解として採用するかを判断するのは難しくなります。1度の結合で1つのクラスターが作成されるため，大規模データを分析する場合には計算量が膨大となり分析を実行するのに時間がかかります。

　非階層クラスター分析法では，対象をあらかじめ指定したクラスター数に分類し，一定の基準に基づいて最適な分類が得られるように対象の割り当てを繰り返します。非階層クラスター分析法の代表的な手法には k-means（k 平均）法があります。各クラスターの特徴を分類に用いた変数の平均値（クラスターの中心）により表現します（図6.1）。階層クラスター分析に比べて k-means 法は計算量が少なく，大規模データを分類するときには階層クラスター分析法よりも分析を実行するのに時間がかかりません。しかし，すべての対象を一度に分類するためクラスター内の対象がどのように結合したのかという過程はわ

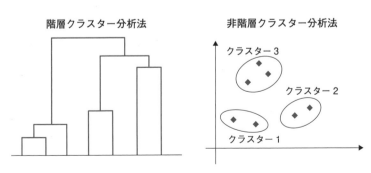

図6.1　階層クラスター分析法と非階層クラスター分析法のイメージ

かりません。また，いくつのクラスター数の結果を解として採用するかを決定するためには，何種類かのクラスター数により分析し，結果を比較検討しなければなりません。k-means 法は分析結果が初期値に依存するため，初期値が異なると同じデータを同一条件で分析しても結果が大きく異なることがあります。最適なクラスターを得るためには初期値を変更して何回か分析した上で最適結果を採用する必要があります。非階層的クラスター分析では，各対象が複数のクラスターに所属することを許容するかどうかにより各手法をハードクラスタリングとソフトクラスタリングに分類することができます。ハードクラスタリングでは，対象は1つのクラスターのみに所属し，ソフトクラスタリングでは各対象が複数のクラスターに所属することが許容され各クラスターに各対象が所属する度合いを示す帰属度が得られます。k-means 法はハードクラスタリングになります。ソフトクラスタリングにおいてもっとも帰属度が高いクラスターを抽出し，その結果をハードクラスタリングとして利用することも可能です。k-means 法を各対象がクラスターに属する重みを考慮することでソフトクラスタリングに拡張した手法としてファジィc-means 法があります（宮本，1999，pp.27-51）。ファジィc-means 法では各対象とクラスターの関連性がクラスターへの帰属度により表現されます。

　クラスター分析では，対象間の類似度（もしくは非類似度）により分類を行う方法のため，分類しようとする対象間の類似度（あるいは非類似度）を定義する必要があります。データの尺度によって，その定義の方法も異なります（宮本，1999，pp.76-87; 齋藤・宿久，2006，pp.17-24）。類似度では値が大きいほど対象（あるいは変数）は類似しており，非類似度では値が大きいほど類似していないことを意味します。

　名義尺度で2値変数（ダミー変数1，0が割り当てられている）の場合には，2×2の分割表をもとに算出される指標が用いられます。それらは総称して一致係数や連関係数とよばれます。主なものには類似度の指標として，ジャッカードの一致係数，ラッセル=ラオ係数，単純一致係数，ロジャーズ=タニモト係数，ハーマン係数，ファイ係数があり，非類似度としてタニモト係数があります。多値変数では，カイ2乗統計量が代表的な類似度を示す指標であり，カイ

2乗統計量の欠点を補う指標としてファイ係数があります。そして両者の欠点を補うために標準化した指標としてクラメールの連関係数があります。順序尺度では類似度を測る指標にはスピアマンの順位相関係数，ケンドールの順位相関係数，グッドマン=クラスカルの順序連関係数があります。

　量的なデータの場合には，ユークリッド距離，重み付きユークリッド距離，内積，ピアソンの相関係数があり，はじめの2つの距離は非類似度，後の内積とピアソンの相関係数は類似度になります。階層クラスター分析ではユークリッド距離を用いることが多く，また，本章で紹介する非階層クラスター分析の代表的な手法である k-means 法ではユークリッド距離を仮定しています。

　以下ではユークリッド距離について簡単に説明をします。2つの対象 i と j について，m 個の観測された変数 $(x_{i1}, x_{i2}, \cdots, x_{im})$，$(x_{j1}, x_{j2}, \cdots, x_{jm})$ が得られているとき，対象間のユークリッド距離は

$$d_{ij} = \sqrt{\sum_{t=1}^{p} (x_{it} - x_{jt})^2}$$

により計算できます。なお，x_{it}, x_{jt} はそれぞれ対象 i と対象 j の t 次元（t 番目の変数）での座標を表します。たとえば，2次元（$t=2$）であれば，対象 i と j 間の距離は図 6.2 のように計算することができます。

　ユークリッド距離よりも，離れている対象間の距離ほど，より大きな重みづけを行いたいといった場合などには，平方ユークリッド距離

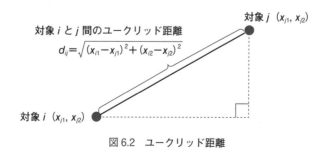

図6.2　ユークリッド距離

$$d_{ij} = \sum_{k=1}^{m} (x_{ik} - x_{jk})^2$$

が用いられます。ユークリッド距離を,

$$d_{ij} = \left(\sum_{t=1}^{p} |x_{it} - x_{jt}|^M \right)^{1/M} \quad (M \geq 1)$$

のように一般化した距離はミンコフスキーの一般距離とよばれ, ミンコフスキーの距離での M は, ミンコフスキー定数といわれます。$M=2$ のときは, ユークリッド距離となります ($\sqrt{a} = a^{\frac{1}{2}}$)。そして, $M=1$ のときは, 市街地距離 (マンハッタン距離), $M=\infty$ の場合は優勢次元距離となります。ユークリッド距離以外の場合を非ユークリッド距離といいます (齋藤・宿久, 2006, pp.9-11; 岡太・今泉, 1994, pp.22-24)。市街地距離は碁盤目状の市街地を移動するときに通過するブロックの合計が移動距離に対応するような距離であり, どこを通っても最短距離は等しくなります。2乗していないので外れ値の影響を抑えることができます。優勢次元距離は2つの対象の比較に際して, 各変数での値の差を考えれば, もっとも大きい差が対象間の距離となります。

　分類しようとする対象間の類似度を定義することができれば, 続いて, クラスターを構成していく方法を決定します。クラスター化していく過程で, クラスター間の非類似度をどのように定義するかにより, 個々のクラスター分析法は異なります。これ以降では, それぞれの方法の特徴について説明を行います。なお, ユークリッド距離を用いる場合には距離を計算する元のデータは量的なデータが前提となりますが, 実際に分析に用いるデータは量的なデータばかりでなく質的なデータも存在します。そのような場合には, 上述のような質的なデータに対する指標をもとに類似度を計算することが必要になります。そのような類似度データを階層クラスター分析法により分析することは可能ですが, 名義尺度で多値変数の場合の指標であるカイ2乗統計量 (カイ2乗距離) を分析し, 質的なデータにおける対象や変数間の関係をパターン分類 (構造化) するための方法である**対応分析** (コレスポンデンス分析) が広く用いられていま

す。

　これ以降，6.2節では階層クラスター分析法の代表的な分析方法，6.3節では非階層クラスター分析法として k-means法，6.4節では質的なデータのパターン分類をするための方法として対応分析について解説を行います。

6.2 階層クラスター分析法とは

　階層クラスター分析法では，クラスター化していく過程の最初の段階では1つの対象を含むクラスターが構成されていると考え，もっとも距離の小さい（類似した）クラスターの組合せを探し結合します。次の段階では，新たに構成されたクラスターと他のクラスターの距離を計算します。このときのクラスター間の距離をどのように計算するかにより，最短距離法（最小法，最近隣法単連結法，SLINK法），最長距離法（最遠隣法，最大法，完全連結法，CLINK法），群平均法，ウォード（Ward）法，重心法，メディアン法などがあります（足立，2006，pp.15-16; 齋藤・宿久，2006，pp.125-169; 宮本，1999，pp.88-105; 島崎ら，2020，pp.162-170）。最短距離法は，クラスター間の距離を各々のクラスターに属する対象間の距離の中で，最小の距離（非類似度の最小値）として定義します。最長距離法は，クラスター間の距離を各々のクラスターに属する対象間の距離の中で，最大の距離（非類似度）の最大値として定義します。群平均法では，クラスター間の距離は各クラスターに含まれる対象間の距離の平均として定義されます。ウォード法では，各段階で作成される任意のクラスターにおいてクラスター内の偏差平方和が最小になるように距離を定義します。クラスターを作成する際に失われる情報量を最小とするように距離を定義できます。重心法はクラスター内の個体数を反映し（個体数を重みとして），各クラスターの重心間の距離をクラスター間距離にする方法です。メディアン法は重心法を一般化したもので，2つのクラスターの重心の間の重みつきの距離を求めるとき，重みを等しくして求めた距離の値をクラスター間距離とする方法です。本章では，最短距離法，最長距離法，群平均法，ウォード法を取り上げます。それぞれの方法でのクラスター間距離の計算イメージは図6.3のよ

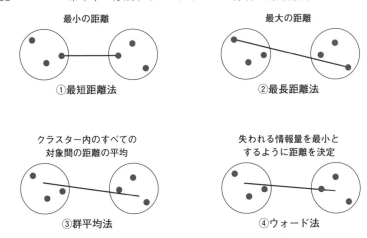

図6.3　クラスター間非類似度（距離）の計算イメージ

うになります[1]。

　以下では，7人の対象者に対してシャンプー購入の際の重視点を5段階評定
（1が重視しない，5が重視するとし，1から5に上がるにつれて重視度が向上
する）で2つの変数について調査したデータをもとに，それぞれの方法でのク
ラスター間の距離の計算方法について説明します。回答者と変数のいずれを分
類することも可能ですが，以下では回答者を分類する場合を取り上げます。表
6.1は調査により得られたデータであり，そのデータから作成した散布図が図
6.4になります。表6.1と図6.4からは，「傷みを補修する」と「潤いを与え
る」を共に重視している回答者，「潤いを与える」のみを重視している回答者，
どちらもあまり重視していない回答者がいることがおおまかにわかります。

　この表6.1のデータを間隔尺度とみなして，7人の回答者間の距離を計算す
ると，表6.2が得られます。

　クラスター間非類似度（距離）を計算するためのいずれの方法においても，
最初の段階において，もっとも類似した2つのクラスターを1つのクラスター

---

[1] 階層クラスター分析法にはさまざまな方法がありますが，ランスとウィリアムズ
（Lance & Williams, 1967）の更新式を用いると，統一的に扱うことができます（宮本，
1999, pp.99-100; 齋藤・宿久，2006, pp.140-147）。

表 6.1　シャンプー購入の際の重視点

	傷みを補修する	潤いを与える
回答者 1	1	2
回答者 2	3	1
回答者 3	1	5
回答者 4	5	5
回答者 5	4	4
回答者 6	1	4
回答者 7	2	3

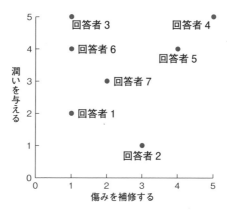

図 6.4　シャンプー購入の際の重視点の散布図

表 6.2　7 人の回答者間の距離

	回答者 1	回答者 2	回答者 3	回答者 4	回答者 5	回答者 6	回答者 7
回答者 1	0.00	2.24	3.00	5.00	3.61	2.00	1.41
回答者 2	2.24	0.00	4.47	4.47	3.16	3.61	2.24
回答者 3	3.00	4.47	0.00	4.00	3.16	1.00	2.24
回答者 4	5.00	4.47	4.00	0.00	1.41	4.12	3.61
回答者 5	3.61	3.16	3.16	1.41	0.00	3.00	2.24
回答者 6	2.00	3.61	1.00	4.12	3.00	0.00	1.41
回答者 7	1.41	2.24	2.24	3.61	2.24	1.41	0.00

にまとめます。距離が1ともっとも小さい回答者3と回答者6からなるクラスターがはじめに構成されます。なお、回答者3と6の距離 d_{36} は三平方の定理により

$$d_{36}=\sqrt{(1-1)^2+(5-4)^2}=\sqrt{0^2+1^2}=1$$

と計算できます。他の回答者間の距離も同様に計算可能です。

　次に、各方法では新たに構成されたクラスターと既存のクラスターの間の距離の計算方法が異なります。その相違点についてシャンプーの購入の際の重視点のデータを用いて説明します。

6.2.1　最短距離法

　最短距離法では、新たに結合した回答者3と6からなるクラスター（36）と他の回答者との距離を、クラスターに属する対象と他の対象（クラスター）の距離の中で最小の距離とします（岡太・今泉，1994，pp.93-97; 岡太・守口，2010，pp.66-67; 齋藤・宿久，2006，pp.135-136））。たとえば、クラスター（36）と回答者1の距離であれば、回答者3と1の距離が3であり回答者6と1の距離が2であるので、クラスター（36）と回答者1の距離 $d_{(36)1}$ は2となります。他の対象とクラスター（36）の距離も同様に計算すると、**表6.3** が得られます。表6.3において最小の距離は、回答者1と7、クラスター（36）と回答者7、回答者4と5の1.41となります。したがって、第2段階目の結合ではクラスター（36）に回答者7が結合します。回答者1と7の距離が最小であ

表6.3　クラスター（36）と他の5人の回答者間の距離（最短距離法）

	回答者1	回答者2	クラスター（36）	回答者4	回答者5	回答者7
回答者1	0.00	2.24	2.00	5.00	3.61	1.41
回答者2	2.24	0.00	3.61	4.47	3.16	2.24
クラスター（36）	2.00	3.61	0.00	4.00	3.00	1.41
回答者4	5.00	4.47	4.00	0.00	1.41	3.61
回答者5	3.61	3.16	3.00	1.41	0.00	2.24
回答者7	1.41	2.24	1.41	3.61	2.24	0.00

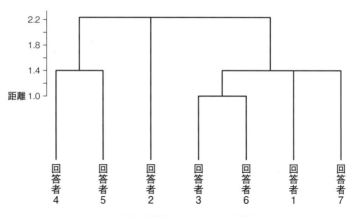

図 6.5 最短距離法により得られた樹形図

るためクラスター（367）と回答者1の距離は 1.41 であり，第3段階目の結合ではクラスター（367）に回答者1が結合します。第2，3段階の結合に関わらず，回答者4と5の距離は 1.41 と変化しないので第4段階目では回答者4と5が結合します[2]。このように，最短距離法では最小の距離をクラスター間の距離としもっとも類似した対象（あるいはクラスター）を結合するため，作成されたクラスターに回答者が順次1つずつ結合していく鎖状の構造となりやすく，クラスター内に著しい非類似性を示す対象が含まれる場合があります。

　第5段階では，クラスター（1367）とクラスター（45）の距離が 2.24 と最小であり，この2つのクラスターが結合し，第6段階ではクラスター（134567）に回答者2が結合し，すべての対象を含む1つのクラスターが作成され分析が終了します（図 6.5）。

6.2.2 最長距離法

最長距離法は代表的な階層クラスター分析法の一つであり，新たに結合した

---

[2]　第2段階目の結合では回答者4と5が結合し，クラスター（36）に回答者7が，第3段階目の結合ではクラスター（367）に回答者1が結合するというように，結合の順番を入れ替えても各結合によりクラスター（対象）間の距離は変化しないため，分類の結果は同一になります。

対象3と6からなるクラスター（36）と他の対象の距離を，クラスターに属する対象と他の対象（クラスター）の距離の中で最大の距離とします（岡太・今泉，1994，pp.87-90; 岡太・守口，2010，pp.62-66; 齋藤・宿久，2006，pp.136）。たとえば，クラスター（36）と回答者1の距離であれば，回答者3と1の距離が3であり回答者6と1との距離が2であるので，クラスター（36）と回答者1の距離 $d_{(36)1}$ は3となります。他の対象とクラスター（36）の距離も同様に計算すると，表6.4が得られます。表6.4において最小の距離は，回答者1と7，回答者4と5の1.41となります。よって，第2段階目の結合では回答者1と7が結合し，第3段階目の結合では回答者4と5が結合します[3]。

表6.4　クラスター（36）と他の5人の回答者間の距離（最長距離法）

	回答者1	回答者2	クラスター（36）	回答者4	回答者5	回答者7
回答者1	0.00	2.24	3.00	5.00	3.61	1.41
回答者2	2.24	0.00	4.47	4.47	3.16	2.24
クラスター（36）	3.00	4.47	0.00	4.12	3.16	2.24
回答者4	5.00	4.47	4.12	0.00	1.41	3.61
回答者5	3.61	3.16	3.16	1.41	0.00	2.24
回答者7	1.41	2.24	2.24	3.61	2.24	0.00

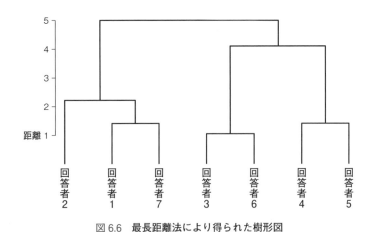

図6.6　最長距離法により得られた樹形図

[3] 第2段階目の結合では回答者4と5が結合し，第3段階目の結合では回答者1と7

第4段階では，クラスター（17）と回答者2が，第5段階ではクラスター（36）と（45）が，第6段階ではクラスター（127）と（3456）が結合し，すべての対象を含む1つのクラスターが作成され分析が終了します（**図6.6**）。

6.2.3 群平均法

群平均法では，クラスター間の距離は各クラスターに含まれる対象間の距離の平均とします（岡太・今泉，1994，pp.87-90; 齋藤・宿久，2006，pp.90）。たとえば，クラスター（36）と回答者1の距離であれば，回答者3と1の距離が3であり回答者6と1との距離が2であるので，クラスター（36）と回答者1の距離 $d_{(36)1}$ は $2.5(=(3+2)/2)$ となります。他の対象とクラスター（36）の距離も同様に計算すると，**表6.5**が得られます。**表6.5**において最小の距離は，回答者1と7，回答者4と5の1.41となります。よって，第2段階目の結合では回答者1と7が結合し，第3段階目の結合では回答者4と5が結合します[4]。

第4段階では，クラスター（17）と（36）が，第5段階ではクラスター（1367）と（2）が，第6段階ではクラスター（12367）と（45）が結合し，す

表6.5　クラスター（36）と他の5人の回答者間の距離（群平均法）

	回答者1	回答者2	クラスター（36）	回答者4	回答者5	回答者7
回答者1	0.00	2.24	2.50	5.00	3.61	1.41
回答者2	2.24	0.00	4.04	4.47	3.16	2.24
クラスター（36）	2.50	4.04	0.00	4.06	3.08	1.83
回答者4	5.00	4.47	4.06	0.00	1.41	3.61
回答者5	3.61	3.16	3.08	1.41	0.00	2.24
回答者7	1.41	2.24	1.83	3.61	2.24	0.00

が結合するというように，結合の順番を入れ替えても回答者4と5の結合により，回答者1と7の距離は変化しないため，分類の結果は同一になります。

[4] 第2段階目の結合では，回答者4と5が結合し，第3段階目の結合では回答者1と7が結合するというように，結合の順番を入れ替えても回答者4と5の結合により回答者1と7の距離は変化しないため，分類の結果は同一になります。

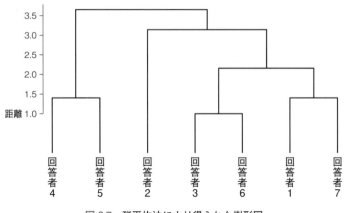

図6.7　群平均法により得られた樹形図

べての対象を含む1つのクラスターが作成され分析が終了します（図6.7）。

6.2.4　ウォード法

ウォード法は最長距離法と共に代表的な階層クラスター分析法の一つであり，対象×対象からなる距離（類似度）データではなく対象×変数からなるデータを分析するクラスター分析法として説明されることが多いです（岡太・今泉，1994，pp.93-97; 岡太・守口，2010，pp.69-75）。表6.1の回答者×変数からなるデータであれば，それぞれ2つの変数を縦軸と横軸にとり，表6.1の各行を2次元空間の点として，7個の点として表現します（図6.4参照）。ウォード法は，偏差平方和というクラスター内の異質性に基づいてクラスターを構成します（岡太・今泉，1994，pp.93-97; 岡太・守口，2010，pp.69-75; 齋藤・宿久，2006，pp.137-140）。各クラスター内でそのクラスターを構成する回答者の座標の平均を求め，各回答者で，平均からの偏差の2乗を2つの変数について合計し，その2乗和を全回答者について足し合わせそのクラスターの偏差平方和を求めます。すべてのクラスターについて偏差平方和を合計し，偏差平方和が得られます。

最初の段階では，7人の回答者がそれぞれ1つからなるクラスターを構成し，全部で7個のクラスターがあると考えます。各クラスターを構成する点の座標

の平均はその回答者の座標そのものであり，各クラスターの偏差平方和は0であり，この段階の偏差平方和は0になります。回答者1からなるクラスターの偏差平方和であれば，「傷みを補修する」の平均は1($=1/1$)，「潤いを与える」の平均は2($=2/1$)であり，2つの変数の偏差の2乗和は0($=(1-1)^2+(2-2)^2$)となり，偏差平方和は0となります。

　次の第1段階では，7人の回答者から2つを選ぶ組合せ $_7C_2$($=21$)通りの中で，7人の回答者の中から2つを選んで1つのクラスターにまとめた場合に構成される6($=7-1$)つのクラスターの偏差平方和が最小になるように，2つの回答者を1つのクラスターにまとめます。具体的な偏差平方和の計算の手順は以下のようになります。

①2つの点の座標の平均を2つの座標軸について算出します。

②2つの点に対して，座標軸ごとに平均との差（偏差）を2乗し，偏差の2乗和（2つの座標軸についての和）を求めます。

③偏差の2乗和を2つの点について合計し，新たに構成された2つの回答者からなるクラスターの偏差平方和を求め，他の5($=7-2$)個のクラスターの偏差平方和（すべて0）との和を計算し，偏差平方和を求めます。

　たとえば，回答者3と6を選択した場合を例に説明します。クラスター(36)では，「傷みを補修する」の平均は1($=(1+1)/2$)，「潤いを与える」の平均は4.5($=(5+4)/2$)であり，回答者3の2つの変数の偏差の2乗和は0.25($=(1-1)^2+(5-4.5)^2$)，回答者6の2つの変数の偏差の2乗和は0.25($=(1-1)^2+(4-4.5)^2$)となり，クラスター(36)の偏差平方和は0.50($=0.25+0.25$)となります。他の5個のクラスターの偏差平方和はすべて0であるので，$\{(36),1,2,4,5,7\}$という6つのクラスターの偏差平方和は0.5となります。クラスター数を7から6に減らす21通りの中で偏差平方和は**表6.6**のようになります。**表6.6**で，3列目の回答者3と6行目の回答者6のクロスする部分の0.50は回答者3と6をまとめた場合の偏差平方和を表します。偏差平方和が最小となるのは回答者3と6をまとめた場合の0.50なので，回答者3と6が最初に結合します。回答者3を表現する点から回答者3と6の平均を表現する点 $(1,4.5)$ までの距離の2乗は0.25($=(1-1)^2+(5-4.5)^2$)と0.25($=(1$

表6.6　クラスター数を7から6に減らす21通りの場合の偏差平方和

	回答者1	回答者2	回答者3	回答者4	回答者5	回答者6	回答者7
回答者1							
回答者2	2.50						
回答者3	4.50	10.00					
回答者4	12.50	10.00	8.00				
回答者5	6.50	5.00	5.00	1.00			
回答者6	2.00	6.50	0.50	8.50	4.50		
回答者7	1.00	2.50	2.50	6.50	2.50	1.00	

$-1)^2 + (4-4.5)^2)$ であり，回答者6を表現する点から平均を表現する点までの距離の2乗は $0.25(=(1-1)^2 + (4-4.5)^2)$ となります。この2つの距離の2乗和が，クラスター（36）の偏差平方和 0.50 になります。

　第2段階では，偏差平方和が最小になるような5個のクラスターを構成するように，6個のクラスターから2つのクラスターを1つのクラスターにまとめます。${}_6C_2$ 通りの組合せについて，得られる5個のクラスターの偏差平方和が最小となるような2つのクラスターを1つにまとめます。たとえば，クラスター（36）と回答者1を1つのクラスターにまとめる場合を考えます。回答者1，3，6の「傷みを補修する」の平均は $1(=(1+1+1)/3)$，「潤いを与える」の平均は $3.67(=(2+5+4)/3)$ になります。回答者1の「傷みを補修する」と「潤いを与える」についての偏差の2乗和は $2.78(=(1-1)^2 + (2-3.67)^2)$，回答者3の「傷みを補修する」と「潤いを与える」についての偏差の2乗和は $1.78(=(1-1)^2 + (5-3.67)^2)$，回答者6の「傷みを補修する」と「潤いを与える」についての偏差の2乗和 $0.11(=(1-1)^2 + (4-3.67)^2)$ になります[5]。よって，クラスター（136）の偏差平方和は $4.67(=2.78+1.78+0.11)$ であり，他の4個のクラスターの偏差平方和はすべて0であるので，｜(136), 2, 4, 5, 7｜という5つのクラスターの偏差平方和は 4.67 と計算できます。クラスター

---

[5]　それぞれの偏差の2乗和は平均を四捨五入しない値で計算しています。他の部分でも同様です。

(36) と他の回答者をまとめた場合の偏差平方和も同様に計算できます。他の
2 人の回答者をまとめた場合には，クラスター (36) の偏差平方和と 1 つにま
とめた 2 人の回答者間の偏差平方和の和が，そのときの偏差平方和になります。
他の回答者間をまとめた際の偏差平方和は**表6.6**と同じ値になります。たとえ
ば，第 2 段階で，回答者 1 と 7 が結合し ¦(17), (36), 2, 4, 5¦ という 5 つのク
ラスターが構成される場合を例に説明します。クラスター (36) の偏差平方和
は 0.50 です。クラスター (17) では「傷みを補修する」の平均は $1.5(=(1+2)/2)$，「潤いを与える」の平均は $2.5(=(2+3)/2)$ であり，回答者 1 の 2 つ
の変数の偏差の 2 乗和は $0.50(=(1-1)^2+(2-2.5)^2)$，回答者 7 の 2 つの変数
の偏差の 2 乗和は $0.50(=(2-1)^2+(3-2.5)^2)$ となり，クラスター (17) の偏
差平方和は $1.00(=0.50+0.50)$ となります。他の 3 つのクラスターの偏差平方
和はすべて 0 であるので，¦(17), (36), 2, 4, 5¦ という 5 つのクラスターの偏
差平方和は $1.5(=1.00+0.50+0.00+0.00+0.00)$ となります。第 2 段階では回
答者 1 と 7 が結合する場合に偏差平方和が 1.50 で最小であり，¦(17), (36), 2,
4, 5¦ という 5 つのクラスターが構成され，第 3 段階では回答者 4 と 5 が結合
する場合に偏差平方和が 2.50 で最小であり，¦(17), (36), (45), 2¦ という 4 つ
のクラスターが構成されます[6]。

第 4 段階でクラスター (17) と回答者 2 が結合する場合に偏差平方和が 5.50
と最小であり ¦(127), (36), (45)¦ という 3 つのクラスターが構成されます。
第 5 段階では，クラスター (127) とクラスター (36) が結合する場合に，偏
差平方和が 14.20 と最小であり ¦(12367), (45)¦ という 2 つのクラスターが構
成されます。第 6 段階ではクラスター (12367) と (45) が結合し，すべての
対象を含む 1 つのクラスターが作成され分析が終了（そのときの偏差平方和は
29.43）し，**図6.8**のような樹形図が得られます。以上のように，すべての回
答者が 1 つのクラスターにまとまるまで，得られたクラスターの偏差平方和が
最小となるように 2 つのクラスターを 1 つにまとめることを $6(=7-1)$ 回繰

---

[6] クラスター (17) とクラスター (45) の偏差平方和は共に 1.00 であるので，第 2
段階と第 33 段階での結合の順番を入れ替えても結果は変わりません。

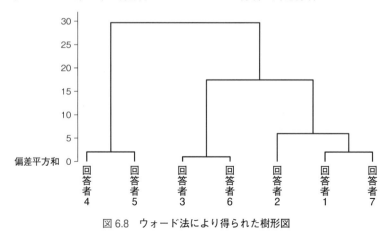

図6.8　ウォード法により得られた樹形図

り返します。偏差平方和が小さいということは，類似した回答者が各クラスターを構成し，各クラスター内の異質性が小さいということを意味します。

　ウォード法では，変数を測定する単位を変えると結果が変化します。たとえば体重をキログラムで測定した場合とグラムで測定した場合では，物理的な重さは同じでも重さを表す数値はグラムがキログラムの 1,000 倍になり，グラムはキログラムの 1,000,000 倍の影響を偏差平方和に与えます。したがって，ウォード法では，このような変数が測定されている単位に影響されないように，各変数が分析に対し均等に影響するように，各変数の分散を 1 に基準化する必要があります。なお，平均は分析結果に影響を与えないので基準化する必要はありません。

6.2.5　階層クラスター分析法の結果の解釈と分類

　階層クラスター分析法のどのクラスター間非類似度（距離）の計算方法の結果を選択するかは，同じデータを違う手法で分析し得られた結果を比較して，どの手法から得られた結果が解釈を行いやすいか，論理的に妥当な結果が得られているかを吟味した上でもっとも納得のいく結果を解として採用します。それぞれの対象（人）の属するクラスターはクラスター間の距離の定義方法により異なります。すべての方法が，データに対して同じように適切であるわけで

はありません。それぞれの分析手法で得られた結果において，クラスターのもつ意味を，異なる各クラスターに含まれる対象のもつ特性などから解釈し，納得のいくものである（自然に解釈できる）分析結果を採用することが望まれます。

　すべての対象を含む1つのクラスターが作成されたら，視覚的に分析結果を把握するため分析結果を樹形図（デンドログラム）により表現します。樹形図からはクラスター化の過程や類似度の大きい対象（クラスター）同士を把握できます。樹形図は縦に書く場合と横に書く場合があります。縦に書いた場合は下から上に，横に書いた場合は左から右に，一度クラスターに組み込まれた対象はその後も同じクラスターに属し，最終的に1つのクラスターにまとめられる過程が表現されます。縦型の樹形図では横の線で結合した2つのクラスターと結合した際の距離（非類似度）を示します。下側で結合しているほど，早くに結合したクラスターとなります（図6.5，図6.6，図6.7，図6.8参照）。いくつのクラスター数の結果を解として採用するかは，クラスターの個数の大小や各クラスターに所属する対象数を考慮して決定します。また，クラスター間距離（非類似度）の差が大きくなるクラスター数を採用するのも一つの基準になります（足立，2006，pp.125-169; 岡太・守口，2010，pp.67-68）。クラスター間距離（非類似度）の差が大きいということは小さい場合よりも各クラスターの特徴が明確であることを意味するため，クラスター数の採用の一つの基準となります。横線で各クラスターが結合している部分の間で分割することによ

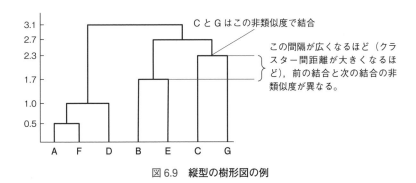

図6.9　縦型の樹形図の例

り（図6.9），解として採用するクラスター数を決定できます。横線の間隔が広くなるほど（クラスター間距離が大きくなるほど），前の結合と次の結合の非類似度が異なることを意味します。この特徴を利用して，クラスター間距離が大きく離れているクラスター数を分割の候補とします。

6.3　*k*-means 法

　非階層クラスター分析法の代表的な方法として*k*-means法があります（宮本，1999，pp.13-26; 齋藤・宿久，2006，pp.171-198; 島崎ら，2020，pp.171-174）。*k*-means法にもいくつかの方法が提案されていますが，そのおおまかな分析の手順は同じで，次のようなものになります。*k*-means法ではいくつのクラスターに対象を分類するのかを事前に設定する必要があります。仮にk個のクラスターに分類する場合には，はじめにk個の初期クラスターの中心をランダムもしくは何らかの基準に基づいて与えます。そして，すべてのデータとk個のクラスターの中心との距離を計算し，もっとも近いクラスターに分類します。新たに構成されたクラスターに所属する対象の得点の平均値を求め，新たな各クラスターの中心を再計算します。すべての回答者についてクラスターの割り当てが変化しなくなるまで，もしくはクラスターの中心の変化量や繰返し回数が一定基準を満たしたら分析を終了します。*k*-means法では，各対象はもっとも近い中心に所属することになり，クラスター内平方和（群内平方和）が最小になるような中心を見つけ，対象を中心に割り当てていくことになります。一方，クラスター間平方和（群間平方和）は最大になります。階層クラスター分析法のウォード法もクラスター内の異質性を表す偏差平方和が小さくなるようにクラスターを構成していく方法であり，*k*-means法とウォード法は平方和が小さくなるようにクラスターを構成するという考え方が類似した方法です。

　図6.4のシャンプー購入の際の重視点の散布図を用いて，*k*-means法の分析イメージを説明します。図6.4の7人の回答者を3つのクラスターに分類する場合，何らかの方法で初期の3つの中心（$k=3$）を与え，この点を中心として各回答者の所属クラスターを決定します（図6.10）。図6.10では，7人の回答

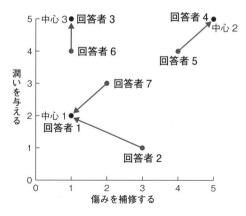

図 6.10 7人の回答者に対してクラスター数を3としてクラスターの初期の中心を与え，
各回答者とクラスターの中心の距離から所属クラスターを決定する

者からランダムに3人（回答者1，3，4）を選んで初期の中心としています。
クラスターの中心と回答者の距離は，たとえば回答者7であれば，中心1との
距離は$\sqrt{(2-1)^2+(3-2)^2}=\sqrt{2}=1.41$，中心2との距離は$\sqrt{(2-5)^2+(3-5)^2}=$
$\sqrt{13}=3.61$，中心3との距離は$\sqrt{(2-1)^2+(3-5)^2}=\sqrt{5}=2.24$と計算でき，も
っとも中心とのユークリッド距離が小さいのは中心1であり，回答者7はクラ
スター1に所属することになります。他の回答者についても同様にクラスター
の中心との距離を計算して，所属するクラスターを決定します。クラスター1
には回答者1と2と7，クラスター2には回答者4と5，クラスター3には回答
者3と6が所属することになります（**図 6.10**）。

次に，**図 6.11** のように，新たに構成されたクラスターをもとにクラスター
の中心を再計算し，中心と各回答者のユークリッド距離を計算し，回答者を各
クラスターに再割り当てします。再計算されたクラスターの中心はそれぞれ
$(2,2)$，$(4.5,4.5)$，$(1,4.5)$ になり，初期値から中心の値が変化していること
がわかります。この中心に対して所属クラスターの再割り当てを行うと，クラ
スター1には回答者1と2と7，クラスター2には回答者4と5，クラスター3
には回答者3と6が所属することになり，各回答者が所属するクラスターには
変更はありません。したがって，各回答者の所属クラスターに変更がなく，ク

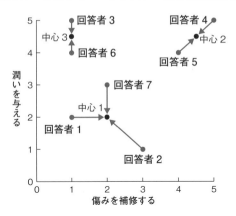

図 6.11　新たに構成されたクラスターをもとに中心を再計算し，回答者を各クラスターに再割り当てする

ラスターの中心が変化しないため反復はここで終了し，各回答者の所属クラスターが決定します。

　非階層的手法である *k*-means 法では，各結合の段階で対象をいずれかのクラスターに分類し，ある基準をもとに反復調整していく手法です。階層的手法に比べて計算量が少ないため大規模データに対しても非階層的方法よりも短い時間で分析が実行可能です。しかし，分析の開始にあたって分類するクラスター数を指定する必要があり，データをうまく分類することのできる最適なクラスター数はわかりません。よって，クラスター数をいくつか変更して分析する必要があります。また，すべての対象を一度に分類するため，クラスター内の対象間の結合状況はわかりません。そして，*k*-means 法では分析結果が初期値に依存するため，初期値が異なると同じデータを同一条件で分析しても結果が大きく異なることがあります。最適なクラスターを得るためには初期値を変更して何回か分析し，平均クラスター内距離が最小になる初期値を選択するなど，最適な初期値での結果を採用することが望ましいといえます。

6.4 対応分析

　質的データの中には，人々の意思決定に影響を及ぼすものも少なくありません。質的なデータを何らかの手続きを通して数値に変換（数量化）して扱うことができれば，変数間の関係がとらえることができ有意義です。質的データの数量化は，パターンの似ている対象同士の差をなるべく少なくし，パターンの似ていない対象同士の差を大きくなるように得点を付与します。質的データを数量化するための手法である**対応分析**は，質的データについてのクロス集計表（各対象（サンプル）×各変数（カテゴリー））を分析して，反応パターンに共通するものがあるかデータ間の類似性を調べながら，その共通のパターンにより各対象と各変数の関係をパターン分類（構造化する）ための方法です（足立，2006，pp.130-134; 金，2007，pp.87-96; Clausen, 1998 藤本訳 2015; 島崎ら，2020，pp.150-157）。対応分析はコレスポンデンス分析ともよばれ，類似した方法に数量化3類や双対尺度法などがあります。

　対応分析では，クロス表の各対象と各変数のそれぞれの項目の相対比率（プロフィール）を求め，プロフィールの名義尺度を用いて，多値変数の場合の指標であるカイ2乗統計量に基づくカイ2乗距離を計算します。カイ2乗距離は2つの分布間の距離を表し，ある分布と基準分布の対応するセルの値の差の2乗を基準分布の当該セルの値で除す計算をすべてのセルについて行い，その和を求めることで算出できます。このカイ2乗距離が小さいものは近くに位置づけるというように，カイ2乗距離がよく近似するような得点を各対象と各変数に付与することで，低次元空間に回答の反応パターンを縮約します（変数を減らして解釈しやすくなります）。カイ2乗距離が小さいものは近くに位置づけるという対応分析の基本的考え方は，クロス表の各対象と各変数の項目の相関が最大になるように行と列の双方を並び替える数量化III類の場合と同様の手法と考えることができます。並び替えの場合には1，2，3，…というような順序を得点として割り当てることになりますが，それではカイ2乗距離によって近似するような得点を割り当てることには必ずしもならないため，よりよく近似するために各対象と各変数に連続量の得点を付与します。また，1組だけの得

点ではうまく近似することができなければ，各対象と各変数に付与する得点の組は行数−1と列数−1の小さいほうの数だけ存在するので，うまく近似できるような得点の組を順次求めていきます。なお，プロフィールは行と列の両方からとらえることができるため，プロフィールをそれぞれ行あるいは列の多次元空間内のデータと考え，双対性を考慮して分析を行います。これにより，固有値（相関の情報）の大きさで測ることを可能とし，2つの対象間（もしくは変数間）の関連性と対応関係を計量的に測り，質的データを計量化します。固有値とは，対応分析で得られた（付与した）各次元の得点の分散になり，対応分析ではこの分散が最大となるような得点の組を求めることになります。この分散が元のデータの全情報（総変動）に占める割合が分析により得られた各次元により元のデータの全情報（総変動）をどの程度を説明できているかを示す寄与率になります。何次元の結果を解とするのか決定するには当該次元までの寄与率の和である累積寄与率が一つの基準になります。また，実際に分析すると，低次元では高い寄与率が得られないこともあるため，累積寄与率ではなく，結果の解釈のしやすさを優先して解とする次元数を決定する場合もあります。対応分析で解釈する際には，対象と変数の得点を散布図（布置）上に位置づけて各軸の特徴を整理します。対象と変数を1つの散布図に同時に描くこともありますが，実際には対象と変数の得点の尺度が異なるので，得点を調整して用いるなど注意が必要です。

　以下では，シャンプーの特徴についてのイメージが各ブランドについてあてはまるかどうかを調査した結果のデータを用いて，コレスポンデンス分析の方法について説明します。表6.7は各5つのブランドに「傷みを補修する」と

表6.7　各ブランドのイメージについての調査データ

	傷みを補修する	潤いを与える	まとまりやすくなる
ブランド1	30	25	30
ブランド2	15	10	30
ブランド3	10	20	5
ブランド4	25	15	15
ブランド5	15	25	10

表6.8 ブランドの相対比率（行プロフィール）

	傷みを補修する	潤いを与える	まとまりやすくなる
ブランド1	0.35	0.29	0.35
ブランド2	0.27	0.18	0.55
ブランド3	0.29	0.57	0.14
ブランド4	0.45	0.27	0.27
ブランド5	0.30	0.50	0.20

表6.9 イメージの相対比率（列プロフィール）

	傷みを補修する	潤いを与える	まとまりやすくなる
ブランド1	0.32	0.26	0.33
ブランド2	0.16	0.11	0.33
ブランド3	0.11	0.21	0.06
ブランド4	0.26	0.16	0.17
ブランド5	0.16	0.26	0.11

「潤いを与える」「まとまりやすくなる」という各イメージがあてはまるという回答のあった頻度を示しています（仮想データ）。表6.7の列和と行和を計算して，各値を行和と列和それぞれで除すと表側（ブランド）と表頭（イメージ）のそれぞれの項目の相対比率（プロフィール）が計算でき，表6.8と表6.9が得られます。

　このブランドとイメージそれぞれのプロフィールに対してカイ2乗距離を計算し，このカイ2乗距離が小さいものは多次元空間で近くに位置づけ，カイ2乗距離をよく近似するような得点をブランドとイメージの項目に付与し，低次元空間に次元縮約します。今回のデータはブランド数5でイメージ数3であるので，ブランド数5−1とイメージ数3−1の小さいほうの数だけ得点の組は求められるため，最大で2次元に縮約することができます。対応分析を行うと，ブランドとイメージの各項目について表6.10のような次元1と次元2での得点が得られます。この得点をもとにブランド（左）とイメージ（右）の各項目の得点についての2次元布置を描いたものが図6.12になります。なお，次元1と次元2の寄与率は，84.3%と15.7%になります。次元1でデータの85%弱

表 6.10　ブランドとイメージに付与された得点

ブランドの得点			イメージの得点		
	次元1	次元2	Column	次元1	次元2
ブランド1	0.30	0.20	傷みを補修する	0.02	1.40
ブランド2	1.49	−1.07	潤いを与える	−1.21	−0.70
ブランド3	−1.60	−0.79	まとまりやすくなる	1.26	−0.73
ブランド4	0.07	1.78			
ブランド5	−1.10	−0.58			

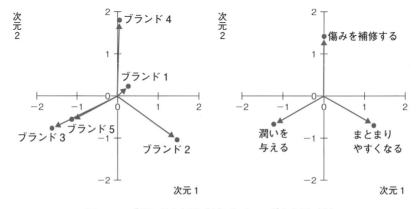

図 6.12　ブランドの布置（左）とイメージの布置（右）

の情報を説明できていることになります。

　ブランドの布置からは，ブランド3と5が原点からのベクトルの方向が似ており同じような反応を示しているブランドであることがわかります。このように，対応分析では各項目に原点から引いたベクトルの方向でパターンの類似度を判断します。ブランド3と5，ブランド2，ブランド4はそれぞれ布置の外側に位置しており，それぞれのブランドは反応のパターンが異なるといえます。このとき布置の外側にあるブランドは他のブランドと反応のパターンが異なる（相対頻度（プロフィール）の反応が異なる）ことを意味しており，その反応頻度が必ずしも高くない場合があることに注意が必要です。このことは，ブランド1がすべてのイメージに対してあてはまる頻度が他のブランドと比べて相

対的に高いが，すべてのイメージにおいて頻度が高くなっているために他のブランドと比べて相対頻度（プロフィール）の値に差がみられずに布置の中心に位置していることからもわかります。また，ブランドの布置とイメージの布置のベクトルの方向を比較することによって，各ブランドがどのようなイメージをもたれているのかということを読みとることができます。ブランド3と5は「潤いを与える」と原点からのベクトルの方向が似ており，ブランド3と5は相対的に「潤いを与える」というイメージをもたれているということがわかります。ブランド2は「まとまりやすくなる」，ブランド3は「傷みを補修する」と原点からのベクトルの方向が似ていることから，相対的にそのようなイメージをもたれているブランドであるということがわかります。

復 習 問 題

1. 階層クラスター分析においてクラスター間非類似度（距離）の計算方法には最短距離法，最長距離法，群平均法，ウォード法がありますが，それぞれの計算方法について説明してください。
2. 非階層クラスター分析法（k-means 法）で，適切な結果を得るためには初期値の設定や分析するクラスター数の指定はどのようにしたらよいか，説明してください。
3. 対応分析の結果を解釈する際の方法や注意点について，説明してください。

参 考 図 書

岡太 彬訓・守口 剛（2010）．マーケティングのデータ分析——分析手法と適用事例
　　—— 朝倉書店

　階層クラスター分析，非階層クラスター分析の理論や応用について，マーケティングの実データを解析した結果をもとにわかりやすく書かれています。より詳しく勉強したい人におすすめです。初級・中級者向け。

クラウセン，S-E. 藤本 一男（訳・解説）（2015）．対応分析入門——原理から応用
　　まで 解説◆R で検算しながら理解する—— オーム社

　対応分析の理論や分析方法について，実例をもとにとても詳しく説明されています。より深く勉強したい人におすすめです。初級〜上級者向け。

第 **III** 部

心理尺度

第7章

心理学の測定——心理尺度

　心理学は構成概念を扱う学問です。構成概念とは，そのようなものが存在すると仮定することによって，なぜ人がそのような行動をするのかなどの解釈が可能になるもののことです。たとえば，5.1 節の「自尊感情」や「抑うつ度」も構成概念の例です。

　構成概念は目に見えないものなので，これを扱うには何とか目に見える形で測定する必要があります。その測定のための"ものさし"（尺度）が心理尺度といわれます。本章では，心理尺度がどのようなものか，どのように用いるのか，心理尺度に求められる特性とは何かを概観します。

7.1　心理尺度とは

　これまで，皆さんは図 7.1 のようなアンケートに一度は回答したことがあるのではないでしょうか。これは現在心理学で頻繁に用いられている心理尺度の一般的な形式，リッカート法（Likert 法・ライカート法）という手法です。リッカート法では複数の項目に対して，それが自身にどの程度あてはまるかを回答してもらうことで，回答者の特性値を測定します。選択肢は「あてはまる」程度であったり，「よくある」といった頻度であったり，さまざまです。この例では，英語に対する志向性を測定しようとしています。

　有名な尺度としては，性格に関する Big Five 尺度（和田，1996），YG 性格検査（辻岡，2000），臨床尺度である MMPI（Minnesota Multiphasic Personality Inventory；ミネソタ多面的人格目録）などがあります。日本，欧米に限らず，無数ともいえる心理尺度が開発されています。興味がある方は，三重大学教育学部で管理されている心理尺度データベース（https://www.minamis.net/scale_search/mpsbmain.html）や，『心理測定尺度集（I～VI巻）』（サイエン

	まったくあてはまらない	あまりあてはまらない	どちらともいえない	ややあてはまる	とてもよくあてはまる
1. 私は英語が使えるようになりたい	1	②	3	4	5
2. 英語を学ぶことは楽しい	1	2	3	④	5
3. 英語を学ぶことは重要だと思う	1	2	③	4	5
4. 海外に留学したいと思う	1	②	3	4	5
5. 英語が話せることは自分にとって重要ではない	1	②	3	4	5

図7.1 リッカート法を用いた心理尺度の例

ス社刊）をご覧ください。

　上記のようなサイトや書籍をみると，数限りない尺度が存在していることがわかると思います。心理尺度を使用する際の注意としては，尺度名（下位尺度名）にだまされないことです。たとえば，現在日本でよく用いられているうつ尺度には，BDI（Beck Depression Inventory），CES-D（The Center for Epidemiologic Studies Depression Scale），SDS（Self-rating Depression Scale）などがあります。いずれも回答者の「うつ」の程度を測定するものですが，それぞれ特徴があり，同じ「うつ」という構成概念を測定しているわけではありません。これは，英語力を測定するテストとして，センター試験の英語科目，TOEIC，英検，TOEFLなどがありますが，いずれも異なる「英語力」を測定しているのと同じようなことなのです。

　また，よく目にする研究で発表されている尺度や，先行研究でよく使われている尺度が必ずしも良い尺度とはいえません。心理尺度を使用するユーザーとしては，後述するような信頼性や妥当性，第8章の因子分析などの知識を理解した上で，自分が測定したい構成概念を測定するための心理尺度を適切に選択する力が求められます。使用する際は必ず開発論文を検討すること，尺度の項目内容を検討することが不可欠です。

コラム 7.1　なぜ心理学で「テスト」を扱うのか

　皆さんがこれまで受けてきた学校や入試などのテストも心理尺度の一例です。テストが心理尺度？と思われるかもしれません。たとえば英語のテストでは，英語力を測定しています。英語力というものが存在することに異論はないと思いますが，「あなたの英語力を見せてください」と言われても，どうしてよいのかわかりません。人によっては，センター試験の英語の点数や TOEIC や TOEFL のスコアをいう人もいるでしょうし，実際に英語で話してみせる人もいるかもしれません。センター試験の英語，TOEIC，TOEFL のいずれも英語力を測定する（心理）尺度といえます。

　このように考えると，そもそも英語力とは何か？という疑問が生じます。センター試験の英語と TOEFL の英語では求められる力が違うと思いますが，このあたりは尺度の妥当性の議論につながります。

　自分が測定したい構成概念を適切に測定できそうな尺度が見つからない場合，自ら開発する必要があります。その際は，心理測定の知識が必要なだけでなく，その概念に関しても十分検討する必要があります。

7.2　心理尺度の使い方

　リッカート法は構成概念を測定する手法なので，得点化する必要があり，その得点がその人の特性値になります。特性値とは，その人の「構成概念」（たとえば英語に対する志向性）のレベルを表した値です。リッカート法の計算の仕方は，まず選択肢に得点を与えます。図 7.1 の例では，まったくあてはまらないを 1 点，あまりあてはまらないを 2 点，どちらともいえないを 3 点，ややあてはまるを 4 点，とてもよくあてはまるを 5 点とします（必ずしもこの得点である必要はありません。たとえば順に 0 点，1 点，…4 点でも，10 点，20 点，…，50 点でも構いませんが，その間隔は等間隔である必要があります）。

　この場合，項目 1 は 2 点，項目 2 は 4 点，項目 3 は 3 点，項目 4 は 2 点とな

ります。ここで，項目5に関してですが，項目5は英語に対してネガティブな志向を示している項目で，他の項目がポジティブな志向を示しているのと逆方向になっています。これを逆転項目といいます。逆転項目の場合は，先の得点のまったくあてはまらないを5点，…，とてもよくあてはまるを1点と得点化します。そのため，この場合の項目5は4点を与えることになります。

　最終的に，この回答者の特性値（英語に対する志向性）は，$2+4+3+2+4=15$点となります（平均をとって$15/5=3.0$点としても同じです）。このようにリッカート法は非常に簡便な方法であるため，使用頻度も高くなっていると考えられます。この方法が提案されたリッカート（Likert, 1932）ではこの例のように5段階が用いられていますが，3段階や4段階，6段階，7段階などと派生しています。選択肢の表現に関してもさまざまなものが使われているため，何をもってリッカート法と定義するかは難しいですが，各選択肢に順序づけられた整数値を項目得点として与え，その項目得点を加算（もしくは平均）して，特性値とするのが原則となっています。この他にもリッカート法に関する議論がいくつかあるので，詳細は後述します。

7.3　心理尺度に求められる特性

　体重を測定する際には体重計，血圧を測定する際には血圧計というように，測定するものによって測定道具が決まっています。たとえば体重計に乗ったときに500 kgと測定されたら，それは測定が間違っている，体重計が壊れていると判断できます。また，体重を測定するために，身長計を用いることも適切でないことは明白です。つまり，測定においては，測定道具の適切さ，測定するものと測定する道具の対応が重要です。

　この例では，「体重計が壊れている」「体重を身長計で測定する」など，問題があることが明らかですが，同じ測定道具である心理尺度の場合，その測定道具が壊れているのか，測定したいもの（構成概念）を測定できているのかを示すことは非常に困難です。これは，たとえば英語に対する志向性が3.5点だった場合にそれが高いのか低いのか，先の項目で英語に対する志向性が測定でき

ているのかどうかは見た目では判断できないからです。そのため，心理尺度では尺度の信頼性と妥当性という考え方を用いて，尺度を評価したり開発したりしています。

7.4　尺度の信頼性

　尺度の**信頼性**は，その尺度がどの程度正確に（測定誤差が少なく）測定できるものさしであるかを示す指標です。つまり，測定精度を示す指標といえます。リッカート法による尺度の信頼性は信頼性係数で評価され，そのためにクロンバックの α（Cronbach's α）や再検査信頼性（Test-Retest Reliability），最近では因子分析の文脈における ω（オメガ）という指標が用いられています。いずれも測定精度に関する指標ですが，少しコンセプトは異なりますので詳細は別書を参照ください。

　ここでは，現在もっともよく用いられているクロンバックの α について説明します。心理学の論文では「〜尺度の信頼性係数は $\alpha = .86$ であった。」というように記載されています。正確には「クロンバックの α による〜尺度の信頼性係数の推定値は $\alpha = .86$ であった。」という表記になると思います。何が違うのかと思うかもしれませんが，この点が信頼性を理解する上で重要になります。

　そもそも，クロンバックの α は，以下の式で定義される内的一貫性（内部一貫性）の指標です。内的一貫性というのは，どの程度一貫して同じ構成概念を測定しているのかという程度と理解すればよいでしょう。なぜ内的一貫性の指標であるクロンバックの α が信頼性係数として用いられるかは，次の通りです。

　少し難しくなるかもしれませんが，尺度の信頼性係数は，古典的テスト理論の文脈で定義されます。古典的テスト理論では，観測得点（X）＝真の得点（T）＋誤差（E）が基本式です。この式は，測定された値（観測得点 X）は，真の得点（T）と誤差（E）が合わさったものであることを意味しています。たとえば，ある人の英語に対する志向性の真の得点が 3.4 点だった場合，測定

結果が3.6点だったとします。本来は測定結果も3.4点になってほしいので，ここには＋0.2の誤差があることになります。つまり，観測得点（X）3.6＝真の得点（T）3.4＋誤差（E）0.2ということです。この式で言いたいことは，誤差（E）が0でない限り，測定値には誤差がつきものであるということです。

　ここで誤差（E）の平均は0である，真の得点（T）と誤差（E）の相関は0であるという仮定をおくと，観測得点の分散（σ_X^2）＝真の得点の分散（σ_T^2）＋誤差の分散（σ_E^2）が得られます。ここで，$\sigma_T^2／\sigma_X^2$を真の信頼性係数（ρ）と定義します。もし，$\sigma_E^2＝0$であれば，$\sigma_T^2＝\sigma_X^2$となり，$\rho＝1.0$となります。$\sigma_E^2＝0$ということは，すべての値が同じであることを意味しており，かつ先ほど誤差（E）の平均は0の仮定がありますので，すべての測定において誤差（E）が0，つまり，観測得点＝真の得点であることになります。

　（真の）信頼性係数（ρ）の定義としては，$\sigma_T^2／\sigma_X^2$ですが，分子のσ_T^2は計算することができません。説明上，真の得点（T）の3.4も誤差（E）を0.2と書きましたが，実際には私たちは観測得点（X）しか手に入れることができません。そこで，この（真の信頼性係数（ρ）を推定する必要があります。その推定方法の一つがクロンバックのαで，$\rho\geqq$クロンバックのαであることが証明されるため，信頼性係数の推定値として，クロンバックのαを報告するのです。

　このように信頼性係数は定義されますが，信頼性係数が1.0であれば，誤差は0であり非常に良い測定ができていることになります。心理尺度においてはこの値が0.8以上であれば望ましく，0.7以上であれば許容範囲であると解釈されていますが，その根拠は明確ではありません。また，クロンバックのαは，項目数が少ない場合，相対的に値が低くなることが知られていることも念頭においておくことが必要でしょう（言い換えれば，項目数が多ければ，値が高くなります）。

7.5 尺度の妥当性

　7.3節で，体重を測定するために身長計を用いることは明らかに誤りである

表7.1 心理尺度の妥当性に関する分類

尺度項目の内容に関する妥当性
内容的妥当性
表面的妥当性
構成概念妥当性
因子的妥当性
概念間の関連に関する妥当性
基準関連妥当性
併存的（同時的）妥当性
予測的妥当性
収束的妥当性
弁別的妥当性

という言い方をしましたが，尺度の**妥当性**は信頼性以上に重要なものといえると思われます。尺度の妥当性には，概念自体の変遷や尺度開発者の好みもあり，さまざまなものが提唱されていますが，大きく分類すると**表7.1**のようになります。ここでは重要と思われるものについて解説します。妥当性の概念自体も固定的なものではありませんので，概念の変遷など興味のある方は村山（2012）を参照ください。

7.5.1 内容的妥当性

内容的妥当性は，尺度に含まれる項目が構成概念を測定する項目として適切か否かに関する妥当性です。英語に対する志向性の尺度の中に数学に関する項目があった場合，それは明らかに尺度項目として不適切です。また，「海外に留学したいと思う」という項目を例示しましたが，これが英語に対する志向性を測定しているかと言われれば，必ずしもそうではないかもしれません。それは留学がしたいというのが欧米圏ではなく，英語以外の言語が必要な国もあるからです。

内容的妥当性をどのように示すかですが，信頼性やこの後扱う他の妥当性のように数値で表せるものではないため，非常に難しい問題です。多くの尺度では，開発プロセスの中で専門家の意見や質的研究の結果をもとに項目作成をしていることをもって内容的妥当性を担保した，と主張していることが多いよう

です。

7.5.2 構成概念妥当性

構成概念妥当性は，その名の通り構成概念に関する妥当性です。これは，測定しようとしている構成概念が理論的に妥当であるかに関する妥当性です。その中核をなすのが，因子的妥当性です。これは次章で扱う因子分析をもとにして検討されます。

構成概念妥当性は，尺度を因子分析した結果が理論的に整合しており，解釈可能かどうかによって示されます。これも内容的妥当性と同様に数値によって示されるものではないので，因子分析の結果から総合的に判断されます。

7.5.3 基準関連妥当性

基準関連妥当性は，その尺度とそれ以外のものとの関連を検討することによって示されます。ここで，あえてそれ以外の「もの」と言ったのは意味があります。この中には，他の尺度が含まれますし，尺度ではない別の指標や変数も含まれます。

併存的妥当性・同時的妥当性は，尺度の回答と同時点に得られたデータで検討する場合，予測的妥当性は時間が経過してからのデータをもとに検討します。将来を予測できるという意味では，その尺度の有用性が示されるということですので，予測的妥当性は尺度にとって究極的な妥当性といえるかもしれません。英語に対する志向性尺度を例にして詳しくみていきます。

高校生を対象として，質問紙には以下が含まれており，回答を求めたとします。

(a) 英語に対する志向性尺度（リッカートタイプ：現在開発しようとしている尺度）

(b) グローバル・リテラシー尺度（既存の尺度・リッカートタイプ，すでに開発されている）

(c) スポーツに対する動機づけ尺度（既存の尺度・リッカートタイプ，すでに開発されている）

（d）学校の英語の成績（テストの成績）

（e）性別

（f）留学希望の有無

　いずれもその時点のデータですので，以下の例は併存的（同時的）妥当性に
なります。

　（a）と（b）の関連をみると，理論的に英語に対する志向性とグローバル・
リテラシーには相関があることが期待されます（図7.2）。相関係数は $r=.49$

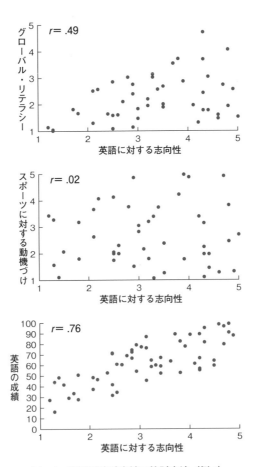

図7.2　基準関連妥当性の検討方法（例1）

であるため，この結果は妥当といえるでしょう。既存の尺度と関連があることで，収束的妥当性が示されたということもあります。一方，(a) と (c) をみてみると，英語に対する志向性とスポーツに対する動機づけはそれほど関連がないことが期待されます（図7.2）。相関係数が $r = .02$ であるため，こちらも妥当な結果といえるでしょう。なお，既存尺度との関連がないことを弁別的妥当性といいます。

(b) と (d) については，いずれも回答者自身の回答をもとにしているので，相関がみられる（もしくはみられない）のは当然といえば当然です。リッカート法では，社会的に望ましい方向に回答が歪む現象がいわれており，結果を解釈する際にその影響を無視することはできません。そこで，ここでは自身の回答ではない変数（ここでは英語の成績）との関連を検討しています（図7.2）。こちらは $r = .76$ で高い相関がみられます。

(a) の (e) による違いを t 検定（第11章参照）で検討したところ，有意な結果は得られませんでした。英語に対する志向性に性別が影響するとは考えにくいため，この結果も妥当であるといえます。

同様に，(a) の (f) による違いを検討したところ，有意差が認められました。留学希望がある＝英語に対する志向性が高いというのは，ある程度納得できますので，これも妥当性の証拠として示すことができます。ただ，先ほどと同じく留学先が英語圏とは限りませんので，そのあたりは考えなければなりません。

このように，基準関連妥当性の検証は，信頼性のようにこの指標で検討すればよいというものではなく，さまざまな外的な変数とどのような関連があるのかを検討し，その結果が解釈できるのかということを繰り返します。そして，この証拠を積み重ねることで，その尺度が測定したい構成概念を測定できているということを示すのです。

7.5.4 予測的妥当性

さて，ここまでは (a)〜(f) までを同時に尋ねて測定しています。それでは，この回答者たちに10年後に調査ができたとしましょう。そして，英語を使っ

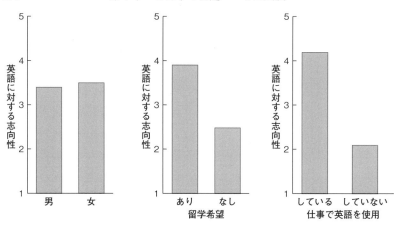

図 7.3　基準関連妥当性の検討方法（例 2）

た仕事をしているかを尋ね，図 7.3 のような結果が得られたとします。その結果，2016 年時点の英語に対する志向性が，2026 年時点の仕事に強く関連していることが示されたとすれば，これはこの尺度の**予測的妥当性**を示したことになります。なお，この時間的スパンがどの程度であるかは尺度の内容によります。

コラム 7.2　基準関連妥当性の検討における相関

　本文でも述べたように，基準関連妥当性の検討で相関係数（重回帰分析などの相関系の分析を含む）を用いることは頻繁にあります。しかし，この相関係数がいくつであれば妥当なのかという点は難しい問題です。

　たとえば，ある抑うつを測定する尺度を開発していて，すでに存在する不安尺度との相関を求めたところ $r= .8$ だったとします。この結果は，この抑うつ尺度の妥当性を示す結果といえるでしょうか。それでは，$r= .3$ だったらどうでしょう。$r= .05$ だったら？　これを評価するには，抑うつと不安がどの程度関連するものなのかがわかっていなければなりません。しかし，心理学で扱う変数ではそれが不明なことが多いのも事実です。この曖昧さが妥当性を難しくしているのかもしれません。

7.5.5　尺度に影響する文化や言語の要因

　心理尺度は世界中で開発されています。近年，Google Scholar などの論文検索ツールが発展したため，日本には存在しないけれど，海外には存在するという尺度に出会うことがよくあります。たとえばアメリカで行われた研究と同じことが日本でもあてはまるのかを検討したいとき，おそらく英語の尺度が使用されています。その尺度に日本語版が存在しない場合，まずは日本語訳を作成する必要が生じます。

　この場合，いくつか難しい点があります。まずは，その概念が日本人の感覚にマッチするかを検討しなければなりません。アメリカでは一般的なことでも，日本ではそうではないことは多々あります。筆者が今まで経験した中では，「神」の存在があります。キリスト教圏と日本では，「神」に対するとらえ方がまったく異なります。海外の野球選手が活躍した際に，神様のおかげというようなコメントを出すのをよく目にしますが，これを日本の選手が言ったらまたとらえ方は異なるでしょう。このように，心理的な構成概念には，思想や考え方も当然関わってきますので無視できません。たとえば，ボランティアに対する志向性を測定しようとした場合，ボランティアや寄付という行為が社会に根づき，溶け込んでいるアメリカと日本ではボランティアに対する考え方がまったく異なります。このような文化の違いにも留意する必要があります。

　最後に，手続き的な意味で難しいのが著作権の問題です。まずは開発者に連絡して，翻訳の許可を得ることが必要になるでしょう。

7.6　リッカート法の諸問題
——選択肢の表現，等間隔性，選択肢数，レイアウト

7.6.1　選択肢の表現

　次の等間隔性の問題とも関連しますが，リッカート法を用いるときに頭を悩ませるのが，選択肢の表現をどのようにするかです。選択肢には，「あてはまる程度を尋ねるもの」「頻度を尋ねるもの」「確信度を尋ねるもの」などがあります。

　まず，あてはまる程度を尋ねる表現ですが，たとえば，まったくあてはまら

ない，あまりあてはまらない，どちらともいえない，ややあてはまる，とても
よくあてはまる，といった表現です。これに関してはほぼオールマイティとい
ってもよい表現です。その理由は，項目の文末を工夫することで後述する頻度
や確信度に関しても対応できるからです。

(a) 私はいつも英語の勉強をしている

(b) 私はきっと英語が必要になると思う

(c) 私は英語で話す自信がある

(d) 英語のニュースを視聴している

　このように，(a) 文中に「いつも」といった頻度を表す表現を入れれば頻度
を，(b)「きっと」といった確信度を表すような表現を入れれば確信度を尋ね
ることもできます。(c) 心理学でよく扱う自己効力感に関しても項目に自信が
あると入れれば，あてはまると同様に回答を求めることができます。

　頻度に関する表現は，いつも，ときどき，たまに，まったくないといった表
現を用います。よく用いられますが，リッカートはもともと頻度についてはあ
まり考えていなかったと思われます。そのため，次の等間隔性の問題を考える
と，その使用は慎重に行ったほうがよいと思われます。確信度に関しては，実
際には起こっていない（もしくは起こり得ない）ことに対して，どう考えるか
を尋ねるもので，あまり使用機会はないかもしれません。

7.6.2　等間隔性の問題

　先に述べた通り，各選択肢には等間隔の整数値を割り当てますので，その選
択肢間の心理的な距離はできるだけ等しくなるように設定する必要があるとい
われています（異なる考え方もあります。**コラム 7.1** 参照）。

　図 7.4 の (a)〜(c) のように選択肢の表現を並べたとき，各選択肢間の心理
的距離はどうなっていると感じるでしょうか。(a) と (b) の違いは，両端の
選択肢の表現に「まったく」「とてもよく」といった強意の副詞がついている
かいないかです。どちらを用いるかは好みの問題という意見もあると思いま
が，(a) のほうが相対的に両端の選択肢を選ぶ人の数は減り，2，3，4 の回答
をする人が多くなると考えられます（回答の中心化傾向）。しかし，測定した

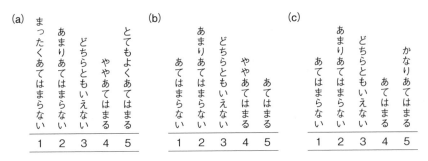

図7.4 リッカート法の選択肢の例

い構成概念を（英語に対する志向性が低いレベルの人から高いレベルの人まで）幅広く測定できる可能性があります。

（c）は，一般的には用いられませんが，実は4の「あてはまる」と5の「かなりあてはまる」を逆にした例です。本来，「あてはまる」は100％該当すること，「かなりあてはまる」は大部分（85％くらい？）該当することなので，順序が異なります。しかし，現代では「かなり」を強意の意味で使うため，違和感がない人も多くいるように思われます。

また，選択する部分の1，2，3，4，5という数字が選択肢の順序性や選択肢間の心理的距離が等間隔であることを伝えるために重要な役割を果たしていると考える人もいます。逆にこの数字がバイアスとなると考える人もおり，研究者の間でもスタンダードといわれるものは存在しません。この数字を1，2，3，4，5ではなく，5，4，3，2，1とした場合，0，1，2，3，4，5，−2，−1，0，1，2とした場合にどうなるかを検討した研究もなされていますが，一貫した結果は得られていません。この議論の詳細は，織田（1970）の研究や脇田（2004）を参照してください。

すでに開発されている尺度に関しては決まった表現があることもありますので，開発論文を確認する必要があります。なお，論文によっては「"あてはまる"〜"あてはまらない"の5段階で尋ねた。」という記載がされているだけの場合もあります。その場合は，開発者に尋ねるのが適切と思われます。

7.6.3　選択肢数の問題

　リッカート法の選択肢数をいくつにするかについては，かなり難しい問題があります。現在は，4段階，5段階，6段階，7段階を目にすることが多いと思いますが，何段階を使用するのがよいのかに関してはさまざまな議論があります。

　先行研究では，尺度の信頼性係数を基準に4段階がよいとか，5段階がよいなどとされています。リシッツとグリーン（Lissitz & Green, 1975）やブーテ（Boote, 1981）では5段階，チケッティら（Cicchetti et al., 1985）では7段階を支持しています。一方，選択肢数の増加と信頼性の関係については，チャン（Chang, 1994）で4カテゴリーと6カテゴリーを比較した結果，選択肢数の増加が信頼性の向上に必ずしもつながらないことを示唆しています。また，脇田ら（Wakita et al., 2012）では，選択肢間の等間隔性の観点から，4件法，5件法，7件法を比較し，7件法の等間隔性は満たされにくいことを示しました。しかし，これらの研究間では用いられている尺度や使用状況等も異なるため一概に判断することはできません。

　根拠はありませんが，経験上，選択肢数が増えると，回答者が判断に迷うことが多くなるため，回答時間が長くなり，結果として回答者の負担感は増加すると思われます。また，選択肢の表現を多く考える必要があるため等間隔性の観点からも難しくなります。メリットとしては，反応段階数が増加すれば，スコアのバリエーションが増えるため細かく測定できます（測定できているような気がしてしまいます）。気がしてしまうという根拠は，選択肢間の表現に明確な違いが生じにくいため，スコアが20点と21点の違いはあまり意味をもたない可能性もあります。

　選択肢数を決定する際によく，「どちらともいえない」を入れるのであれば奇数個の選択肢数を，使わないのであれば偶数個の選択肢数を考えることもあります。図7.5にその考え方を示してみました。おそらく，「どちらともいえない」を中心に据えると，①が等しくなるように，その後②が等しくなるように表現を決めやすいためだと思われます。確かに，偶数個の場合，基準にするところがありませんので，どうしても③の部分の心理的な距離が広くなってし

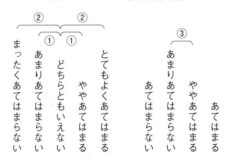

図7.5　リッカート法における選択肢間の心理的距離の考え方

表7.2　各種研究で用いられたリッカート法の件数

| | 選択肢数 | | | | | | | | | | |
	2	3	4	5	6	7	8	9	10	11	100
心理学研究	1	4	33	98	8	24	0	1	0	0	0
教育心理学研究	1	7	69	105	16	14	4	0	0	1	1
社会心理学研究	1	1	30	24	3	23	1	4	1	0	0
合計	3	12	132	227	27	61	5	5	1	1	1
（割合）	0.6%	2.5%	27.8%	47.8%	5.7%	12.8%	1.1%	1.1%	0.2%	0.2%	0.2%

まいます。たとえば，鈴木（2011）においても，選択肢に用いる表現の例を挙げていますが，この考え方を踏襲しているようです。しかし，この考え方には，あまり根拠はありません。選択肢間の心理的距離を等しくしようという意図のもとに，奇数個・偶数個の選択肢の考え方が広まったと考えられます。

　実際に用いられている件数を，2009年から2011年の心理学研究，教育心理学研究，社会心理学研究を対象にカウントしてみました。その結果，ほぼ半数の心理測定において5件法が用いられており，次いで4件法，7件法が用いられていました（**表7.2**）。なお，100件法は，項目に対して0〜100までの値を記入して回答するという形式のものでした。

7.6.4　選択肢のレイアウト

　選択肢のレイアウトにはさまざまなものが用いられていますが，もっともオ

図 7.6　リッカート法の選択肢のレイアウト例

ーソドックスなのは数字で表したものでしょう（図 7.4）。また，図 7.6 のように数字を使わず，数直線で表すものも見かけます。数字を使う理由は，選択肢間の間隔が等しいことを暗に伝えるため，数字を使わない理由は，回答者にその選択肢がポジティブかネガティブかが伝わらないようにするためなどです。いずれもこれが正解というレイアウトはなく，調査者の裁量に委ねられているといってよいでしょう。なお，等間隔性の観点からはレイアウトによる大きな違いはないという結果も得られています。詳細は脇田（2012）をご覧ください。

7.7　回答バイアスの問題

　リッカート法に限りませんが，心理尺度による測定ではバイアスによって大きな影響を受けることがあります。さまざまなバイアスがいわれていますが，心理尺度にもっとも関連が強いバイアスが「社会的望ましさ（social desirability）」とよばれるバイアスです。人は誰でも自分を良くみせようという気持ちが働きます。これはたとえば，「私はまったく嘘をつかない」という項目に対して，「あてはまる」つまり自分は嘘はつかないと答え（たくな）る傾向です。まったく嘘をつかない人はいないと考えると，これは真実の回答とはいえません。

　もちろんこれは極端な例ですが，次のようなことも起こります。リッカート法の項目として，「私は，人と同じように行動してしまう」というものがあった場合に，これに対して「あてはまる」と答えることには若干抵抗があるでし

ょう。「私は，人と同じような行動をすることが多い」であれば，内容は同じですが「あてはまる」と回答することへの抵抗感は相対的に低くなるでしょう（第1章参照）。

　これは，リッカート法のような自己報告式（self-report）の心理尺度では避けては通れないバイアスです。そのため，いかに社会的望ましさを減少させるかについても大きな課題となります。

7.8　リッカート法のまとめ

　繰返しになりますが，リッカート法は非常に簡便で，心理測定の考え方にも適合しやすい方法だと思われます。しかし，さまざまな検討点があることにも留意して使用する必要があります。

7.9　リッカート法以外の方法を用いた心理尺度

　リッカート法の他にも，Visual Analogue Scale（VAS；図7.7），強制選択法（図7.8）などがあります。

　Visual Analogue Scale とは，図7.7のような数直線を提示し，その距離を測定するものです。日本では，医学系において痛みの程度を測定する方法として使われているようです。両端の表現を，あてはまる〜あてはまらない，そう思う〜そう思わないといった表現に替えることもできるでしょう。また，子どもにもわかりやすいように顔マーク（＾o＾）（>_<）のような表現で提示することも考えられます。

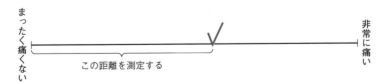

図 7.7　Visual Analogue Scale の例

A：私は人と一緒に仕事をすることが好きだ

B：私は一人で仕事をすることが好きだ

図7.8　強制選択法の例

　実際にデータ化する際には，長さを測定しますので，若干手間はかかるでしょう。また，先述した信頼性の検討ができませんので，その点についてはネックになると考えられます。

　強制選択法は，図7.8のように2つの相対する文章を提示し，自身の考えに近いほうを選択させる尺度です。Aの「私は人と一緒に仕事をすることが好きだ」に対して，リッカート法の「あてはまらない」〜「あてはまる」で回答を求めると，「あてはまる」の方向にバイアスが働きます。しかし，この強制選択法の例のようにAかBかを選択する場合，どちらを選択することが望ましいのかが回答者に伝わりません。そのため，先述した社会的望ましさの影響を取り除くための方法としても有効とされています。

復習問題

1. 心理尺度に求められる主な特性を2つ挙げてください。
2. リッカート法では，回答選択肢に関してどのようなことが前提とされているか説明してください。
3. 心理測定における「社会的望ましさ」について説明してください。

参考図書

鎌原　雅彦・宮下　一博・大野木　裕明・中澤　潤（編著）(1998). 心理学マニュアル　質問紙法　北大路書房

小塩　真司・西口　利文（編）(2007). 質問紙調査の手順　ナカニシヤ出版

　いずれも質問紙法に関するマニュアルとして，よくまとまっています。

第8章

観測できないものを探る
——因子分析

　本章では，心理学の領域で生み出され，今や教育学，工学などの分野で広く使われるようになった因子分析を利用して「観測できないもの」を探る方法について解説します。本章は，因子分析の概説（8.1節），因子分析の詳説（8.2節），追加の話題（8.3節）の3つの節で構成されます。

　8.1節では，因子分析とはどのような分析なのかを簡単に説明します。心理学において「観測できないもの」を研究対象とすることの意義について述べます。そして，「観測できないもの」を「因子」として取り上げて検討を可能にする因子分析の基本的な考え方について説明します。

　8.2節では，因子分析を適用すべきデータがある状況を設定し，因子分析の流れに沿って，主要概念を解説します。内容は，因子の数を決定する方法と各因子を解釈するために知っておくべき事柄に大別されます。

　8.3節では，8.1節および8.2節では扱えなかったものの，因子分析に関連する内容について紹介します。因子に関するさらに深い検討を可能にするいくつかの指標を示すとともに，それまで解説した因子分析とは区別されるもう一つの因子分析の考え方について説明します。

　3つの節を通して，心理学において「観測できないもの」を探ることの重要性，そのための代表的な方法である因子分析の方法論について概略を知ることができるでしょう。

8.1　因子分析の概要

8.1.1　心理学と因子分析

1.　心理学で扱う事柄と観測可能性

　心理学は人間の心に関するある側面（感情，パーソナリティ，態度，嗜好，

知能，学力など）の働きやそれによって引き起こされる行動を中心に扱う学問です。通常，態度や知能などを直接観察することは困難です。したがって，その影響が表出した行動や反応を観察することでそれを把握しようとします。たとえば，ある人の緊張の程度を把握したいときには，発汗量や心拍数を観測したり，そのために開発された質問紙（尺度ともいいます。詳しくは第7章参照）への回答を求めたりします。

　このように，心理学研究では観測不可能な事柄こそが関心事となることが頻繁にあります。そして，観測可能な事柄からそれを探って推測することが必要になります。観測可能な事柄と観測不可能な事柄の関係性，観測不可能な事柄についての個人差など，関心事の詳細は研究目的によって異なりますが，観測可能な事柄から観測不可能な事柄を探るという枠組みは共通しています。

2. 心理学から生まれた因子分析

　因子分析は，データ分析を通して先述のような推察を行うときに有効な手法の一つです。知能に関する研究を主に行っていたイギリスの心理学者スピアマン（Spearman, C. E.）によって，1904年にその考え方が示されました。スピアマンは知能を測るための複数のタスクについて得られた相関関係を検討する中で，タスクの種類によらず共通する知能とタスク固有の知能があると考え，因子分析によってそのような構造の可能性を示しました。

　心理学で生まれただけあり，100年以上経った今でも因子分析は心理学データの分析に頻繁に利用されます。心理学には，ある心理特性を測るための質問紙を作る（尺度構成をする）研究があります。想定した心理特性を測るのに有効な質問紙となるように，またその適切さを確認するために，因子分析を利用するのが常套手段となっています。因子分析は心理学においてもっとも重要な分析手法の一つといえるでしょう。

8.1.2　観測できるものと観測できないものの関係の考え方

1. 因子分析の主な3要素

　因子分析の主な要素は，①観測変数，②共通因子（単に因子ともいいます），③独自因子（誤差ともいいます），の3つの変数です。それぞれの内容は以下

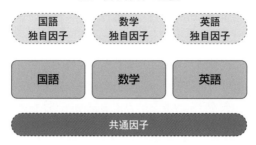

図 8.1　学力テストにみる因子分析の 3 要素

の通りです。

①**観測変数**……観測可能な事柄 [1]。共通の要因が背後にあると想定される場合が
　　　　　多い。

②**共通因子**……①の背後に存在し，それらに共通する要因。観測できない事柄。

③**独自因子**……②以外のものとして①の背後に存在し，各観測変数に独自な要
　　　　　因。観測できない事柄。

　この中で特に関心が向けられるのは共通因子です。観測変数の情報（デー
タ）から，いくつの，どのような共通因子があるかを探ることが分析の第一義
的な目的となります。

　簡単な例として，学力テスト（国語，数学，英語の 3 科目）を取り上げて 3
要素を確認しましょう（**図 8.1**）。まず，中段の国語，数学，英語が観測変数
です。テストの点数は各受験者について数値として得られる（観測可能な）も
のです。この場合，観測変数は 3 つです。そして，下段に共通因子があります。
3 科目の得点の背後に共通して存在し，それを左右する観測不可能な要因です。
たとえば 3 科目に共通の学力を想像するとよいでしょう。共通因子も変数なの
で，各受験者について何かしらの数値が存在するはずですが，それを直接観測
することはできません。

---

[1] ただし，因子分析では，観測変数間の相関関係に着目し，各観測変数の平均や標準
偏差には興味がないことが多いため，通常，観測時の値に基づき，平均が 0，分散が
1 になるように標準化を施したものを観測変数として扱います。本章の説明もそれを
前提としています。

　最後に，上段に独自因子があります。共通因子（共通の学力）以外に各科目のテスト得点の背後に独自に存在し，それを左右する観測できない要因です。たとえば，各テストに独自に存在する受験時の気分のムラなどは，独自因子の一部分になるでしょう。ここで「一部分」と表現したのは，共通因子以外に観測変数を左右する要因をすべてまとめたものが独自因子なので，その内容は雑多なものになるからです。

2. 要素の関係

　図8.1に因子分析で想定される関係を描き加えたのが，図8.2です。ここで重要なのは，影響の向きと強さ（矢印の向きと太さ）です。影響の向きは，

- 共通因子から観測変数に対して影響が与えられる
- 独自因子から観測変数に対して影響が与えられる

と定められます。背後に存在する観測不可能な要因（共通の学力や各科目の独自因子）が影響して，観測可能なもの（各科目のテスト得点）として表出しているという考えに基づいています。そして，影響の強さは，

- それぞれ異なる

と考えます。つまり，背後にある共通の学力がどれだけ影響するか（反映されるか）は各科目のテストで異なるものとします。ここで，共通因子から観測変数への影響の強さを**因子負荷**（もしくは**因子負荷量**）とよびます。因子分析の数理表現に基づいて，ここまで説明してきた変数間の関係を言葉の式として表現すると以下のようになります[2]。

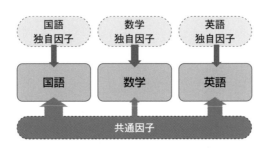

図8.2　学力テストにおける3要素の関係

---

[2] 各テスト得点，共通因子，各独自因子は変数なので，観測対象によってさまざまな

国語のテスト得点＝因子負荷 1×共通因子＋国語の独自因子

数学のテスト得点＝因子負荷 2×共通因子＋数学の独自因子

英語のテスト得点＝因子負荷 3×共通因子＋英語の独自因子

加えて，因子分析では，式の右辺に登場する共通因子と各独自因子の関係について，

• 共通因子と独自因子には関係がない

と考えます。主な 3 要素の説明にもあった通り，独自因子は共通因子以外に独自に観測変数に影響を与える要因として組み込まれています。したがって，その値は共通因子の値とはまったく関係ないとするのが自然です。これを専門的にいえば，「共通因子と独自因子は無相関」となります。

なお，「異なる観測変数の独自因子間は無相関」も因子分析で仮定される事柄です。これは，観測変数間の相関関係が共通因子の影響のみによることを意味します（詳しくは，南風原，2002）。

3. 共通因子と独自因子の原点や単位の考え方

共通因子や独自因子は変数なので，各観測対象について何らかの値が存在するものと考えます。学力テストの例でいえば，「受験者 A さんの共通学力の値は 0」といった具合です。このとき，その値を定めるのは実は難しい問題です。というのも，共通因子は観測不可能なものなので何らかの数値を割り当てる，つまり，測定するにしても，明確な原点や単位がありません。ものの長さであれば，長さがないという状態に 0 を与え（原点を決め），特定の長さに 1 を与える（単位を定める）ことで測定することができます[3]。

しかしながら，共通因子にはそのようなものがありません。そこで，共通因子を確率変数（第 9 章参照）として，その平均を 0，分散を 1 と設定するのが代表的な考え方の一つです。つまり，共通因子を z 得点（第 4 章参照）のように解釈するということです。各観測対象の共通因子の値は**因子得点**とよばれ，

値をとりますが，各因子負荷は係数なので，観測対象によらず一定です。

[3] 特定の長さをどれくらいとするかによって，インチやメートルなどの複数の単位があります。

算出するための方法が複数提案されています。なお，独自因子についても共通因子と同じように考えます。ただし，独自因子の値を興味の対象とすることはまれです。

4. 2つ以上の共通因子

　話を簡単にするため，学力テストの例では共通因子を1つにして解説しましたが，複数の共通因子を想定することで観測変数間の相関関係をうまく説明できる場合もあります。今度は，国語，数学，英語，理科，社会の5科目のテスト得点があったとします。このとき，国語や社会に対して特に強い影響を与える因子（文系科目共通学力のようなもの）と数学や理科に対して特に強い影響を与える因子（理系科目共通学力のようなもの）の2つの共通因子を考えたほうがデータの特徴をうまく表現できるかもしれません（図8.3）。実際，因子分析を適用するときには，共通因子の数をいくつにすべきかの検討も必要になります。

　ちなみに，5科目のテスト得点について因子を2つとした場合，言葉の式による表現は以下のようになります。

　　国語のテスト得点＝因子1の因子負荷1×共通因子1＋

　　　　　　　　　　　因子2の因子負荷1×共通因子2＋国語の独自因子

　　数学のテスト得点＝因子1の因子負荷2×共通因子1＋

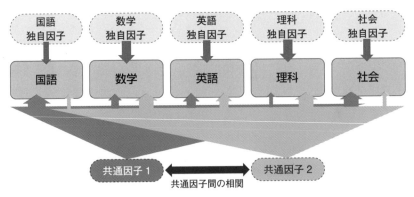

図8.3　2つの共通因子がある場合の観測変数と因子の関係

$$因子2の因子負荷2×共通因子2+数学の独自因子$$

$$\vdots$$

$$社会のテスト得点＝因子1の因子負荷5×共通因子1+$$

$$因子2の因子負荷5×共通因子2+社会の独自因子$$

共通因子が複数あるとしたときには，変数間の関係として，共通因子間の関係が新たに加わります[4]が，それらの間には相関関係があると仮定して分析を行うことができます（詳しくは後述）。

8.2 因子分析の詳細

8.2.1 態度の背後にある構造

1. データの概要と分析目的

本節では，適用例をみながら因子分析についてさらに詳しく説明します。こ

表 8.1 上司に求められる特徴の調査項目

項目	内容	項目	内容
Q1	機転が利く	Q13	決断が早い
Q2	接しやすい	Q14	指示が明確である
Q3	部下の相談に乗る	Q15	口が堅い
Q4	問題をすばやく解決する	Q16	気遣いができる
Q5	話が面白い	Q17	部下の立場を理解する
Q6	統率力がある	Q18	仕事が正確である
Q7	論理立てて話す	Q19	温和である
Q8	部下のことを気にかける	Q20	誤りを的確に指摘する
Q9	議論をうまくまとめる	Q21	視野が広い
Q10	向上心が強い	Q22	話が簡潔である
Q11	部下の成果を認める	Q23	忍耐強い
Q12	愚痴を言わない	Q24	精神力が強い

---

[4] 因子が1つの場合に類する形で，各共通因子と各独自因子の間はいずれも関係がないという仮定がおかれます。

こでは，上司に求められる特徴に関する調査データ（架空データ，以降「上司の特徴データ」）を扱います。調査項目は表8.1の通りです。150人を対象として24個の各項目の特徴を有する上司をもちたいかどうかについて，まったくそう思わない（1），あまりそう思わない（2），どちらかといえばそう思わない（3），どちらかといえばそう思う（4），わりとそう思う（5），まさにそう思う（6）で回答を得たとします[5]。

　因子分析を行う目的は，今回取り上げた項目の背後にいくつの，どのような潜在的な共通要因があるかを探ることです。上司に求められるさまざまな特徴の背後に「性格の良さ」のような要因があるかもしれません。

2. 分析から解釈までのイメージ

　分析と結果の解釈は，おおむね図8.4のような流れを経て行われます。なお，後述しますが共通因子数の決定には解釈のしやすさも利用されるので，試行錯誤をしながら解釈にたどりつくこともしばしばあります。以降では，4つの点

1. 共通因子数の決定
→共通因子をいくつにしたらよいかを決定する。

2. 解の算出（1. の決定に基づいてソフトウェアが算出）
→共通因子・独自因子と観測変数の関係を特徴づける数的な指標をデータから算出する。
・関連事項：抽出法，回転法

3. 共通因子の説明力の評価
→共通因子が各観測変数や観測変数全体にどれだけ影響を与えたか，各観測変数や観測変数全体が共通因子によってどれだけ説明されたかを評価する。

4. 共通因子の解釈
→解を参照して，共通因子の内容について解釈する。
・関連事項：因子の命名

図8.4　**分析から解釈まで（イメージ）**

---

[5]　一般に，連続変数（測定装置の測定精度に限界がなければ，小数点以下がどこまでも続く値をとる変数，たとえば体重）や5つ以上の段階を有する離散変数（飛び飛びの値をとる変数）が因子分析の対象となります。

それぞれについて詳しくみていきましょう[6]。

8.2.2　共通因子数の決定

1.　因子の数を決める基準

　共通因子数をいくつにして分析するべきかの検討と決定は，分析者に委ねられます。これには，**固有値**とよばれる数値を利用して決定する方法がよく知られています[7]。ここでは以下の3つを紹介します。

①**カイザー・ガットマン基準**

②**スクリー基準**

③**平行分析**

　固有値は数学の線形代数（行列代数）という分野で登場するもので，ある特徴をもった行列（縦横の2次元の形式に数値を配列したもの）に対して算出されます（詳しくは，豊田，2011）。因子分析においては，観測変数間の相関係数を配列した相関行列について，変数の数と同じ数の固有値が算出されます。数学的な説明はしませんが，因子分析における固有値の大きさは観測変数の相関関係の背後にある共通な要因の有する情報の多さのような意味合いをもちます。

　「上司の特徴データ」の相関行列（**表8.2**）について，算出された固有値の変化を**図8.5**に示します。縦軸は固有値で，横軸は固有値を大きなものから並べたときの固有値番号です。このように，固有値の減少の様子を記述した図を**スクリープロット**とよびます。

　カイザー・ガットマン基準は，値が1以上となる固有値の数を共通因子数とするものです。有効な経験則として多くのソフトウェアで実装される基準ですが，多すぎる共通因子数を設定してしまう傾向があるという指摘があります（Loehlin, 2011）。次に，**スクリー基準**ではスクリープロットの減少の様子から共通因子数を決めます。それ以降は固有値の減少が緩やかになる固有値の番号

---

[6] 説明の都合上，「共通因子の解釈」を「共通因子の説明力の評価」の前に説明します。

[7] 8.3.2項で説明する適合度指標というものも利用することができます。

表 8.2　「上司の特徴データ」の相関行列

	Q1	Q2	Q3	Q4	Q5	Q6	Q7	Q8	Q9	Q10	Q11	Q12	Q13	Q14	Q15	Q16	Q17	Q18	Q19	Q20	Q21	Q22	Q23	Q24
Q1	1	.02	.04	.52	.17	.26	.49	.12	.47	.29	.13	.15	.51	.42	.15	.19	.17	.54	.07	.46	.39	.37	.08	.28
Q2	.02	1	.26	.11	.30	.31	.18	.27	.15	.09	.26	.25	.04	.12	.24	.29	.28	.08	.39	.07	.04	.23	.31	.12
Q3	.04	.26	1	.23	.42	.49	.27	.60	.18	.03	.50	.46	.15	.27	.36	.36	.59	.13	.54	.13	.10	.33	.51	.09
Q4	.52	.11	.23	1	.34	.52	.75	.26	.68	.50	.34	.29	.74	.70	.17	.45	.41	.82	.23	.58	.61	.61	.25	.45
Q5	.17	.30	.42	.34	1	.60	.38	.59	.28	.10	.47	.53	.23	.30	.36	.49	.58	.29	.43	.17	.17	.31	.45	.27
Q6	.26	.31	.49	.52	.60	1	.62	.74	.49	.32	.58	.59	.43	.49	.52	.61	.79	.46	.66	.33	.30	.53	.62	.30
Q7	.49	.18	.27	.75	.38	.62	1	.41	.58	.43	.38	.36	.69	.64	.29	.52	.51	.74	.39	.53	.48	.59	.43	.43
Q8	.12	.27	.60	.26	.59	.74	.41	1	.26	.06	.58	.61	.16	.31	.56	.53	.81	.19	.66	.24	.13	.28	.65	.12
Q9	.47	.15	.18	.68	.28	.49	.58	.26	1	.49	.31	.22	.65	.57	.19	.39	.39	.66	.25	.48	.52	.50	.26	.40
Q10	.29	.09	.03	.50	.10	.32	.43	.06	.49	1	.16	.04	.40	.35	−.05	.23	.18	.54	.09	.33	.46	.41	.12	.28
Q11	.13	.26	.50	.34	.47	.58	.38	.58	.31	.16	1	.48	.22	.39	.40	.50	.62	.25	.52	.13	.21	.34	.44	.13
Q12	.15	.25	.46	.29	.53	.59	.36	.61	.22	.04	.48	1	.20	.37	.45	.38	.61	.18	.50	.14	.13	.25	.44	.13
Q13	.51	.04	.15	.74	.23	.43	.69	.16	.65	.40	.22	.20	1	.60	.07	.37	.31	.73	.18	.50	.53	.51	.18	.36
Q14	.42	.12	.27	.70	.30	.49	.64	.31	.57	.35	.39	.37	.60	1	.28	.37	.47	.68	.30	.51	.46	.47	.31	.32
Q15	.15	.24	.36	.17	.36	.52	.29	.56	.19	−.05	.40	.45	.07	.28	1	.32	.54	.16	.45	.08	.10	.13	.42	.04
Q16	.19	.29	.36	.45	.49	.61	.52	.53	.39	.23	.50	.38	.37	.37	.32	1	.61	.36	.49	.20	.24	.41	.42	.22
Q17	.17	.28	.59	.41	.58	.79	.51	.81	.39	.18	.62	.61	.31	.47	.54	.61	1	.35	.70	.24	.17	.47	.66	.17
Q18	.54	.08	.13	.82	.29	.46	.74	.19	.66	.54	.25	.18	.73	.68	.16	.36	.35	1	.19	.56	.62	.54	.26	.39
Q19	.07	.39	.54	.23	.43	.66	.39	.66	.25	.09	.52	.50	.18	.30	.45	.49	.70	.19	1	.08	.05	.38	.59	.09
Q20	.46	.07	.13	.58	.17	.33	.53	.24	.48	.33	.13	.14	.50	.51	.08	.20	.24	.56	.08	1	.49	.37	.16	.31
Q21	.39	.04	.10	.61	.17	.30	.48	.13	.52	.46	.21	.13	.53	.46	.10	.24	.17	.62	.05	.49	1	.43	.10	.34
Q22	.37	.23	.33	.61	.31	.53	.59	.28	.50	.41	.34	.25	.51	.47	.13	.41	.47	.54	.38	.37	.43	1	.38	.28
Q23	.08	.31	.51	.25	.45	.62	.43	.65	.26	.12	.44	.44	.18	.31	.42	.42	.66	.26	.59	.16	.10	.38	1	.12
Q24	.28	.12	.09	.45	.27	.30	.43	.12	.40	.28	.13	.13	.36	.32	.04	.22	.17	.39	.09	.31	.34	.28	.12	1

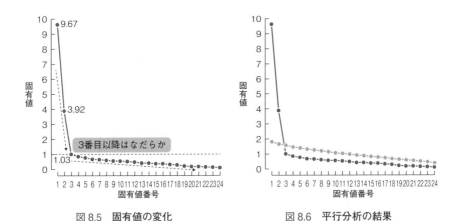

図 8.5　固有値の変化　　　　図 8.6　平行分析の結果

を見つけ，その1つ前までの固有値の数を共通因子数とするものです。観察に
頼った基準なので分析者の主観が入る点に留意が必要です。最後に，**平行分析**
は，分析対象のデータの相関行列についてのスクリープロットと当該データの
値をランダムに並び変えた（もしくはランダムに生成された値に置き換えた）

ものの相関行列のスクリープロットを比較し，分析対象データの固有値がランダムデータの固有値を上回っている数を共通因子数とするものです。通常，ランダムデータは複数作り出して固有値の平均をプロットします。図 8.6 の灰色のラインは，100 個のランダムデータの相関行列についてその固有値平均をプロットしたものです。平行分析は他の 2 つに比べて手続きが複雑です。

通常，共通因子数は複数の方法の結果を総合して決定します。「上司の特徴データ」の共通因子の推奨数は，カイザー・ガットマン基準で 3 個，スクリー基準で 2 個，平行分析で 2 個となり，総合的判断から 2 個とするのがよいでしょう。なお，因子数の決定に絶対的基準はなく，結果の解釈のしやすさの視点や類似研究の知見などの利用も認められます（足立，2006）。

2. 因子の数が 2 つ以上の場合に必要になること

共通因子数を 2 つ以上に設定して分析をするときには，1 つのときとは異なり，因子の回転という手続きを行うことになります。それは因子分析の数理的な性質に由来するもので，結果の解釈をしやすくするために行われます。回転にはさまざまな方法があり，利用した回転法によって出力の内容や解釈の意味が異なります。たとえば，因子の間の相関（因子間相関とよびます）は回転法によって出力される場合と出力されない場合があります。因子分析を適切に利用するには，その点を正しく理解することが求められます。

8.2.3 解の算出

1. 因子分析の解の性質

データに対して因子分析を適用して計算結果として得られる主要なものは，**因子負荷行列**と**独自性**です（表 8.3）。因子負荷行列は因子負荷をすべてまとめて行列として表したもので（表 8.3 網掛け部分），**因子パタン**とよばれることもあります。また，独自性とは観測変数の分散のうち独自因子の影響によるものがどれだけの大きさを占めるかを表すものです。因子負荷行列と独自性をまとめて一般に解とよびます。

因子分析の理解には，

• **初期解**と**回転解**

表 8.3　「上司の特徴データ」における解（最尤法・プロマックス回転）

	因子負荷		独自性
	第 1 因子	第 2 因子	
Q1	0.64	−0.10	0.64
Q2	−0.04	0.38	0.87
Q3	−0.09	0.69	0.57
Q4	0.91	0.02	0.17
Q5	0.08	0.62	0.57
Q6	0.24	0.76	0.21
Q7	0.73	0.24	0.27
Q8	−0.13	0.94	0.21
Q9	0.72	0.07	0.43
Q10	0.61	−0.10	0.67
Q11	0.06	0.66	0.53
Q12	−0.02	0.69	0.53
Q13	0.84	−0.07	0.33
Q14	0.67	0.17	0.42
Q15	−0.09	0.64	0.63
Q16	0.22	0.55	0.54
Q17	0.05	0.89	0.17
Q18	0.93	−0.07	0.19
Q19	−0.09	0.81	0.40
Q20	0.65	−0.04	0.59
Q21	0.72	−0.13	0.54
Q22	0.55	0.23	0.54
Q23	−0.02	0.74	0.47
Q24	0.48	−0.01	0.77

● 直交解と斜交解

の区別が大切です。初期解と回転解というのは最終的な解を得るためのプロセスについて分類する用語です。実は表 8.3 の結果は，初期解という一時的な解を算出し，その因子負荷行列に回転と称される変換を施して得られた解（すなわち，回転解）です。

　初期解を得るためには，統計学の文脈で推定法とよばれるものを用います。

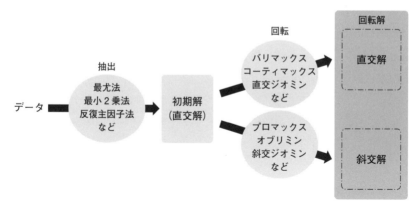

図 8.7 **解を得る手続き**

因子分析の文脈においては「因子を抽出する」手続きであることから，**抽出法**という用語が用いられることもあります。各種の方法がありますが（**図 8.7**），現在もっとも頻繁に利用されるのは**最尤法**です[8]。ただ，最尤法はデータの特徴が因子分析の考え方に合致するかどうかに対して敏感な方法です。合致しない場合には，正の値をとるべき独自性が負の値になってしまうこともあります。そのような解は不適解とよばれます。不適解が生じる場合には，別の抽出法を用いるとよいでしょう。なお，ソフトウェアによって主成分法という抽出法を選択できる場合があります。これはコンピュータの発展以前の簡便な方法として使われたもので，主成分分析という別の方法を適用することに相当しますので，選択しないようにしましょう。

　回転は，直交回転と斜交回転という 2 つの種類に分類できます。直交回転によって得られた解を直交解，斜交回転によって得られた解を斜交解とよび分けます。**表 8.3** の結果は最尤法によって得られた初期解に対して斜交回転の一種であるプロマックス回転を施したものです。回転については以下で詳しく説明します。

---

[8] 詳細には踏み込みませんが，因子分析における最尤法では，因子分析の考え方に基づき，さらに，変数が特定の確率分布（第 9 章参照）に従うという想定のもと，データに対して確率的に最も尤もらしい値として初期解を得ます。

2. 因子負荷行列に回転を施す目的

　因子負荷行列を直接求めようとすると，解の候補が複数存在してしまうという問題があります。ある解の候補が得られたとして，その解に回転という手続きを施せばそれも解の別候補とみなせてしまうということです。これを**回転の不定性**といいます。そこで，ある条件を課して暫定的な解をまず得ます。これが初期解です。そして，初期解に対してある方針に従った回転を施して回転解を得ます。この方針は回転基準とよばれ，直交，斜交それぞれの回転で多数存在します（図 8.7）。

　いろいろな種類の回転がありますが，いずれも解釈がしやすい因子負荷行列を得ることを目標としています。「解釈がしやすい」というのを専門的用語で言い換えると「**単純構造に近い**」となります。単純構造というのは，因子負荷行列に関する**表 8.4** のような構造を示します。各観測変数は 1 つの共通因子から影響を強く受け（絶対値が大きい），各共通因子が影響を与える観測変数が少数に限られます。共通因子と観測変数の関係がはっきりしていてわかりやすい，つまり単純な構造になっています。

3. 直交・斜交の回転と因子間相関

　図 8.8 左図は「上司の特徴データ」について得られる初期解の因子負荷の値を利用して，各項目を因子 1 の軸（横軸）と因子 2 の軸（縦軸）の直交軸で構

表 8.4　因子パタンにおける単純構造（観測変数が 10 個の例）

	第 1 因子	第 2 因子
Q1	絶対値が大	0 に近い
Q2	0 に近い	絶対値が大
Q3	0 に近い	絶対値が大
Q4	絶対値が大	0 に近い
Q5	0 に近い	絶対値が大
Q6	絶対値が大	0 に近い
Q7	絶対値が大	0 に近い
Q8	絶対値が大	0 に近い
Q9	0 に近い	絶対値が大
Q10	0 に近い	絶対値が大

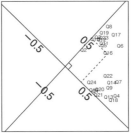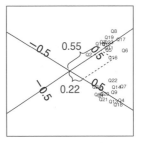

図8.8 因子の回転（左：初期解，中：直交回転，右：斜交回転）

成される座標空間に布置したものです。回転を座標上の操作として説明するならば，座標点はそのままに，原点を中心に2つの軸を座標上で回転させることです。このとき，2つの軸の直交を維持した回転が**直交回転**（**図8.8**中図），斜交を許した回転が**斜交回転**（**図8.8**右図）です。斜交座標空間上の点の座標は，点を通り各軸に平行に引かれた直線と各軸との交点の値として得られます。

図8.8を見ると，初期解では各観測変数の点は2つの軸から離れたところにも散らばっています。それが直交解では軸に沿って近くに散らばっていて，斜交解ではその傾向がさらに強まっています。言い換えれば単純構造に近づいています。この例のように，一般的に斜交解のほうが単純構造に近づきやすいです。なお，回転は解のうち因子負荷だけを対象とした操作であり，独自性には関係がありません。

実は，回転における直交・斜交と因子間相関のなし・ありには，直接的な関係があります。直交回転（直交軸）は，因子間には相関がないことを仮定していることになります。したがって，因子間相関係数の出力が得られません。一方，斜交回転（斜交軸）は，因子間に相関があることを許容していることになります。したがって因子間相関係数の出力が得られます。ちなみに，「上司の特徴データ」の因子分析において**表8.3**の解と共に得られた2つの因子間の相関係数は 0.43 となります。

4. 因子の解釈

因子負荷行列の性質についての説明が済んだので，実際に因子負荷行列や因

子間相関行列を解釈することへ話を移します。この作業は**因子の解釈**とよばれます。抽出された各共通因子に名前をつけることもよく行われます。この作業は**因子の命名**とよばれます。

　共通因子の解釈や命名を行う場合には，主に各共通因子における因子負荷の値に注目します。値に関しては，

1.　正負（観測変数と共通因子の向き）
2.　絶対値の大きさ（観測変数と共通因子の関係の強さ）

の両方を見ます。

　「上司の特徴データ」の分析結果として得られた因子負荷行列（表8.3）を見ます。ここで，第1因子について Q10 の因子負荷は 0.61 です。正の値なので，第1因子の傾向が強い（つまり，因子の値が大きい）と Q10「向上心が強い」に対して肯定的態度をとりやすい（つまり，回答の値が大きい）ということで，Q10 と同じ方向のものとして第1因子を解釈します。また，因子負荷の絶対値は比較的大きいことから，第1因子は向上心が強いこととの結びつきが比較的強い内容であるととらえます。一方，第2因子についての Q10 の因子負荷は −0.10 です。こちらについては負の値なので，第2因子の傾向が強いと Q10（向上心が強い）に対して肯定的態度をとりにくいということで，Q10 と反対の方向のものとして第2因子を解釈します。また，因子負荷の絶対値はあまり大きくないことから，第2因子は向上心が強いこととの結びつきがあまり強くない内容であるととらえます。

　今回の場合，全観測変数にわたっての因子負荷の正負と絶対値の大きさを観察すると，第1因子は特に Q4（問題をすばやく解決する）や Q18（仕事が正確である）などと正の強い関係があるものとして「業務遂行力を有する上司に対する肯定的態度」，第2因子は特に Q8（部下のことを気にかける）や Q17（部下の立場を理解する）などと正の強い関係があるものとして「関係構築力を有する上司に対する肯定的態度」などと命名することができるでしょう。24個の上司に求められる特徴の背後に業務遂行力，関係構築力という2つの潜在的な要因があったということになります。

　因子の解釈における注意点としては，共通因子の解釈はその因子を抽出した

観測変数の内容と関連する範囲で行うということです。分析によって得られる共通因子はあくまでも観測変数（今回の場合は 24 個の質問項目）に基づいて抽出されたものです。観測変数の内容とかけ離れて存在する絶対的なもの，真理のようなものとして共通因子を解釈することがないように気をつけましょう。

8.2.4 因子の説明力の評価

1. 各観測変数が全共通因子によって説明された程度

共通因子が抽出されたとき，観測変数の変動（値が大きかったり，小さかったりすること）が共通因子の変動にどれくらい由来するものなのか，もしくは，共通因子の変動でどれくらい説明されるものなのかを評価することは大切です。各観測変数の変動（通常，分散という指標でその大きさを評価します）に占める，全共通因子に由来する成分の変動の割合は**共通性**とよばれ，その程度を評価するために利用されます。共通性の値が 1 に近いほど，抽出された全共通因子によって観測変数が説明されたと解釈します。なお，共通因子では説明できない観測変数の変動の割合が**独自性**なので，独自性と共通性の和は 1 になります。また，直交解に限り，ある観測変数の共通性はその変数に関する因子負荷

表 8.5 各項目の共通性

	共通性		共通性
Q1	0.36	Q13	0.67
Q2	0.13	Q14	0.58
Q3	0.43	Q15	0.37
Q4	0.83	Q16	0.46
Q5	0.44	Q17	0.83
Q6	0.79	Q18	0.81
Q7	0.73	Q19	0.60
Q8	0.79	Q20	0.41
Q9	0.57	Q21	0.46
Q10	0.33	Q22	0.46
Q11	0.47	Q23	0.53
Q12	0.47	Q24	0.23

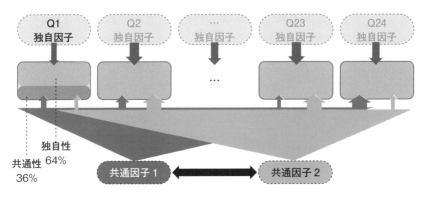

図8.9　**観測変数における共通性と独自性（イメージ）**

の2乗和と一致します。

　「上司の特徴データ」に2つの因子を仮定した因子分析を適用した場合の共通性を見ると（**表8.5**），Q1の項目の変動のうち36%が2つの共通因子で説明されたという解釈ができます（**図8.9**）。Q2のようにほとんど説明がされない項目もあれば，Q4のように多くが説明される項目もあります。

2. 観測変数全体が各共通因子によって説明された程度

　続いて，観測変数全体での変動が各共通因子の変動によってどれくらい説明されたかを示す指標として，**寄与率**というものがあります。適用例の文脈では，24個の項目全体の変動が第1，第2それぞれの因子でどれくらい説明されるかということです。この観測変数全体での変動は，各観測変数の分散の和を意味しますが，因子分析では各観測変数の単位の影響を除くためはじめに観測変数の分散を1になるように変換して分析を行うことを想定するので，通常，観測変数の数と一致します。寄与率が観測変数全体の変動に占める，各共通因子に由来する成分の変動の割合（%）であるのに対し，各共通因子に由来する成分の変動の大きさそのものは**寄与**とよびます。

　寄与や寄与率の考え方も直交解か斜交解かによって異なります。直交解では共通因子間に相関がないので，観測変数全体の変動のうち各因子で説明される変動は明確に分かれます（**図8.10**上図）。一方，斜交解では各因子が互いに関

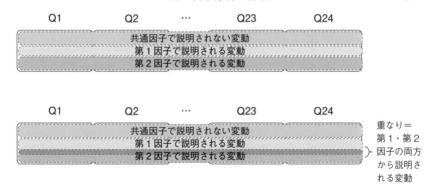

図 8.10 共通因子の寄与のイメージ (上：直交解，下：斜交解)

連し合っていることにより説明される変動は分かれず，明確に寄与を定めることが困難です（**図 8.10** 下図）。そこで斜交解の場合には，共通因子の説明力の評価に，

- 他の因子を無視した寄与
- 他の因子を除去した寄与

の 2 種類の寄与を利用します。他の因子を無視した寄与は，ある共通因子の説明力を考えるときに，それ以外の共通因子の影響については無視した寄与で，その程度を大きめに見積もることになります。他の因子を除去した寄与は，ある共通因子の説明力を考えるときに，それ以外の共通因子の影響を除外した寄与です。つまり，**図 8.10** 下図における重なった部分を除いて各共通因子の寄与を評価します。こちらを用いると，寄与の程度を小さめに見積もることになります。斜交解の場合には，両方の視点から慎重に寄与を評価します。

「上司の特徴データ」においては，第 1 因子「業務遂行力を有する上司に対する肯定的態度」については，他の因子を無視した寄与（率）は 7.64（31.85%），他の因子を除去した寄与（率）は 5.13（21.37%），第 2 因子「関係構築力を有する上司に対する肯定的態度」については，他の因子を無視した寄与（率）は 7.60（31.66%），他の因子を除去した寄与（率）は 5.08（21.18%）となります（**表 8.6**，**表 8.7**）。したがって，2 つの因子によって観測変数全体の変動のうち 40%から 60%ほどが説明されることがわかります。

表 8.6　因 子 構 造

	第 1 因子	第 2 因子
Q1	0.59	0.18
Q2	0.12	0.36
Q3	0.21	0.65
Q4	0.91	0.41
Q5	0.35	0.66
Q6	0.57	0.86
Q7	0.83	0.55
Q8	0.27	0.88
Q9	0.75	0.38
Q10	0.57	0.16
Q11	0.34	0.68
Q12	0.28	0.68
Q13	0.81	0.30
Q14	0.75	0.46
Q15	0.19	0.60
Q16	0.46	0.65
Q17	0.43	0.91
Q18	0.90	0.33
Q19	0.26	0.77
Q20	0.64	0.25
Q21	0.67	0.19
Q22	0.65	0.46
Q23	0.30	0.73
Q24	0.48	0.20
他の因子を無視した寄与（列に関する 2 乗和)	7.64	7.60
他の因子を無視した寄与率（％)	31.85	31.66

表 8.7　準 拠 構 造

	第 1 因子	第 2 因子
Q1	0.57	−0.09
Q2	−0.04	0.35
Q3	−0.08	0.62
Q4	0.82	0.02
Q5	0.07	0.56
Q6	0.22	0.68
Q7	0.65	0.21
Q8	−0.12	0.85
Q9	0.65	0.06
Q10	0.55	−0.09
Q11	0.05	0.59
Q12	−0.02	0.62
Q13	0.76	−0.06
Q14	0.61	0.15
Q15	−0.08	0.58
Q16	0.20	0.49
Q17	0.04	0.80
Q18	0.84	−0.06
Q19	−0.08	0.73
Q20	0.59	−0.03
Q21	0.65	−0.11
Q22	0.49	0.20
Q23	−0.02	0.66
Q24	0.44	−0.01
他の因子を除去した寄与（列に関する 2 乗和)	5.13	5.08
他の因子を除去した寄与率（％)	21.37	21.18

　ある共通因子の寄与率があまりに低い場合には，それを抽出することに意味があるかが疑わしいということになりますので，因子の解釈に先立って確認しておいたほうがよいでしょう。

8.3 因子分析に関連する追加の話題

8.3.1 他に利用できる情報

1. 因子と観測変数の相関関係

　共通因子と観測変数の相関関係の強さを表すものとして，**因子構造**や**準拠構造**というものがあります。因子構造は観測変数と共通因子の間の相関係数のことで，観測変数と共通因子の間の相関係数を行列の形式で表すのが一般的です（表8.6）。因子構造について各値を2乗して列（因子）ごとに和をとったものが先に説明した他の因子を無視した寄与です。

　斜交解の場合には因子間の相関を仮定するので，ある観測変数とある共通因子の相関には，共通因子間の関係による部分も含まれてしまいます。準拠構造は観測変数と他の共通因子の影響を除いた共通因子の間の相関のことです（表8.7）。これは一般的に部分相関係数とよばれます。準拠構造について各値を2乗して列ごとに和をとったものが，他の因子を除去した寄与です。

　なお，直交解の場合には，因子間の相関がないことを仮定していますから，因子構造と準拠構造は一致します。したがって，先述の2種類の寄与も一致します。因子構造と準拠構造の一致については，さらに，因子構造と因子負荷行列が一致しますので（詳しくは，南風原，2002），これら三者が一致することになります。

2. 因子得点の値の算出

　共通因子は変数です。したがって「上司の特徴データ」の分析例でいえば「業務遂行力を有する上司に対する肯定的態度」因子などについて，観測対象ごとの値がいくつであるかを考えることが可能です。とはいうものの，当然共通因子は観測ができないので，データから算出された因子負荷行列と観測変数を用いてその値を求めます。因子得点の算出法にはいろいろなものが存在しま

表8.8　因子得点の値（10人分）と記述統計（150人が対象）

	第1因子	第2因子
回答者1	−0.32	−0.48
回答者2	2.15	−0.51
回答者3	−0.16	−1.53
回答者4	0.15	1.22
回答者5	−0.35	0.02
回答者6	−0.78	0.64
回答者7	0.08	0.75
回答者8	−0.85	0.52
回答者9	0.99	1.60
回答者10	−0.66	−0.02
平均（150人）	0.00	0.00
分散（150人）	1.02	1.02
相関（150人）	0.41	

す（詳しくは，豊田，2012など）。その一つである回帰法で算出した150人分の因子得点のうち，冒頭10人分の値を表8.8に示します。8.1.2項で述べたように，因子得点はz得点のように解釈可能なので，たとえば回答者2の第1因子「業務遂行力を有する上司に対する肯定的態度」の値（2.15）については，平均よりも高めで，その平均からのズレは平均的なズレよりかなり大きいということになります。すなわち，回答者2は業務遂行力を有する上司に対して，平均を大きく上回って肯定的であると解釈できます。なお，表8.8からもわかるように，因子得点の値は，観測対象全体にわたっての平均，分散，因子得点間の相関係数がそれぞれ0，1，因子負荷などと同時に出力される因子間相関係数の値に必ずしも一致しない形で算出されます（詳しくは，柳井ら，1990）。

3. 直交解と斜交解の特徴のまとめ

　これまでの説明で登場した直交解と斜交解の特徴について，表8.9にまとめました。一般に斜交解では因子間に相関が生じ，それにより各項目について直交解の場合との相違が生じます。

表 8.9　直交解と斜交解の特徴

	直交解	斜交解
因子間相関	なし	あり
ある観測変数の共通性とその変数に関する因子負荷の2乗和	一致	不一致
寄与の分解における重なり	なし	あり
他の因子を無視した寄与と他の因子を除去した寄与	一致	不一致
因子負荷行列と因子構造	一致	不一致
因子負荷行列と準拠構造	一致	不一致
因子構造と準拠構造	一致	不一致

8.3.2　確認的な因子分析の使用

1.　探索を目的とする使用と確認を目的とする使用

　因子分析は，探索的因子分析と確認的因子分析の2つに分類されることがあります。ここまで説明してきたのは前者で，

・因子の数は不明であり，数値指標に基づいて決定する

・各共通因子から観測変数へはすべて影響関係があるものとし，強さはすべてデータから推計する

という考え方に従っていました。そして，因子負荷の大小から共通因子を解釈するということをしました。探索的目的に用いられるという意味合いで，探索的因子分析とよばれます。一方，確認的因子分析では，理論的な根拠などに基づき，分析に先立って仮説を設け，

・因子の数を特定の値として仮定する

・各因子から観測変数への影響関係に仮定をおき，そのもとで強さをデータから推計する

という考え方に従います。「影響関係に仮定をおく」というのは具体的には，「ある因子からある観測変数への影響関係はまったくない，つまり，0である」であったり，「因子1からある観測変数への影響と因子2から同一観測変数への影響の強さが同じである」であったり，さまざまなタイプが考えられます。そして，分析結果から仮説の確からしさを確認し，解釈します。

　なお，確認的因子分析では，各因子がすべての観測変数に影響を与えるとは

表8.10　確認的因子分析における各因子に関する項目

項目	内容	項目	内容
Q1	機転が利く	Q2	接しやすい
Q4	問題をすばやく解決する	Q3	部下の相談に乗る
Q7	論理立てて話す	Q5	話が面白い
Q9	議論をうまくまとめる	Q6	統率力がある
Q10	向上心が強い	Q8	部下のことを気にかける
Q13	決断が早い	Q11	部下の成果を認める
Q14	指示が明確である	Q12	愚痴を言わない
Q18	仕事が正確である	Q15	口が堅い
Q20	誤りを的確に指摘する	Q16	気遣いができる
Q21	視野が広い	Q17	部下の立場を理解する
Q22	話が簡潔である	Q19	温和である
Q24	精神力が強い	Q23	忍耐強い

考えていないので，その意味で「共通」をつけずに単に因子とよぶことが多いです。また，独自因子は単に誤差とよびます。

　以下では，「上司の特徴データ」の分析において，

・「業務遂行力を有する上司に対する肯定的態度」と「関係構築力を有する上司に対する肯定的態度」を意味するような2つの因子（以下，第1因子，第2因子）がデータの背後に存在する

・第1因子は表8.10の左側の12項目にのみ影響を与え，第2因子は同じく右側の12項目にのみ影響を与える

・第1因子と第2因子には相関関係がある

という仮定（検討仮説）に基づいて確認的因子分析を行う状況を想定し，手法の説明をします。

　なお，確認的因子分析では2つ以上の因子を仮定した場合に回転を行う必要はありません。解（因子負荷など）は共分散構造分析や構造方程式モデリングとよばれる分析枠組みのもとで，最尤法などを用いて直接得られます。

2. 確からしさを評価する方法

　確認的因子分析において，仮説の確からしさを知るために**適合度指標**と総称

表 8.11 「上司の特徴データ」の確認的因子分析における適合度指標

	指標	検討仮説	比較仮説 (1 因子)	目安 1 (非常によい)	目安 2 (許容できない)
絶対的指標	GFI	0.85	0.41	≧0.95	<0.90
	CFI	0.97	0.65	≧0.95	<0.90
	RMSEA	0.05	0.14	<0.05	≧0.10
	SRMR	0.08	0.14	<0.05	≧0.10
相対的指標	AIC	7148.96	7836.16	より小さいほうがよい	
	BIC	7141.41	7828.76	より小さいほうがよい	

されるさまざまな数値指標を利用します。ここでの適合というのは，因子，観測変数，誤差の間に仮定した関係に基づいてデータの特徴をどれだけ上手に表せるかという概念です。代表的な適合度指標について，「上司の特徴データ」の分析結果と解釈の目安を**表 8.11** に示しました。説明のため，因子を 1 つのみとしてそれがすべての観測変数に影響を与えることを仮定した場合（比較仮説）の結果も示します。

　適合度指標は，絶対的指標と相対的指標の 2 つに分類されます。絶対的指標は目安となる値と比較して適合のよさを評価するのに利用します。また，相対的指標は複数の仮説について得られた適合度の値を比較してどちらが適合がよいかを評価するのに利用します。各指標の意味や特徴については，紙幅の都合により解説できません。豊田（2012）などを参照してください。

　検討仮説の分析結果は GFI が 0.85，CFI が 0.97，RMSEA が 0.05，SRMR が 0.08 であるので，絶対的指標から適合は許容できる水準にあるものと判断できます。また，相対的指標の AIC と BIC の値は共に比較仮説よりも検討仮説のほうが小さく，1 つの因子のみを仮定した場合よりも適合がよいことがわかります。以上より，因子の数や因子や観測変数の間について設けた先述の仮定の確からしさが確認できました。

　共通因子数の決定のときと同様，適合度の確認においてはどれか 1 つの指標を参照するのではなく，いくつかを参照し，総合的に適合のよさを判断することが大切です。

表8.12 「上司の特徴データ」の確認的因子分析における解

	因子負荷		誤差分散
	第1因子	第2因子	
Q1	0.59	(0)	0.65
Q2	(0)	0.36	0.87
Q3	(0)	0.64	0.59
Q4	0.91	(0)	0.16
Q5	(0)	0.66	0.56
Q6	(0)	0.87	0.24
Q7	0.83	(0)	0.31
Q8	(0)	0.87	0.24
Q9	0.76	(0)	0.43
Q10	0.56	(0)	0.69
Q11	(0)	0.68	0.53
Q12	(0)	0.68	0.54
Q13	0.81	(0)	0.35
Q14	0.76	(0)	0.43
Q15	(0)	0.60	0.65
Q16	(0)	0.66	0.57
Q17	(0)	0.91	0.17
Q18	0.89	(0)	0..20
Q19	(0)	0.76	0.42
Q20	0.64	(0)	0.59
Q21	0.66	(0)	0.56
Q22	0.65	(0)	0.58
Q23	(0)	0.72	0.48
Q24	0.48	(0)	0.77

　最後に，検討仮説について得られた解を表8.12に示します。因子負荷のうち，水色に塗りつぶされた箇所は仮説としてあらかじめ0に定められたものです。誤差分散は，探索的因子分析における独自性に相当するものです。確認的因子分析において0に固定された箇所は探索的因子分析においても0に近かったことから，因子負荷や誤差分散について得られた値は探索的因子分析のものと比較的似ています。なお，因子の解釈は探索的因子分析の場合と同様に行い

ます。

復習問題
1. 観測変数，共通因子，独自因子のうち，観測が不可能なものはどれでしょうか。
2. 2つ以上の共通因子を仮定した場合に回転を施すのは何のためでしょうか。
3. 各観測変数の変動に占める，全共通因子に由来する成分の変動の割合を何とよぶでしょうか。
4. 直交解と斜交解のうち，各共通因子の寄与が明確に分けられるのはどちらでしょうか。
5. 理論的な根拠などに基づき，分析に先立って仮説を設け，その確からしさを検討する因子分析を何とよぶでしょうか。

参考図書
石井 秀宗（2005）．統計分析のここが知りたい──保健・看護・心理・教育系研究のまとめ方──　文光堂

　研究を行う上で必要な統計的知識が，コンパクトにわかりやすくまとめられています。因子分析を扱った章では，式をほとんど使わずに因子分析の考え方が説明されており，因子分析を使用する上で注意すべき点についても言及しています。初級向け。

足立 浩平（2006）．多変量データ解析法──心理・教育・社会系のための入門──　ナカニシヤ出版

　さまざまな多変量解析法の考え方を，具体例と簡単な式を用いて丁寧に説明しています。探索的因子分析と確認的因子分析を扱った各章では，重要概念を幅広く扱い，類似の解析法である主成分分析との違いについても記述しています。中級向け。

柳井 晴夫・繁桝 算男・前川 眞一・市川 雅教（1990）．因子分析──その理論と方法──　朝倉書店

　因子分析とそれに関連する解析法の理論を，数式を用いて詳細に説明しています。内容の理解には線形代数や確率分布に関する知識が求められます。上級向け。

推測統計と
統計的仮説検定

第 9 章

確率変数と確率分布

　次章以降では確率変数という言葉が頻繁に登場しますが，本章ではより確実な理解のために，実現値が確率に基づいて決まる変数（確率変数）とどのような値が出やすいかを決める確率の割り振り（確率分布）を中心に説明します。次章以降の推測統計の解説に入る前に，本章では，「確率変数 X が○○分布に従う」といったときにどういうことを意味するのかについて，おおまかな理解を得ることを目指してもらえればと思います。

9.1　確率変数

　まず，中学，高校で学習した「関数」を思い出してみてください。たとえば，一次関数 $f(x) = ax + b$ では，x を変数，a と b を定数と習ったと思います。つまり，ある値に固定して動かさない数を定数，ある値に固定せずに動かして考える数を変数といいました。定数 a と b の値を設定し，変数 x の値を変えるとそれに応じて $f(x)$ の結果が決まります。このとき，変数 x の値は任意に決めることができます。これに対し，確率変数は任意に決めるものではなく確率に基づいて決まります。

　たとえば，サイコロを振った結果出る目を x とした場合を考えてみましょう。x はあらかじめその値を設定することができません。サイコロを振るという確率に基づくプロセスを経てその値が定まります。通常，それぞれの出目に対し $1/6$ の確率が割り振られます。$1/6$ の確率で $x = 1$ となり，$1/6$ の確率で $x = 3$ となります。他の目も同様です。コイントスの場合，表が出ることを x とすると投げ上げたコインを手で受け止めて結果を確認するまで x の値はわかりません。$1/2$ の確率で $x = $ 表となり，$1/2$ の確率で $x = $ 裏となります。これらのよう

に割り振られた確率に基づいて値が決まる変数を**確率変数**といい，通常 X で表します。

9.2 確率分布

先ほど，「割り振られた確率」と述べました。サイコロでは各出目に対し 1/6 を，コイントスでは表裏それぞれに 1/2 の確率を割り振りました。出来事（**事象**）に対してどのように確率を割り振るか，その割り振り方を**確率分布**といいます。さて，「割り振る」というのですから割られるもの（全体）が必要です。全体とは起こり得る事象すべてのことを指します。サイコロの例の場合の全体は「1 から 6 の目のどれか 1 つが出る」です。各出目には 1/6 の確率が割り振られているので，事象の全体に対して与えられる確率は 1/6 + 1/6 + 1/6 + 1/6 + 1/6 + 1/6 = 1 となります。ここでのポイントは，「1 の目と 2 の目が同時に出ることはない」[1] ということと，「1 から 6 の目のうちのどれか 1 つが必ず出る」ということにあります。コイントスの例も同じです。「表か裏のどちらかが必ず出る」ということと，「表と裏が同時に出ることがない」ということの 2 つを前提として，事象の全体（表か裏かのどちらかが 1/2 の確率で出る）に対して確率 1 が与えられます。このように，どのような場合でも事象の全体に対して与えられる確率は 1 で，それがさまざまな事象に配分されるわけです。

全体はさまざまに設定でき，同様に何をどのように確率変数とするかもさまざまです。たとえば，コイントスを 3 回繰り返すということを考えます。このとき起こる結果の全体は，「表表表」「表表裏」「表裏表」「表裏裏」「裏表表」「裏表裏」「裏裏表」「裏裏裏」の 8 通りで，それぞれに 1/8 の確率を割り振ることができます。コイントスを 3 回したときに表が出た回数を，確率変数 X としましょう。このとき X がとり得る値は，$X = 0, 1, 2, 3$ となります。それぞれの出来事に確率を割り振ると，$X = 0$ となるのは「裏裏裏」の場合のみ

---

[1] 他の目も同様で，それぞれ互いに独立な事象といいます。

で確率は1/8です。$X=1$ となるのは「表裏裏」「裏表裏」「裏裏表」の3つの場合で確率は3/8，同様に $X=2$ では「表表裏」「表裏表」「裏表表」で3/8，$X=3$ では「表表表」のみで1/8です。X は必ず0，1，2，3の値のどれかをとり，これ以外の値はとりません。今，$X=0$ に1/8，$X=1$ に3/8，$X=2$ に3/8，$X=3$ に1/8と確率を割り振りました。つまり，確率変数 X（X はコイントスを3回したときに表が出た回数—— 0，1，2，3）に確率分布を設定したわけです（全部足すと1になることを確認してください）。

9.3 確率変数の値は確率分布に依存する

では，確率変数の値がどのようにして決まるのかについて考えてみましょう。上では当たり前のようにサイコロのそれぞれの目が出る確率を1/6としました（図9.1）。逆に言えば，そのように設定したから1/6の確率でそれぞれの目が出るわけです。たとえば，サイコロに仕掛けをすることで出目 ¦1，2，3，4，5，6¦ にそれぞれ ¦1/3，2/15，2/15，2/15，2/15，2/15¦ と確率を割り当てることも可能で（図9.2），このとき1/3の確率で1の目が出ます[2]。このように，確率変数がどのような値となるかは確率変数の割り当て方，すなわち確率分布によって決まります。

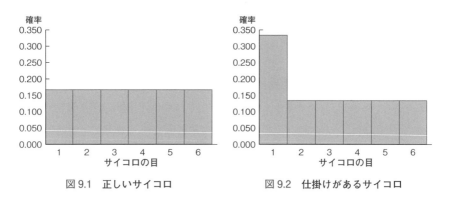

図9.1　正しいサイコロ　　　　　図9.2　仕掛けがあるサイコロ

[2] 10回振っても1の目が出ないこともあります。

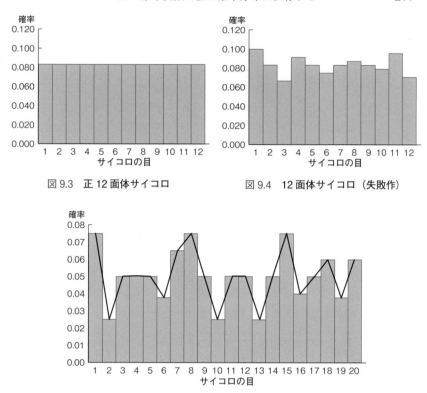

図 9.3　正 12 面体サイコロ

図 9.4　12 面体サイコロ（失敗作）

図 9.5　いびつな 20 面体サイコロ

　今度は，12 面体のサイコロで考えてみましょう。図 9.3 は見事に正確な正
12 面体で，各面に等しく確率が配分されています。図 9.4 は失敗作で，各面
への確率の配分が等しくありません。さらに細かく 20 面にまで増やすと，図
9.5 のようになりましたが，これは正 20 面体からはほど遠いものです。ただ
し，正確なサイコロでもそうでないサイコロでも，各面に配分された確率の和
（図形の面積）は 1 です。

　図 9.5 ではそれぞれの面の確率を折れ線でも示していますが，この折れ線の
下側の確率の和は 1 です。面の数を 1 億にまで増やして折れ線を作成するとど
うなるでしょうか。もはや折れ線は曲線といってもよいような形になるでしょ
う（図 9.6）。1 億面もあるのですから，それぞれの面に割り振られる確率は非

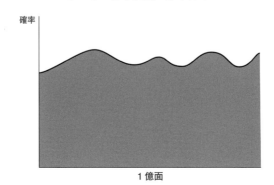

図 9.6　1 億面体サイコロ

常に小さなものとなります。しかし，このときもやはり図 9.6 の線の下側の確率の和は 1 となります。

　図 9.1，図 9.3，図 9.5 の縦軸の値を見ればわかるように，面の数が増えれば増えるほど各面に割り振られる確率の値が小さくなります。図 9.6 で 1 億面サイコロの例を示しましたが，この縦軸を通常のサイコロとそろえると曲線の高さは約 1,667 万分の 1 となり，もはや横軸と重なるように見えるでしょう。

　さらにどんどん面の数を増やしていく場合を考えます。多面体だったサイコロはどんどん球に近づきます。どれだけ小さくても面があれば数えられますし，それに応じて確率を割り振ることができます。しかし，面がなくなってしまうとそれができなくなります。この場合はどう考えればよいのでしょうか。

9.4　連続値の確率と確率分布

　サイコロの面のように，数えられる数値を離散値といいます。離散値の場合，それぞれの値に確率を割り振ることができます。1 つ 2 つと数えられない数値を連続値といいます。では，この連続値に割り振る確率を考えてみましょう。

　連続値といえば，身近なところでは物の長さ，たとえば人の身長がそれにあたります。2022 年現在の日本の人口は，およそ 1 億 2,600 万人です。日本で最小の新生児の身長は 22 cm（BBC News Japan, 2019），記録上もっとも背が高

い日本人の身長は 238 cm（日本記録協会）だそうです。長さは連続値ですが，それを測るものさしが離散値なので私たちは身長を数値として知ることができます。0.1 cm の精度で測れる身長計の場合，身長が身長計の 170.0 cm から 170.1 cm の区間に入る人が 170.0 cm あるいは 170.1 cm と計測されます。

　さて，次のような状況を空想してみましょう。日本人全体を大きな袋に入れてガシャガシャとかき混ぜ，その後袋の中に手を突っ込んで誰か 1 人を取り出しその人の身長を測るとします。このとき，「測定結果が 22 cm から 238 cm の区間にある」ことは間違いないでしょう。言い換えると，「測定結果が 22 cm から 238 cm の区間にある」という事象が起こる確率は 1 であるわけです。では，「測定結果が 150 cm から 180 cm の区間にある」という事象が起こる確率はどうでしょうか。かなり高そうです。なぜなら，身長がこの区間に入る人がたくさんいるからです。たとえば，上の状況で 1,000 人を取り出し 850 人の身長がこの区間に入れば，その事象に 850/1,000 の確率（0.85）を割り当てることができます。同様に，「測定結果が 185 cm 以上」にあてはまる人が 1,000 人中 10 人いれば割り当てる確率は 0.01 となります。

　次に大きな巻き尺を地面に置き，そこに取り出した 1,000 人を背の順に並べ混み具合を観察してみましょう。身長 185 cm 以上の人は 10 人しかいませんので居場所に余裕があります。一方，150 cm から 180 cm の区間には 850 人の人がいます。満員電車のようなすし詰め状態です。人口密度という言葉がありますが，この区間の人口密度は 185 cm 以上の区間に比べ非常に高くなります。この混み具合（密度）を縦軸に，身長を横軸にとってグラフにすると図 9.7 のようになります。

　次に逆を考えてみましょう。先にこの身長の人口密度（＝人の身長の分布）がわかっていたとしましょう。そしてここから取り出した人の身長を X とすると，この X はサイコロと同じく確率に基づく変数，すなわち確率変数です。そして X がどのような値になるかは身長の人口密度の様子（人の身長の分布）によって定まります。このことを「X は身長分布に従う」といいます。これらのことをまとめて表現すると「X が身長分布に従う場合，150 cm $\leq X \leq$ 180 cm である確率は 0.85 である」となります。密度の分布と区間がわかれば確率を

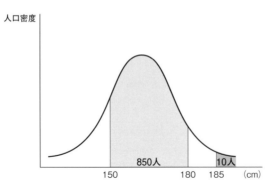

図 9.7　1,000 人を取り出したときの人口密度

割り振ることができるのです。

　身長の例でみたように確率変数 X が連続値であるとき，X の値それぞれに確率を与えることはできません。しかし，密度の分布と区間を指定することによって，X がその区間に入る確率を求めることができます。身長の例では横軸を身長，縦軸を人口密度としましたが，これを一般化すると横軸は確率変数 X，縦軸は**確率密度**となります。そして，確率密度が X の値に応じてどのように分布しているか（確率密度を表す曲線の形）によって，X が特定の区間に入る確率が決まります。確率変数 X が連続値であるときの確率は，確率密度の分布（**確率分布**）と確率変数の区間を定めることで求めることができるのです。

復習問題
1. 確率変数とは何かを説明してください。
2. 確率密度とは何かを説明してください。
3. 確率分布とは何かを説明してください。

参考図書
野矢 茂樹（1998）．無限論の教室　講談社
　連続値について考える際のヒントになります。読み物としても面白い本です。初級者向け。

赤 攝也（2014）．確率論入門　筑摩書房

　本格的な学術入門書です。確率や確率変数について厳密に勉強したい人におすすめです。中・上級者向け。

第 10 章

推測する——推定・統計的仮説検定

　心理学研究の目的の一つは，集団の多数にあてはまる認知・行動上の傾向を探究することです。集団の傾向を把握する際には，前章までに学んだ記述統計学の手法が有効です。数十万件，数百万件規模のビッグデータにアクセスしやすくなった現在，記述統計学は研究・実務データ解析の場面で大活躍しています。ビッグデータを前提とすると，統計指標が集団の傾向を高精度で表現するため，たとえ平均値や標準偏差のような単純な記述統計であっても，十分説得力のある分析になるからです。

　しかし，心理学者が一度の研究で集められるデータ数には限界があります。たとえば，参加者1人について60分以上を要する知覚実験によってデータを収集していく場合，この手続きを何十万人に繰り返してビッグデータとすることは現実的ではありません。また，特定の精神疾患をもつ患者さんを研究・調査の対象とするような場合，該当する人を探し出すことは容易ではありません。

　このように，集団の傾向を把握したいけれどデータ数が十分に確保できない状況にあって，なお集団の傾向について言及したい場合には，「妥当に推測する」しかありません。この「妥当に推測を行う」ために必要な学問が，本章で紹介する推測統計学です。推測統計学は，現代心理学研究の礎をなす理論体系です。本章では推測統計学の典型的な手法のうち，点推定，区間推定，そして統計的仮説検定の基礎について解説します。

10.1　母集団と標本

　上で述べた「集団」というのは曖昧な表現ですから，もう少し具体化してみます。たとえば，あなたが計画する調査が「大学生の恋愛積極性」に関するものならば，「集団＝すべての大学生」となりますし，「児童期の子どもの社会性の発達段階」に関するものならば，「集団＝すべての児童期の子ども」となり

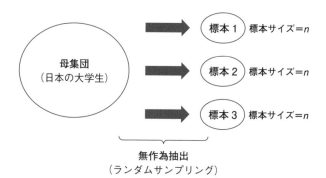

図 10.1 母集団と標本の関係

ます。このように，調査の対象となる集団全体のことを**母集団**とよびます。

　一般に，心理学研究で扱う母集団は規模が非常に大きいです。「思春期の高校生」「就職活動中の大学生」等，個人レベルの労力では母集団に含まれる全員からデータを収集することはできないでしょう。

　ですから，私たちは母集団を代表する少数の調査対象からデータを収集します。この少数の調査対象を**標本**とよびます。標本に含まれる調査対象の数を n で表現します。n は**標本サイズ**ともよばれます。**図 10.1** は母集団から標本サイズ n の標本を 3 つ取り出す様子を示しています。

　母集団から標本を選ぶ作業を**標本抽出（サンプリング）**とよびます。標本抽出は，これを専門とする学問領域が存在するほど奥深いテーマであり，さまざまな方法が考案されています。これらについて本章では詳細な解説をしませんが，多くの方法に共通するのは**無作為抽出**（ランダムサンプリング。どの対象も互いに独立に等しい確率で選ばれるような抽出の仕方）の原則です（第 1 章参照）。集団全体から無作為にサイズ n の標本を抽出できるなら，この標本は満遍なく母集団の性質を保持している（代表性がある標本といいます）ことになります。

10.2 母数と推定量

　集団の傾向を知るということは，より専門的にいえば母集団の傾向を知ると

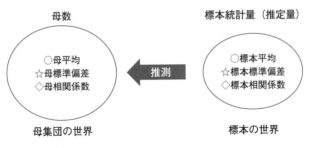

図 10.2　標本統計量によって母数を推測する

　いうことです。その傾向を手元の限られた標本の情報から推測するための方法論こそが推測統計学です。

　推測の対象となる母集団分布の傾向は，**母数**という値によって指標化されます。たとえば母集団における平均値，標準偏差は母数となり得るもので，それぞれ**母平均**，**母標準偏差**とよびます。母集団における相関係数も母数であり，**母相関係数**とよびます。このように，母集団分布に関する統計値はおおよそ母数になります。心理学者は標本から得られたデータ（標本データ）に基づいてこれら母数について推測していくことになります（図 10.2）。

　母平均や母標準偏差のような母数に対して，標本平均や標本標準偏差（の計算式）のことを**標本統計量**とよびます。標本統計量を利用して母数の推定を行う場合には，これを**推定量**とよびます（図 10.2）。1 つの母数に関する推定量（つまり計算式）は必ずしも 1 つとは限りませんが，推定精度の観点から相対的に良い推定量が理論的に導出されています（10.6 節参照）。

10.3　推測の種類

　推定量を利用して母数を推測する方法には，3 つのバリエーションがあります。図 10.3（a）のように，特定の推定量を利用して母数を推定することを点

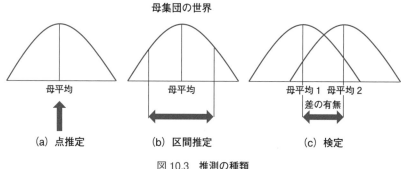

図 10.3　推測の種類

推定とよびます。図 10.3（b）のように 1 点ではなくその中に母数が含まれるような区間を推定することを**区間推定**とよびます。また図 10.3（c）のように，2 つの母数の差の「有無」といった，母数に関する質的な推測（差の有無，0 かそれ以外か等の判断）を行う方法を**統計的仮説検定**（以後，検定と略記）とよびます。

10.4　正 規 分 布

　母数を推測するためには，未知である母集団の確率分布の形状について，仮定が必要となります。この仮定によって，手元のわずかな標本データから母集団分布の母数を妥当に推測することができるようになります。心理学研究において母集団分布に仮定される確率分布の代表例は，**正規分布**です。

　正規分布は図 10.4 のような左右対称の単峰分布です。この分布は図 10.4 の数式によって描画される関数であり，あくまでも理論上の分布です。仮に母集団の調査対象全体からデータを収集し，ヒストグラムを描画したとしても，正規分布に完全に合致することはありません。このような理論分布を仮定することに疑問をもつかもしれませんが，そもそも研究対象としている母集団という存在も曖昧な存在です。ですから，正規分布のような理論分布を仮定する以外に妥当な方法がないともいえます。

　正規分布の数式は変数 x の関数になっています（このように確率に基づいて

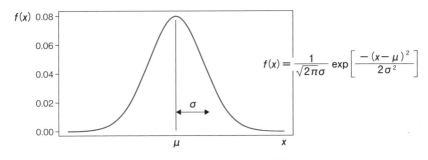

図 10.4　正規分布と確率密度関数

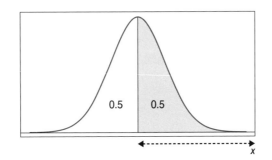

図 10.5　正規分布と確率の対応

変動する変数を確率変数とよびます）。さまざまな x に対して、縦軸の値 $f(x)$ が決まります。$f(x)$ は**確率密度**とよばれる値で、その値がつなぐ曲線に囲まれた面積が 1 になるという性質があります。$f(x)$ は**確率密度関数**ともよばれます。

　正規分布の面積は、横軸の区間内の値が出現する確率に対応しています。図 10.5 は、破線の区間内の値が出現する確率が、水色の部分の面積（0.5）に対応していることを示しています。正規分布は左右対称の分布ですから、当然、左の白い部分の面積も 0.5 となります。

　確率密度関数の数式には、変数 x の他に、μ（ミュー）と σ（シグマ）、そして π（パイ）の 3 つのギリシャ文字があります。変数 x は人によって値が変わりますが、3 つのギリシャ文字は定数です。この 3 つの定数のうち、π は円周率ですから既知です。残りの μ と σ は、図 10.4 にあるようにそれぞれ正規

分布の平均と標準偏差を表現しています。母数の推測において母集団分布が正
規分布であるという仮定をおく場合，推測の対象となる母数とは，確率密度関
数の形状を決める母平均 μ と母標準偏差 σ になります。当然この μ と σ は未
知であり，この値を標本データに基づいて推測するのです。

母平均 μ，母標準偏差 σ をもつ正規分布を

$$N(\mu,\ \sigma)$$

と表現します。また変数 x がこの正規分布に従うさまを，

$$x \sim N(\mu,\ \sigma)$$

と表現します。

変数 x の尺度を平均 0，標準偏差 1 に変換したものを z 得点とよびます（第
4 章参照）。z 得点は標準偏差 SD を基準としたときの偏差の比です。たとえば
i さんの z 得点は，

$$z_i = \frac{x_i - \overline{x}}{SD}, \quad i = 1, 2, \ldots, n$$

となります。x_i は i さんのデータ，$\overline{x}$ は平均を表現しています。

z 得点に変換することを**標準化**とよびます。標準化は尺度の原点と単位の変
換ですから，データの分布の形状（データの相対的位置関係）には影響しませ
ん。したがって母平均 μ が 45，標準偏差 σ が 20 の正規分布について x を標準

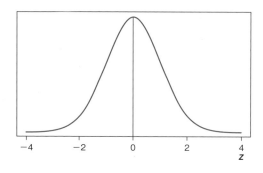

図 10.6　**標準正規分布**

化すると，μ は 0，σ は 1 となりますが，分布の形状は変わらず正規分布のままです。特に $\mu=0$，$\sigma=1$ の正規分布を**標準正規分布**とよびます（図 10.6）。

標準正規分布とそれに従う z 得点を記号表記すると

$$z \sim N(0, 1)$$

となります。

10.5　母平均の点推定

ここでは標本平均を用いて母平均を点推定することを考えましょう（図 10.3（a））。イメージがしやすいように，冒頭で示した「大学生の恋愛積極性」に関する標本調査の例で解説します。大学生の標本に対して恋愛積極性尺度を実施し，データを測定することにします。母集団分布には正規分布を仮定します。母集団の構成員の数は無限大と考えます。また本来ならばその値は未知ですが，今回は（恋愛積極性尺度の）母平均 μ を 35，母標準偏差 σ を 9（したがって母分散 $\sigma^2=81$）と設定します（図 10.7）。この母数の設定のもとでシミュレーションデータを発生させます。

母集団は大学生ということになりますが，それを代表するサイズ $n=9$ の標本が得られたとします。**表 10.1** に 9 人から得られた尺度得点を掲載します。

9 人のデータの標本平均 $\bar{x}$ を求めたところ 35.556 となりました。標本平均は，

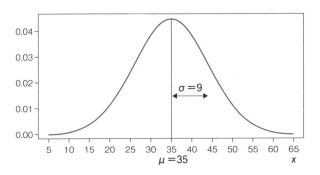

図 10.7　恋愛積極性尺度の母集団分布

表 10.1 恋愛積極性に関する標本のデータ

標本要素	1	2	3	4	5	6	7	8	9	推定値
尺度得点	38	43	41	50	23	30	36	22	37	35.556

母集団分布に正規分布を仮定したときの母平均 μ の推定量として利用できることが理論的に証明されています。したがって、この 9 人のデータからは 35.556 として母平均を点推定することができます。点推定においてこの 35.556 という値は、(母数の) **推定値**とよばれます。母平均の設定値は 35 ですから、この推定値はほぼ母平均をとらえていると解釈できます。

10.6 母分散の点推定

母平均と同様に母分散も点推定の対象となります。ここでは**表 10.1** のデータを利用して、標本分散によって母分散を推定したいと思います。標本分散 s_x^2 を求めると

$$s_x^2 = \frac{\sum_{i=1}^n (x_i - \bar{x})^2}{n} \cong 74.914$$

となりました。実は標本分散を母分散の推定量として利用すると、推定値に一定の偏りが含まれることが知られています。この偏りを解消する推定量が次式の**不偏分散** $\hat{\sigma}_x^2$ です。

$$\hat{\sigma}_x^2 = \frac{\sum_{i=1}^n (x_i - \bar{x})^2}{n-1} \tag{1}$$

不偏分散の推定値は 84.278 でした。母分散の設定値 91 により近い値になっています。偏りがない推定量という意味で、不偏分散は**不偏推定量**とよばれます。同様に、標本平均も母平均に対して偏りがないので不偏推定量となります。不偏推定量の概念については次節で詳しく解説します。

また、**不偏分散の平方根** $\hat{\sigma}_x$ を母標準偏差の推定量として利用することが実際には多いのですが、これは厳密には不偏推定量ではありません。母標準偏差の不偏推定量については服部 (2011) に丁寧な解説があります。

10.7　標本分布

　今回は，母平均の設定値がわかっていたので，推定値の精度について言及できました。しかし，通常，母平均は未知ですから推定精度について上述のような考察はできません。したがって点推定の際には，この推定精度に関する指標も必要になります。

　表10.2に標本サイズ $n=9$ の3標本のデータを掲載します。各標本における母平均の推定値は36.667，34.667，36となっています。母平均の設定値は35でしたから，どの標本を選ぶかで推定値が変動することがうかがえます。この結果をみてしまうと，さきほど得られた35.556という推定値についても母平均の設定値が不明な状況では，十分な信頼がおけないということが理解できると思います。

　表10.2の3つの推定値の平均値を求めると35.778となり，母平均の設定値

表10.2　3つの標本のデータ

標本要素	1	2	3	4	5	6	7	8	9	推定値
標本1（得点）	35	31	31	39	48	35	36	45	30	36.667
標本2（得点）	38	31	49	26	48	24	28	50	18	34.667
標本3（得点）	47	42	31	31	28	48	29	43	25	36

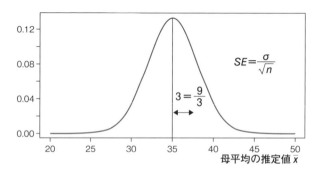

図10.8　標本平均（推定値）の標本分布

35 に近い値となります。さらに $n=9$ と固定したまま標本の数を増やしていくことを考えます。そうすると標本の数だけ推定値が得られることになります。

　ここで，際限なく標本を抽出したときの推定値の分布を考えます。際限なく標本を抽出するということは現実には不可能ですので，これはあくまでも理論上の操作です。このときの推定値の分布を**図 10.8** に描画します。この理論分布を標本平均の**標本分布**とよびます。

10.8 標 準 誤 差

　図 10.8 からも明らかなように，標本平均の標本分布は正規分布となります。また，この標本分布の平均は μ と同様に 35 となっています。標本分布の標準偏差は**標準誤差**（Standard Error; SE）とよばれ，

$$SE = \frac{\sigma}{\sqrt{n}} \tag{2}$$

のように母標準偏差 σ と標本サイズ n を利用して求められます。今回の設定では $\sigma=9$，$n=9$ ですから，$SE=3$ となります。

　したがって，**図 10.8** の標本分布は，

$$N(35, 3)$$

という正規分布になります。

　標本分布は推測統計において非常に重要な概念です。その重要性について順を追って説明します。まず**図 10.8** から，標本分布の平均が母平均 35 に一致しています。この性質を満たす推定量を不偏推定量とよびます。標本平均が不偏推定量であるのは，標本によって推定値は左右するけれど，これらの推定値は母平均を中心に左右対称に散らばるということが理論的に保証されているからです。

　標本分布の平均が母数からずれているということは，その推定量は偏った推定値を返すということを意味しています。先述した標本分散は不偏推定量ではないので，標本分布を描くとその平均は母分散に一致しません。一方，不偏分

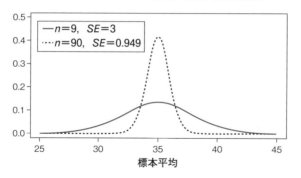

図 10.9　標準誤差と標本分布の対応

散の標本分布の平均は母分散に一致します。このような理由から，母数の点推定の際には不偏推定量を利用すべきなのです。

　次に標本分布の標準偏差である SE に注目します。SE が小さい場合には，どの標本でも母数に近い推定値が得られる可能性が高くなります。また標本サイズ n を増やすことで，この SE を減少させることができます。

　図 10.9 に SE と標本分布の形状の対応を示しています。この図では母標準偏差の設定値が 9 という前提で，標本サイズが 9 と 90 の 2 つの場合の分布が重ねて描画されています。図からも明らかなように標本サイズが 90 の条件において SE は相対的に小さく（0.949（＝9/$\sqrt{90}$）），n＝9 の条件に比較してどの標本でも母平均 35 に近い推定値が得られる可能性が高くなっています。

　以上のことから，SE を推定の精度に関する指標として利用できることがわかります。SE が十分小さければ，手元の標本で計算された推定値が母平均に近いものと妥当に判断できます。

　今回のデータでは SE は 3 ですから，母平均 ±3 の区間で推定値は平均的に分布しています。SE の大きさは，調査や研究が求める推定精度に照らし合わせて解釈します。

　ところで式（2）で示した SE は，手元の標本のデータでは計算できないという問題があります。なぜなら式（2）の分子には通常未知である母標準偏差 σ が含まれているからです。そこで次の SE の推定値を利用します。

$$\widehat{SE} = \frac{\hat{\sigma}}{\sqrt{n}}$$

分子の $\hat{\sigma}$ は 10.6 節で解説した不偏分散の平方根です。この値を母標準偏差の推定値として利用します。この SE の推定値を利用することで，手元にある 1 つの標本の情報のみで，母平均の点推定値とその精度を推測できます。このデータでは，

$$\widehat{SE} = \frac{9.180305}{3} \cong 3.06$$

という推定値が得られました。母標準偏差を利用した $SE\,(=3)$ とほぼ同一の値が得られました。

　本節では標本平均の推定精度を知るという観点から，標本平均の標本分布について解説しました。推測の精度を考察する上で，標本分布は重要な情報をもっていることが理解できたと思います。

　標本平均の他に，不偏分散の標本分布や，標本相関係数の標本分布など，母数の推定量にはそれぞれ標本分布を考えることができます。それぞれの推定において，また別の標本分布を考えることになります。またそれらの標本分布は常に正規分布であるとは限りません。

10.9　母平均の信頼区間

　次に，図 10.3（b）に示した区間推定について解説します。母平均の区間推定には 10.7 節で解説した標本平均の標本分布を利用します。図 10.8 の標本分布の横軸は母平均の推定値 $\bar{x}$ でした。その平均は μ，標準偏差は SE ですが，この μ と SE を利用して $\bar{x}$ を z 得点に変換し，その結果を図 10.10 に示します。この分布は 10.4 節で解説した標準正規分布です。

　標準正規分布上で -1.96 から 1.96 の範囲の値が出現する確率を求めると 0.95（95%）となります。この確率は図 10.10 の水色の部分の面積に対応します。このことを式で表現すると，

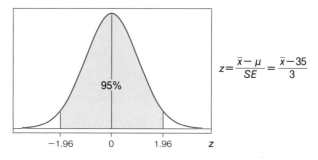

図 10.10　母平均 μ を 95％の確率で含む区間

$$P(-1.96 \leqq z \leqq 1.96) = 0.95$$

となります。ここで $P(A \leqq x \leqq B)$ は区間［A, B］に含まれる値が観測される確率（probability; P）を意味します。z を表現し直すと次のようになります。

$$P\left(-1.96 \leqq \frac{\overline{x} - \mu}{SE} \leqq 1.96\right) = 0.95$$

さらに括弧内の不等式を変形すると,

$$P(\overline{x} - 1.96\ SE \leqq \mu \leqq \overline{x} + 1.96\ SE) = 0.95 \qquad (3)$$

となります。標本平均の SE は 3 でしたから，これを式（3）にあてはめると,

$$P(\overline{x} - 5.88 \leqq \mu \leqq \overline{x} + 5.88) = 0.95 \qquad (4)$$

という結果になります。式（4）の括弧内の不等式を **95％信頼区間** とよびます。

　母平均の推定値 $\overline{x}$ は標本によって変動する値です。たとえば，**表 10.2** では3 つの標本においてそれぞれ異なる値をとることを確認しました。

　各推定値を利用すると，この信頼区間は 3 本できます。また，さらに標本を抽出しそれぞれ推定値を求めると，その分だけ信頼区間が得られます。そうやって求めていった複数の区間のうち，95％が推定したい母平均 μ を含んでいる，というのがこの 95％信頼区間の意味です。たとえば 100 本信頼区間を求めると，95 本ぐらいは母平均 μ を含んでいるという区間です。

表 10.1 の標本平均の推定値は 35.556 でしたから，式（4）を用いて 95％信頼区間を求めると，

$$29.676 \leqq \mu \leqq 41.436 \tag{5}$$

となりました。私たちは恋愛積極性尺度の母平均 μ が 35 であることを知っているので，この信頼区間が母平均をとらえていると理解できます。このように，母数を含む区間を推定する方法を**区間推定**とよびます。

選んだ標本内の得点がすべて低く，標本平均が 20 点にしかならないということもあり得ます。このときの信頼区間は式（4）の $\bar{x}$ に 20 を代入して

$$14.12 \leqq \mu \leqq 25.88$$

となります。この区間は 35 を含んでいません。このように，標本によって変動する 95％信頼区間は μ を含んでいないこともあります。

注意しておきたいのは，1 つの標本で求められる信頼区間が 95％の確率で μ を含んでいるわけではないということです。95％信頼区間とは無数の標本で定義される区間のうち，その 95％が μ を含んでいるという区間です。

ところで，式（3）には $|1.96| \times SE$ という項が含まれています。図 10.9 でも明らかなように，標本平均の推定値を表現する SE は，標本サイズを増やすことによって，0 に近づいていきます。たとえば標本サイズを 10 倍の $n = 90$ にすると，SE は 0.949 とより小さくなり，$|1.96| \times SE$ は $1.860 (= |1.96| \times 0.949)$ となります。この値を式（4）に代入して，**表 10.1** の 35.556 という標本平均に対応する信頼区間を求めると，

$$36.696 \leqq \mu \leqq 37.416$$

というように，$n = 9$ の場合の 95％信頼区間（式（5））に比べて区間の幅が狭くなり，母数の設定値 35 をより高い精度で区間推定できていることがわかります。つまり標本サイズを増やし，SE を小さくすると，点推定ばかりでなく区間推定の推定精度も高くなるということです。ただし，標本サイズを増やすことによって，算出した信頼区間の中に母数がより含まれやすくなるというこ

とではありません。たとえば95％信頼区間であれば標本サイズがいくら大きくても，複数の信頼区間のうちの5％は母平均を含んでいないことになります。

　式（3）の SE は，母標準偏差 σ が既知である場合の値です。しかし，σ が未知である場合には不偏分散の平方根 $\hat{\sigma}$ を代用するのでした（10.6節参照）。ですから，信頼区間の算出には $\widehat{SE}$ を利用します。標本サイズがある程度大きい場合（おおよそ $n=30$ 以上）には，この $\widehat{SE}$ を式（3）の不等式に代入することで95％信頼区間を得ることができます。

　また，95％信頼区間の他に**99％信頼区間**を報告する場合もあります。この場合は，式（3）の $|1.96|$ を $|2.58|$ として計算することになります。標準正規分布では区間 $[-2.58, 2.58]$ の値が出現する確率は99％となっているからです。95％信頼区間よりも99％信頼区間のほうが，より母平均に対して精度の高い推測ができます。

10.10　検定の目的

　図10.3（c）で示した**検定**にはさまざまな方法が考案されていますが，本節では，母数の差の有無の推測という視座から解説します（詳細については章末の参考図書を参照）。ここでも，恋愛積極性尺度の母集団分布の推測を例として用います。

　大学生の母集団を，女性と男性に分離して考えることにします。恋愛積極性について大変な労力をかけて調査したところ，すべての男子学生（男子学生の母集団）の平均 μ_M は33点，母標準偏差 σ_M は9点であることがわかりました。分布の形状は正規分布に近いものでした。

　次に女性についても同様に母集団平均 μ_F を調査し，性別間で恋愛積極性に差があるかを検討したいと考えています。しかし，残念ながら男性の調査で費用を使い果たしてしまいました。そこで女性については無作為抽出によるサイズ36人の標本調査を行い，その標本平均 $\bar{x}_F$ によって μ_F を推定し，μ_M との差を考察することにしました。

　その結果 $\bar{x}_F$ は36点であり，男性群の母平均と比較して3点大きいという結

果になりました。この3点差を根拠として性別間で恋愛積極性に違いがあると結論づけたいのですが，$\bar{x}_F$ はあくまでも母平均の推定値です。この3点差が偶然生じたのではなく，母平均の差を反映したものであるという確証がほしくなります。以降で解説する検定とは，まさにこの3点差が偶然とは考えられないいくらい大きな差である（あるいは，偶然に起こり得る差である）ことを統計学的に確かめるための推測法です。

10.11 帰無分布

この3点差が偶然生じたものではないということを主張するためには，①恋愛積極性に関する女性の母集団分布が正規分布している，②その正規分布の母標準偏差が既知である，の2つの仮定が必要となります。①の仮定については，男性の母集団分布が正規分布に近いことから妥当に仮定できます。また，②の仮定については，男性の母標準偏差と等しい（$\sigma_M = \sigma_F = 9$）と考えることでクリアします（これらの仮定が成り立たない場合も当然あり得ます。仮定が満たされない程度に応じて推測結果の誤差も増加します）。

この①と②の仮定に配慮した上で，図10.11に女性の母集団分布を描画しています。男性の母平均 μ_M は調査結果から33点であることが明らかになっています。それに対して，女性の母平均は未知です。図10.11のように μ_F は33点より右に位置するかもしれませんし，左に位置するかもしれません。また，この正規分布の標準偏差はそれぞれ $\sigma_F = 9$ となっています。

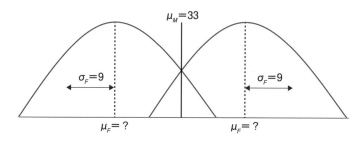

図10.11　対立仮説が正しいときの母集団分布の候補

　図10.11ではどちらの母集団分布を採用したとしても，$\mu_F \neq \mu_M$ であることに変わりありません。この否定等号（$\neq$）は「女性と男性の母平均値には差がある」ということを意味しています。研究者が確認したいのはこの否定等号が母集団において成り立っているかどうかであり，検定の枠組みでは**対立仮説**（H_1）とよばれます。

　検定ではこの対立仮説を検証するために，あえてその対立仮説を無に帰する仮説を立てます。この場合は，母平均間に差はない（$\mu_F = \mu_M = 33$点）という仮説です。検定ではこれを**帰無仮説**（H_0）とよびます。したがって，μ_F と μ_M の間に差があるかという当初の疑問は，帰無仮説と対立仮説のどちらを採択すべきか，という疑問として再表現されることになります。

　ところで，仮に帰無仮説が正しかったとして手元の標本平均 $\bar{x}_F = 36$点という値は現実的に生じ得る値なのでしょうか。もし $\mu_F = \mu_M$ という帰無仮説のもと，標本平均 $\bar{x}_F = 36$点が生じる確率がかなり低いのであれば，それは対立仮説が正しいと考えるのが自然です。この確率を計算するために利用できるのが**帰無分布**です。

　帰無分布とは，帰無仮説が正しいときの標本平均の標本分布のことです。今回の例では $\mu_F = 33$点，$\sigma_F = 9$ の正規分布から標本を限りなく抽出しその都度標本平均を求めていったときの理論分布です。

　この標本分布は図10.12に示すように，平均が33点，SE が1.5（$= 9/\sqrt{36}$）

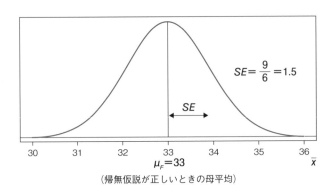

$$SE = \frac{9}{6} = 1.5$$

SE

30　31　32　33　34　35　36　$\bar{x}$

$\mu_F = 33$

（帰無仮説が正しいときの母平均）

図10.12　帰無分布

の正規分布となります。図 10.12 から，帰無仮説が正しいとき母平均の推定値は 33 点を中心に ±1.5 の範囲で平均的に散らばることがわかります。

　帰無分布の横軸は標本平均ですから，平均と SE を利用して図 10.13 のように標準化します。また，今回得られた標本平均 $\bar{x}_F = 36$ 点の z 得点を求めると，図 10.12 の数値を利用して 2($= (36 - 33)/1.5$) となりました。

10.12　有意確率と有意水準

　図 10.13 では，$z = 2$ 以上の値が出現する確率（**上側確率**）を水色で表示しています。その確率は約 0.023 であることがわかります。また標準正規分布は左右対称ですから，-2 以下の値が出現する確率（**下側確率**）も約 0.023 となっています。上側確率と下側確率の和は 0.046 となりますが，この値を検定の枠組みでは**有意確率**（p **値**）とよびます。

　有意確率とは，帰無仮説が正しいという仮定のもとで手元の標本平均よりも極端な値が得られる確率を意味しています。もし有意確率が十分小さい値なのであれば，得られている標本平均は帰無仮説のもとでは珍しい現象であり，むしろ母平均に差があるという対立仮説のもとで生成されたと考えるのが自然です。このような場合，「帰無仮説を**棄却**し対立仮説を**採択**する」という判断をします。つまり，未知であった女性の母平均 μ_F と既知であった男性の母平均 μ_M の間に差があったとことが強く示唆されていると解釈します。このとき μ_M

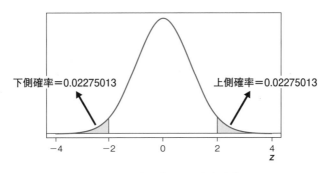

図 10.13　**標準化された帰無分布**

＝33 点と標本平均 $\bar{x}_F$＝36 点の間の 3 点には偶然では生じ得ない差，すなわち**有意差**があるといえます。

　有意確率がどの程度小さい値なら帰無仮説を棄却し，対立仮説を採択できるのでしょうか。この判断のための慣習的判断基準を**有意水準**（α）とよびます。心理学研究では，有意水準 5%（α = 0.05），有意水準 1%（α = 0.01）がよく用いられています。たとえば，有意水準 5% では 0.05 よりも有意確率が小さくなったら（$p < 0.05$），対立仮説を採択します。

　上述のロジックで実行される検定は，**1 つの平均値の z 検定**とよばれるもので，数ある検定の中でももっともシンプルなものの一つです。

10.13　両側検定と片側検定

　前節の検定結果から，男性と女性の母平均値間には差がある可能性が示唆されました。対立仮説は $H_1 : \mu_F \neq \mu_M$ でしたから，検定の結果，両者にはどちらが大きいかはともかく，とにかく差がある可能性が高いということがわかったのです。しかし，研究においては女性の母平均のほうが男性よりも大きいということを知りたい場合があります（その逆もあり得ます）。つまり，

$$H_1 : \mu_F > \mu_M \qquad\qquad (6)$$

$$H_1 : \mu_F < \mu_M \qquad\qquad (7)$$

という対立仮説も考えられるのです。式（6）の対立仮説を利用する場合には，上側確率のみで p 値を求め，有意水準 α と比較します。また，式（7）の対立仮説を利用する場合には下側確率のみで p 値を求めます。分布の片側のみで p 値を定義することから，この 2 つのタイプの検定を**片側検定**とよびます。一方，図 10.13 で示したような分布の両側で p 値を定義する検定を**両側検定**とよびます。

　両側検定の p 値は片側検定の 2 倍となります。したがって，同じ有意水準でも片側検定のほうが有意になりやすいという性質があります。

10.14 棄却域・臨界値

　研究者が有意水準を決定すると，それに応じて分布上に α を満たすような区間が定義されます。図 10.14（a）は両側検定の帰無分布を表現しています。分布の両端に水色の部分がありますが，この面積を足すと 0.05 となります。有意水準 5% で検定をする場合，p 値が 0.05 未満になることが求められますが，そのような p 値を与える z 得点は，図 10.14（a）から $1.96 < z$, $z < -1.96$ であることがわかります。この $|1.96|$ という値は**臨界値**とよばれます。臨界値よりも極端な z が観測されたのなら，帰無仮説は棄却されます。臨界値よりも極端な値が生じる区間を**棄却域**とよびます。両側検定の場合には，分布の右側と左側にそれぞれ**上側棄却域**と**下側棄却域**が設定されます。

　図 10.14（b）から，有意水準 1% の両側検定における臨界値は $|2.58|$ であることがわかります。臨界値の絶対値が大きくなるので，帰無仮説はより棄却しにくくなっていることがわかります。

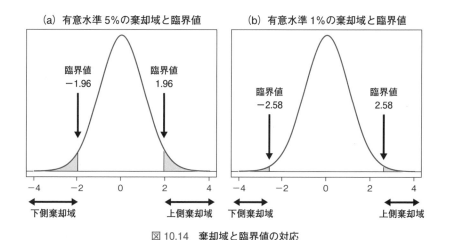

図 10.14　棄却域と臨界値の対応

10.15   第 1 種の誤り・第 2 種の誤り

　有意水準は，研究者が任意に決める判断基準です。有意水準が 5% であるならば，100 回中 5 回程度しか起きないことを，偶然では生じ得ないまれな現象と判断するわけです。帰無分布はあくまでも帰無仮説が正しいという前提のもとでの標本平均の分布ですから，たとえ 100 回中 5 回程度しか出現しないようなまれな現象であっても実際に生起します。それにもかかわらず，研究者はこの結果をもって，帰無仮説を棄却し対立仮説を採択するという判断をとりますが，当然，帰無仮説を誤って棄却してしまうこともあり得るのです。この誤りを**第 1 種の誤り**とよびます。

　同様に，本当は対立仮説を採択すべきなのに，これを誤って棄却してしまうこともあり得ます。この誤りを**第 2 種の誤り**とよびます。2 つの誤りのうち，第 1 種の誤りを犯す確率は研究者が設定する有意水準 α となります。したがって，α を**危険率**とよぶこともあります。

　より小さい有意水準のもとで検定結果が有意になったということは，第 1 種の誤りを犯す確率が下がったということです。したがって，より自信をもって対立仮説について主張できます。ですが，検定を行う以上，危険率 α を 0 にすることはできないので，検定結果はあくまで蓋然性を含めた記述にする必要があります。検定結果が有意だったから「母平均に差がみられた」と断定的に記述するのは控えたほうがよいでしょう。「母平均に差がある可能性が示唆された」と蓋然性を含めて記述しましょう。

10.16   検定の諸問題

　10.11 節では，標本平均 $\bar{x}_F = 36$ を z 得点に変換しました。変換式を以下に示します。

$$z = \frac{\bar{x}_F - \mu_M}{\sigma / \sqrt{n}} \tag{8}$$

式 (8) からも明らかなように，標本サイズ n を増やしていくと，z は際限な

く大きくなっていくことがわかります。したがって，$\bar{x}_F - \mu_M$ が限りなく 0 に近い場合でもそれが 0 でない限り，大きな標本サイズのもとでは必ず検定結果は有意になってしまいます。

　したがって，標本サイズが十分大きい場合には，検定結果（p 値）だけでなく，母平均の点推定値（10.5 節）や信頼区間（10.9 節）を合わせて報告するなど，標本サイズによらない母平均間の実質差が読み手に伝わるような報告の工夫が必要になります（たとえば，大久保・岡田（2012）が参考になります）。母平均間の実質差の指標としては，標準化平均値差（効果量）も利用できます。詳細については第 11 章で学びます。

復 習 問 題

1. 点推定，区間推定，統計的仮説検定に共通する部分と異なる部分を説明してください。
2. 標本平均の標本分布について，推定の精度と関連づけて説明してください。
3. 1 つの平均値の z 検定における標本分布の役割について説明してください。
4. 検定の問題点について説明してください。

参 考 図 書

山田 剛史・村井 潤一郎（2004）．よくわかる心理統計　ミネルヴァ書房
　国内の大学で広く採用されている心理統計学の定番テキストです。多くの心理学者がこのテキストで統計学の基礎教育を受けています（本章の執筆にあたっても参考にしています）。推測統計のメカニズムについて，詳細に記述されています。初学者向け。

大久保 街亜・岡田 謙介（2012）．伝えるための心理統計——効果量・信頼区間・検定力——　勁草書房
　統計的仮説検定の問題やそれに由来する誤用について指摘されることが多い昨今ですが，それを補うための方法論として，効果量や信頼区間が挙げられます。検定を用いた分析を行う前にぜひ読んでおきたい一冊です。初学者向け。

南風原 朝和（2002）．心理統計学の基礎——統合的理解のために——　有斐閣
　上述の山田・村井（2004）を読了した読者は，こちらの書籍にチャレンジするとよいでしょう。推測統計について数理統計学的な解説を行っていますが，心理学に

おける応用を強く意識した記述がなされています。中級者向け。

東京大学教養学部統計学教室（編）（1991）．統計学入門　東京大学出版会

　推測統計学に関して，南風原（2002）よりもさらに数理統計学的な理解を求める読者が対象です。数理統計学のテキストとして定番であり，数学のレベルは上の 3 冊よりも高めです。本章で解説していない検定についても専門的な記述があります。章末の演習問題を解きながら読み進めれば，推測統計学の実力が身につくでしょう。統計検定の対策本としてもおすすめです。中級者向け。

第11章

効果を調べる
——*t*検定・分散分析

　心理学の研究では，しばしば効果を調べます。たとえば，ディスレクシア（発達性読み書き障害）の児童に対して，解読の指導が誤読数の減少に効果があるかどうかを調べるとします。その効果はどのようにして調べたらよいでしょうか。多くの人が，解読指導前の誤読数の平均値と，解読指導後の誤読数の平均値に差があるかどうか調べたらよいと考えたと思います。このように，心理学の研究で効果を調べるときには，平均値の差を調べることがよくあります。本章では，平均値の差を調べるときによく使われる，*t*検定と分散分析という方法について説明します。

11.1　対応のある*t*検定

　第10章では，平均値の差を調べるのに*z*検定を用いました。*z*検定を行うには母分散がわかっていなければなりませんが，通常母分散は不明です。そのような場合，*z*の代わりに*t*という統計量を用いる***t*検定**で平均値の差を調べます。

　平均値の差を調べるにはさまざまな方法がありますが，注目してほしい重要な点があります。それは，データが被験者内計画で得られているのか，それとも被験者間計画で得られているのかということです（第2章参照）。被験者内計画で得られた2水準の平均値差は**対応のある*t*検定**で，被験者間計画で得られた2水準の平均値差は**対応のない*t*検定**で調べることが多いです。まず，対応のある*t*検定について，以下の例を用いて説明します。

　平仮名の音読に障害のある小学1年生10人をサンプリングし，音読検査で誤読数を調べた後，単音の解読指導を1カ月間行い，その後再び音読検査で誤

表 11.1 解読指導前と解読指導後の誤読数 (架空例)

参加者	指導前	指導後	差
阿部	8	3	5
馬場	7	7	0
千葉	10	0	10
土井	5	6	−1
遠藤	13	3	10
藤田	11	1	10
後藤	6	7	−1
林	11	1	10
五十嵐	6	7	−1
神保	4	0	4
平均	8.1	3.5	4.6
標準偏差	3.00	2.99	5.08

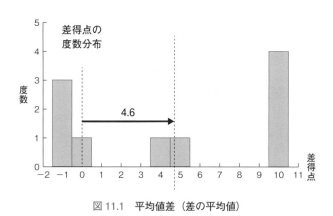

図 11.1 平均値差 (差の平均値)

読数を調べました。その結果が表 11.1 のようになったとします (架空例)。

この結果を記述するとき,報告するものが 6 つあります。

1 つ目は平均値差です (図 11.1)。この例では,指導前の誤読数の平均値が 8.1,指導後の誤読数の平均値が 3.5 なので,平均値に 4.6 の差があります。被験者内計画の 2 水準の場合,平均値差は,両条件の差得点の平均値としても計算できます。平均値差が 4.6 であることから,指導前より指導後の誤読数の平

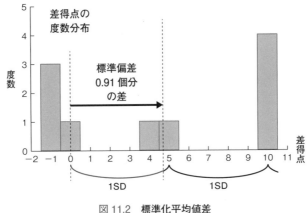

図 11.2 標準化平均値差

均値のほうが小さいことがわかります。しかし，4.6 という差は，非常に大き
な差なのか，それとも小さな差なのか，これだけでは判断できません。

2つ目に報告するのは**標準化平均値差**です（図 11.2）。これは，平均値差が
標準偏差いくつ分なのかということです。標準偏差は，被験者内計画の 2 水準
の場合，差得点の標準偏差を使います（異なる計算方法もあります）。この例
の場合，平均値差が 4.6，差得点の標準偏差が 5.08 なので，標準化平均値差は
4.6 ÷ 5.08 ＝ 0.91 です。その大きさの解釈は，コーエン（Cohen, 1969）の目安
が広く知られており，平均値差が標準偏差 0.2 個分なら小さな差，標準偏差
0.5 個分なら中程度の差，標準偏差 0.8 個分なら大きな差と考えています。
具体的には，標準偏差 0.8 個分の平均値差の例としてコーエンは，博士号取得
者と典型的な大学新入生との間の平均的な IQ の差を挙げています（大久保・
岡田，2012）。標準化平均値差が 0.91 ならば，大きな平均値差と考えてよいで
しょう。

3つ目は t 統計量の値（**t 値**）です。これは，平均値差が 0 から**標準誤差**
（10.8 節参照）いくつ分離れているかということです（図 11.3）。この 10 人で
は平均値差が 4.6 ありますが，母集団では平均値差があるのでしょうか。それ
を調べるために，「母集団の平均値差は 0 である」という帰無仮説と「母集団
の平均値差は 0 と異なる」という対立仮説を立てて，統計的仮説検定を行いま

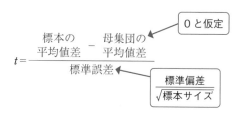

図 11.3　対応のある t 検定の t 統計量

す。

　帰無仮説が成り立つならば、無作為標本の平均値差も 0 に近い値になるはず
です。標本サイズにもよりますが、10 人の場合は、95％の確率で標本の平均
値差は母集団の平均値差から標準誤差 2.26 個分以内に収まります。この例で
は、標本の平均値差が 0 から 4.6 離れています。差得点の標準偏差（不偏分散
の平方根）が 5.08、標本サイズが 10 なので、標準誤差の推定値は $5.08 \div \sqrt{10} =$
1.61 です。4.6 をこれで割ると、t 値は $4.6 \div 1.61 = 2.86$ です。よって、この標
本の平均値差は、「母集団の平均値差は 0 である」とすると、そこから標準誤
差 2.86 個分離れていることになります。標準誤差 2.26 個分よりもちょっと大
きすぎますね。したがって、$|t| > 2.26$ を、帰無仮説が棄却される t の範囲、
つまり棄却域とした場合、「母集団の平均値差は 0 である」という帰無仮説は
棄却されます。

　ところで、標準誤差 2.26 個分という値はどこから出てきたのでしょうか。
これは、帰無仮説が正しければ t 統計量が **t 分布** という確率分布に従うことを
利用しています。t 分布は自由度とよばれるパラメータ（母数）によって形が
異なります（**図 11.4**）。この自由度が 4 つ目に報告するものです。対応のある
t 検定では、自由度が（標本サイズ－1）である t 分布が帰無分布となることが
知られています。この例の場合、標本サイズは 10 人なので、自由度が $10 - 1$
$= 9$ の t 分布を使います。

　5 つ目に報告するのは、**有意確率（p 値）** です。これは、t 値が棄却域にあ
るかどうかを示す指標です。有意確率が 0.05 未満ならば、t 値が有意水準 5％
の棄却域にあることを意味し、帰無仮説を有意水準 5％で棄却します。この例

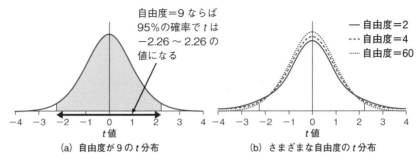

図 11.4　*t* 分 布

の場合，コンピュータを使って有意確率を計算すると 0.019 なので，「母集団
において平均値差は 0 である」という帰無仮説を棄却し，「母集団の平均値差
は 0 と異なる」という対立仮説を採択します。有意確率の意味は *z* 検定と同じ
なので，第 10 章を参照してください。

　6 つ目に報告するのは，母集団の平均値差の**信頼区間**（ここでは信頼水準を
95% として話を進めます）です。対応のある *t* 検定で，母集団の平均値差が 0
であるという仮説が棄却されたとします。では，0 でなければいくつなのでし
ょう。それに答えるため「母集団の平均値差は 0 である」以外の帰無仮説で検
定をしてみます。**図 11.3** の「母集団の平均値差」に，0 以外のさまざまな値
を入れてみてください。「母集団の平均値差は 0.96 である」という帰無仮説で
検定すると，*t* = 2.26 となります。この *t* 値は，帰無仮説が成り立っていれば
95% の確率でとり得る値の範囲にギリギリ収まります（**図 11.5 (a)**）。また，
「母集団の平均値差は 8.24 である」という帰無仮説で検定すると，*t* = −2.26
となります。この *t* 値も，帰無仮説が成り立っていれば 95% の確率でとり得
る値の範囲にギリギリ収まります（**図 11.5 (b)**）。したがって，母集団の平均
値差を 0.96 から 8.24 までの間の値にすれば，その帰無仮説は棄却されません。
つまり，このデータより母集団の平均値差は 0.96 から 8.24 までの間の値であ
ると考えられます。これが信頼区間です。

　以上の 6 点を対応のある *t* 検定では報告します。その書き方は，たとえば日
本心理学会の『執筆・投稿の手びき　2022 年版』（日本心理学会，2022）に従

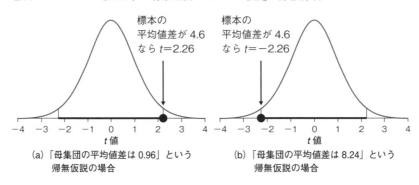

図 11.5　「母集団の平均値差は 0」以外の帰無仮説の検定

う場合，「t(自由度) = t 値，p = 有意確率，d_D = 標準化平均値差，95％ CI［信頼下限，信頼上限］」となります。この例では，「参加した 10 人の児童の，指導前の誤読数の平均値が 8.1，指導後の誤読数の平均値が 3.5 で，4.6 の平均値差があった。対応のある t 検定を行ったところ，この平均値差は 5％水準で有意であった，t(9) = 2.86，p = .019，d_D = 0.91，95％ CI［0.96, 8.24］。」のようになります（有意確率は 1 の位の 0 を省略し，小数点から書きます）。

　これらの値は統計分析ソフトウェアでほぼ自動的に計算されるので，自力で計算する機会はほとんどないでしょう。しかし，これらを報告することにどのような意味があるかについては，理解していただきたいと思います。

11.2　対応のない t 検定

　被験者間計画の 2 水準の平均値差を調べるときには，対応のない t 検定を使います。たとえば，平仮名音読に障害のある小学 1 年生 10 人に解読指導を行い，後に音読検査で誤読数を調べたものの，指導前の誤読数を調べていなかったとします。そこで比較のため，同じ障害のある小学 1 年生 10 人をサンプリングし，解読指導を行わずに音読検査の誤読数を調べ，その結果が表 11.2 のようになったとします（架空例）。

　対応のない t 検定で報告するものも，平均値差，標準化平均値差，t 値，t 分

表 11.2　解読指導なしと解読指導ありの誤読数（架空例）

指導なし		指導あり	
参加者	誤読数	参加者	誤読数
安藤	7	阿部	3
青木	10	馬場	7
別所	5	千葉	0
知念	13	土井	6
出口	11	遠藤	3
榎本	6	藤田	1
福田	11	後藤	7
合田	6	林	1
橋本	4	五十嵐	7
伊藤	8	神保	0
平均	8.1	平均	3.5
標準偏差	3.00	標準偏差	2.99

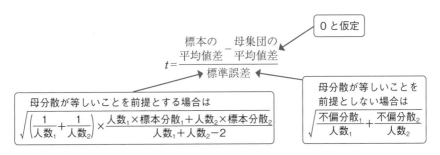

図 11.6　対応のない t 検定の t 統計量

布の自由度，有意確率，信頼区間の 6 つです。ただし，その計算式は対応のある t 検定と少し異なります。しかも，両条件の母集団の分散が等しいことを前提とするか否かによっても異なります（**図 11.6**）。

　表 11.2 のデータでは，母集団の分散が等しいことを仮定した場合，コンピュータを使って計算すると，平均値差は 4.6，標準化平均値差は 1.54，t 値は 3.44，t 分布の自由度は 18，有意確率は 0.003，信頼区間は 1.79 から 7.41 になります。結果の書き方は「t(自由度) = t 値，p = 有意確率，d = 標準化平均値差，

95% CI ［信頼下限，信頼上限］」なので，この例では，「統制群の 10 人の児童
の誤読数の平均値が 8.1，実験群の 10 人の児童の平均値が 3.5 で，4.6 の平均
値差があった。対応のない t 検定を行ったところ，この平均値差は 5% 水準で
有意であった，$t(18) = 3.44$，$p = .003$，$d = 1.54$，95% CI ［1.79, 7.41］。」のよう
になります。なお，表 11.2 のデータでは，母集団の分散が等しいことを仮定
しない場合でもほぼ同じ値になります。

　ここで気をつけなければいけないことがあります。被験者間計画の場合，間
違って対応のある t 検定を適用してしまうことはあまりありません。差得点が
計算できず，図 11.3 の計算ができないからです。反対に，被験者内計画の場
合，間違って対応のない t 検定を適用すると計算ができてしまいます（実は，
表 11.2 の「指導なし」の誤読数は，わざと表 11.1 の「指導前」の誤読数を並
べ替えたものにしてあります）。対応のない t 検定を適用するときには，その
データは本当に被験者間計画で得られたものなのか，注意してください。

　また，t 検定を行うにあたって，実は①母集団分布に正規分布を仮定できる
こと，②標本が母集団から無作為に抽出されていること，さらに対応のない t
検定では③ 2 群間の分散が等しいとみなせること，という条件が満たされてい
る必要があります。こうした条件が満たされない場合には，t 検定以外の方法
の適用を検討します。ここでは紹介しきれないため，たとえば石井（2014）な
どをご覧ください。

11.3　一元配置分散分析

　3 つ以上の平均値に差があるかどうかを調べる方法に**分散分析**があります。
次の例を考えてみてください。15 人の生徒をランダムに 3 グループに分け，
何らかの課題の得点を測ったとします。グループ分けはランダムなので，3 つ
のグループの性質が異なる理由はありません。課題の得点の度数分布は，図
11.7 の（a）と（b）のどちらのようになると考えられるでしょうか。おそら
く（a）のようになるでしょう。それでは，3 つのグループにそれぞれ異なる
教授法で授業を行うといった，異なる処理を施した場合はどうでしょう。もし

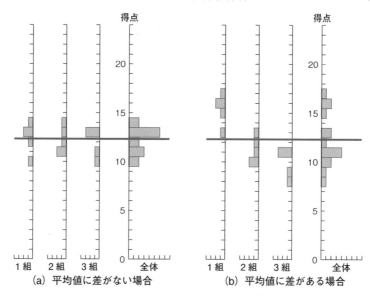

図 11.7 グループ別および全体の得点の度数分布の例

　課題への教授法の効果がなければ、(a) のようになると考えられます。もし (b) のようになったとしたら、課題への教授法の効果があると考えられます。(b) では、グループの平均値が異なることによって、全体のデータの散らばりが (a) より大きくなっていますね。分散分析では、データの散らばりのうち、処理に由来する散らばりがどの程度であるかを評価することにより、処理の効果の有無を調べます。

　分散分析は実験デザインによってさまざまなものがありますが、まずもっとも単純な**一元配置分散分析**について、以下の例で説明します。たとえば、空間の記憶に対する方略の効果を調べるために、次のような実験を行ったとします。15 人の大学生をランダムに 3 群に分け、5 人ずつ引率して建物内の道案内をしました。1 つの群では、案内中にランドマークをたくさん覚えるように指示しました（目印群）。別の群では、案内中に位置関係を覚えるように指示しました（関係群）。残りの群では、空間の記憶とは無関係の教示のみを行いました（統制群）。案内終了後、経路に関する 24 個の質問をしたところ、正答数が表

表11.3　空間記憶方略と空間記憶テストの正答数（架空例）

目印群		関係群		統制群	
参加者	正答数	参加者	正答数	参加者	正答数
新井	15	東	13	秋山	11
井上	16	池田	10	石川	9
内田	13	上野	11	植田	11
江口	16	海老原	10	衛藤	8
小川	17	岡田	12	太田	11
平均	15.4	平均	11.2	平均	10.0
標準偏差	1.52	標準偏差	1.30	標準偏差	1.41
正答数の全体平均 12.2					

11.3 のようになったとします（架空例）。

　分散分析では，平均値差を調べたい量的な変数のことを**従属変数**，従属変数の平均値を変化させると考えられる質的な変数のことを**要因**，要因のとり得る値のことを，その要因の**水準**といいます（第2章参照）。この例では，「正答数」という従属変数の平均値が，「記憶方略」という要因の水準によって異なるかどうかを調べています。記憶方略という要因には，「目印」「関係」「統制」という3つの水準があります。

　第2章で，被験者間要因と被験者内要因という区別が出てきました。この例の「記憶方略」という要因は，各水準に異なる被験者が割り当てられているので，被験者間要因です。一元配置分散分析は，1つの被験者間要因が従属変数に及ぼす効果を調べるときに使います（対応のある一元配置分散分析や反復測定一元配置分散分析とよばれるものもありますが，ここで説明する，何もつかない「一元配置分散分析」とは異なります）。

　節の冒頭に述べたように，従属変数の散らばりは，要因の効果と群内の散らばりに由来します（図11.8）。一元配置分散分析では，データの散らばりに占める，要因の効果に由来する割合を報告することが多いです（別の指標で効果量を示すこともしばしばあります）。データの散らばりに占める要因の効果に由来する割合は**決定係数**または**分散説明率**といい，R^2 または $\hat{\eta}^2$（イータ・ハ

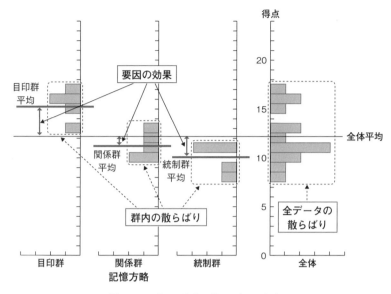

図 11.8 **データ全体の散らばりの由来**

ット2乗)で表します。回帰分析の決定係数は R^2 と書きますが,分散分析では $\hat{\eta}^2$ と書くことが多いです。

決定係数は次のようにして計算します。まず,従属変数の値を,図 11.9 のように,全体平均,(群平均−全体平均),(従属変数−群平均)に分解します。一元配置分散分析では,

(従属変数−全体平均)^2 の総和 =
(群平均−全体平均)^2 の総和 + (従属変数−群平均)^2 の総和

という関係が成り立ちます。このとき,参加者全員の(従属変数−全体平均)^2 の総和のことを**全体平方和**といい,(条件別平均−全体平均)^2 の和のことを**級間平方和**,(従属変数−条件別平均)^2 の和のことを**誤差平方和**といいます。決定係数 $\hat{\eta}^2$ は,級間平方和÷全体平方和で計算します。

表 11.3 のデータで,コンピュータを使って全体平方和,級間平方和,誤差平方和を計算すると,それぞれ 104.4,80.4,24.0 になります。したがって,

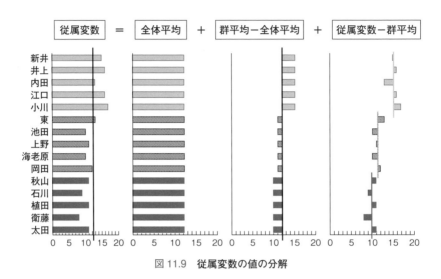

図11.9　従属変数の値の分解

決定係数は，

$$\hat{\eta}^2 = 84.0 \div 104.4 = 0.77$$

になります。つまり，従属変数の散らばりのうち77％が要因の効果に由来しているといえます。

　要因の効果の有無については，仮説検定を行うこともできます。帰無仮説は「すべての群で母集団の平均値が等しい」で，対立仮説は「少なくとも1対の群間で母集団の平均値に差がある」です。分散分析では，級間平方和と誤差平方和を，それぞれ**級間自由度**および**誤差自由度**とよばれる数字で割った，**級間平均平方**と**誤差平均平方**を計算し，その比である**F**を検定統計量とします（図11.10）。一元配置分散分析の場合，級間自由度は（群の数−1）で，誤差自由度は（合計人数−群の数）です。

　帰無仮説が正しければ，F統計量は**F分布**（図11.11）という確率分布に従います。F分布は自由度が2つありますが，分散分析で用いるF分布は，分子自由度が級間自由度，分母自由度が誤差自由度であるものです。

　表11.3のデータの場合，級間自由度が$3-1=2$，誤差自由度が$15-3=12$

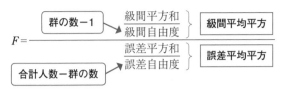

図 11.10　一元配置分散分析の検定統計量

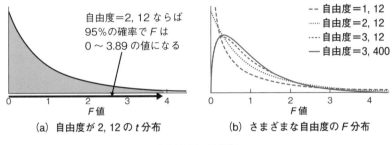

(a) 自由度が 2, 12 の t 分布　　(b) さまざまな自由度の F 分布

図 11.11　F 分布

なので，分子自由度が 2 で，分母自由度が 12 の F 分布（これを，自由度が 2, 12 の F 分布といいます）を帰無分布とします。この F 分布に従う確率変数は，95 ％の確率で 0 から 3.89 までの値になります（すべての群で「標本」平均が完全に等しいとき，F 統計量の値は 0 になるので，分散分析では値の大きなほうにしか棄却域を設けません）。表 11.3 のデータで F 統計量の値（F 値）を計算すると，20.10 になります。帰無仮説が正しいとしたら，この F 値は大きすぎることになりますので，帰無仮説を棄却し，「少なくとも 1 対の群間で母集団の平均値に差がある」という対立仮説を採択します。

　コンピュータを使うと，表 11.4 のような分散分析表が出力されます。分散分析の結果を記述するときには，要因名（この例の場合は「記憶方略」）の行の級間自由度，誤差の行の誤差自由度，そして要因の行の F 値を報告します。多くの場合，F 値の隣に，その F 値の有意確率も出力されます。この例の場合，0.0001 という有意確率は 0.05 より小さいため，20.10 という F 値は有意水準 5 ％の棄却域にあることがわかります。

表 11.4　一元配置分散分析の分散分析表

散らばりの由来	平方和	自由度	平均平方	F 値	有意確率	決定係数
記憶方略	80.40	2	40.20	20.10	0.0001	0.77
誤差	24.00	12	2.00			
全体	104.40	14				

　分散分析で少なくとも 1 対の群間で母集団の平均値に差があることがわかったら，今度はどの群間に差があるのかを調べます。そのためには**多重比較**という方法を用います。多重比較にはさまざまな方法があり，目的に応じて使い分ける必要があります。詳しくは山内（2008）などをご覧ください。たとえば，**表 11.3** のデータで，テューキー法という方法を用いると，目印群と統制群の間の平均値差の有意確率が 0.0002，目印群と関係群の間が 0.0014，関係群と統制群の間が 0.4004 となるため，目印群と統制群の間および目印群と関係群の間に，有意水準 5％で有意な平均値差があります。

　結果の書き方は，「F（級間自由度，誤差自由度）＝F 値，p＝有意確率，MSe＝誤差平均平方，$\hat{\eta}^2$＝決定係数」となります。多重比較も行った場合には，その方法と，有意差のあった水準ペアも報告します。この例では，「記憶方略が正答数に与える効果の有無を一元配置分散分析により調べたところ，5％水準で有意な効果があった，$F(2, 12)＝20.10$，$p<.001$，$MSe＝2.00$，$\hat{\eta}^2＝.77$。テューキー法により多重比較を行ったところ，目印群と統制群の間，および目印群と関係群の間の平均値差が 5％水準で有意であった。」のように書きます。0.001 を下回る有意確率は「$p<.001$」で結構です。また，決定係数は 1 の位の 0 を省略し，小数点から書きます。

11.4　二元配置分散分析

　分散分析では，従属変数に対する複数の要因の効果を調べることもできます。次のような例を考えてみましょう。人間が見たり聞いたりしたものを頭の中に入れるとき，情報のひとかたまりをチャンクといいます。たとえば，10 個の

アルファベットS, H, I, N, R, I, G, A, K, Uを頭の中に入れるとき，「SHI」「N」「RI」「GA」「KU」のように5つのかたまりに区切れば覚えやすくなりますし，さらに「SHI」+「N」→「心」，「RI」→「理」，「GA」+「KU」→「学」という3つのかたまりに区切ればより覚えやすくなります。またさらに「心理学」というひとかたまりにすることができればもっと覚えやすくなります。このような，頭に入れるための単位となるものがチャンクです。そのチャンクの作られ方が，横書きの文章を左から右に読ませた場合と，右から左に読ませた場合で異なるかどうかを調べることとします。また，チャンクの作られ方は，文章が物語文なのか，説明文なのかによっても変わってくると考えられます。したがって，チャンクの作られ方に対する，文章の種類の効果も調べます。

　このことを調べるために，以下のような実験を行ったとします。20人の参加者を無作為に4群に分け，次のような課題を行いました。1つ目の群の参加者5人には，横書きの平仮名で左から右に書かれた物語文の文節を提示し，文節を読み終わるごとにキーを押させて次の文節を提示していきました。2つ目の群の参加者5人には，通常とは逆方向の右から左に書かれた物語文で同じことを行いました。3つ目の群の参加者5人には，左から右に書かれた説明文で同じことを行いました。最後の群の参加者5人には，右から左に書かれた説明文で同じことを行いました。そして，キー押しの反応時間に基づいて，単語何個分ごとにチャンクが作られたのか（チャンク化割合）を測りました。**表11.5**は，その結果です（架空例）。また，**図11.12**は，その平均値をプロットしたものです。

　この例では，チャンク化割合という従属変数に対して，文章を提示する方向と，文章の種類という，2つの要因の効果を調べています。**表11.5**より，これらの要因は両方とも被験者間要因であることがわかります。このような，2つの被験者間要因が従属変数に与える効果を調べるときには，**二元配置分散分析**を用います。

　二元配置分散分析で調べられるのは，従属変数に対する，2つの要因それぞれの効果だけではありません。**図11.12**を見てください。文章の種類が物語文のとき，文章の方向が左からでも右からでも，チャンク化割合はほぼ同じくら

表 11.5　**文章の種類，方向とチャンク化割合（架空例）**

物語文				説明文			
左から右		右から左		左から右		右から左	
参加者	チャンク化割合	参加者	チャンク化割合	参加者	チャンク化割合	参加者	チャンク化割合
一之瀬	1.05	一戸	1.30	一色	1.06	一条	0.67
二宮	1.07	二瓶	1.25	二村	0.99	二階堂	0.74
三浦	1.41	三宅	1.07	三上	1.14	三好	0.61
四方	0.89	四宮	1.09	四元	0.90	四戸	0.73
五味	1.18	五島	1.24	五月	1.01	五藤	0.95
平均	1.12	平均	1.19	平均	1.02	平均	0.74
標準偏差	0.19	標準偏差	0.10	標準偏差	0.09	標準偏差	0.13
チャンク化割合の全体平均　　1.02							

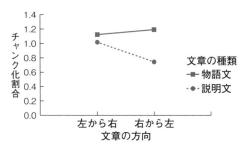

図 11.12　表 11.5 のデータの平均値のプロット

いですが，文章の種類が説明文のときには，文章の方向が右からのときのチャンク化割合が小さくなっています。このような，一方の要因の水準の違いによる，他方の要因の効果の違いのことを**交互作用効果**あるいは単に**交互作用**といいます。これに対し，それぞれの要因の単独の効果のことを**主効果**といいます（図 11.13）。交互作用効果がない場合とある場合のプロット図の例を図 11.14 に示します。交互作用効果がない場合，プロット図は平行になります。これに対し，交互作用効果がある場合，プロット図は傾きの異なるものになります（交互作用効果と主効果については，第 2 章も参照してください）。

　コンピュータを使って二元配置分散分析を行うと，表 11.6 のような分散分

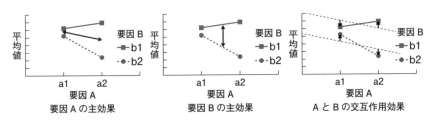

図 11.13 主効果と交互作用効果

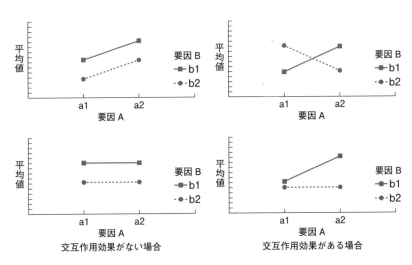

図 11.14 交互作用効果がない場合とある場合のプロット図の例

表 11.6 二元配置分散分析の分散分析表

散らばりの由来	平方和	自由度	平均平方	F 値	有意確率	偏決定係数
文章の方向	0.055	1	0.055	3.06	0.099	0.16
文章の種類	0.378	1	0.378	21.01	<0.001	0.57
交互作用	0.153	1	0.153	8.51	0.010	0.35
誤差	0.288	16	0.018			
全体	0.874	19				

析表が出力されます。分散分析表の見方は，一元配置分散分析の場合とほとん
ど同じです。二元配置分散分析では，2つの要因をAとBとすると，「母集団
において要因Aの主効果はない」「母集団において要因Bの主効果はない」
「母集団において要因Aと要因Bの交互作用効果はない」という3つの帰無仮
説の検定を行います。それぞれを言い換えると「母集団において要因Aによ
る平均値の差がない」「母集団において要因Bによる平均値の差がない」「母
集団において要因Bの水準の違いによる要因Aの効果の違いはない」となり
ます。これらの帰無仮説が正しければ，それぞれの効果のF統計量は，分子
自由度がその効果の級間自由度，分母自由度が誤差自由度であるF分布に従
います。このことを利用して，3種類の仮説検定を行います。

　表11.6より，「チャンク化割合に対する文章の方向の効果はない」という帰
無仮説の検定では，「文章の方向」の行のF値が3.06になっています。「文章
の方向」の行の自由度が1，「誤差」の行の自由度が16なので，帰無仮説が正
しければF値は95％の確率で4.49以下の値になります。この3.06というF値
は4.49以下なので，有意水準を5％とすると，帰無仮説を棄却できません。そ
の隣の有意確率をみても，0.099で0.05より大きくなっています。同様に，
「チャンク化割合に対する文章の種類の効果はない」という帰無仮説の検定で
は，「文章の種類」の行のF値が21.01になっています。「文章の種類」の行の
自由度が1，「誤差」の行の自由度が16なので，用いる帰無分布は文章の方向
の効果の検定と同じです。21.01というF値は4.49より大きいので，「チャン
ク化割合に対する文章の種類の効果はない」という帰無仮説は，有意水準を
5％とすると棄却されます。有意確率も0.001未満なので0.05も下回っていま
す。「チャンク化割合に対する文章の方向と文章の種類の交互作用効果はない」
という帰無仮説の検定も同様に，F値が8.51で4.49より大きいので，有意水
準5％で帰無仮説が棄却されます。有意確率も0.010で0.05未満です。したが
って，「チャンク化割合に対する文章の方向の効果は，文章の種類によって異
なる」と結論づけることになります。

　母集団における効果の有無だけでなく，その効果の大きさを議論するときに
は，決定係数を用いることができます。しかし，決定係数では，たとえば文章

の方向の効果の大きさをみたいときに，それとは無関係な，文章の種類の効果
や交互作用効果の級間平方和が全体平方和に含まれてしまうため，効果の大き
さの値は小さめになってしまいます。そこで，二元配置分散分析では，無関係
な級間平方和を含まない**偏決定係数**を用いることが多いです（別の指標を用い
ることもしばしばあります）。偏決定係数は $\hat{\eta}_p^2$（「偏イータ・ハット2乗」と
読みます）で表し，次の式で計算されます。

$$\hat{\eta}_p^2 = \frac{級間平方和}{級間平方和 + 誤差平方和}$$

表 11.6 より，文章の方向の偏決定係数は，$0.055 \div (0.055 + 0.288) = 0.16$，文
章の種類の偏決定係数は，$0.378 \div (0.378 + 0.288) = 0.57$，交互作用効果の偏決
定係数は，$0.153 \div (0.153 + 0.288) = 0.35$ となります。

二元配置分散分析の結果は，主効果と交互作用効果についてそれぞれ「F
（級間自由度，誤差自由度）$= F$ 値，$p =$ 有意確率，$MSe =$ 誤差平均平方，$\hat{\eta}_p^2 =$
偏決定係数」を書きます。この例では，「チャンク化割合に対する，文章の提
示方向と種類という2要因の効果を二元配置分散分析により調べた。その結果，
文章の方向の主効果は5％水準で有意ではなかった，$F(1, 16) = 3.06$，$p = .099$，
$MSe = 0.018$，$\hat{\eta}_p^2 = .16$。文章の種類の主効果は5％水準で有意であった，$F(1,$
$16) = 21.01$，$p < .001$，$MSe = 0.018$，$\hat{\eta}_p^2 = .57$。文章の方向と種類の交互作用も
5％水準で有意であった，$F(1, 16) = 8.51$，$p = .010$，$MSe = 0.018$，$\hat{\eta}_p^2 = .35$。」
のように書きます。

交互作用が有意だった場合，一方の要因の水準別に他方の要因の効果（単純
効果）を調べます。それについては，たとえば山内（2008）などをご覧くださ
い。

11.5 効果を調べることについての最近の動向

20世紀までは，効果を調べることとは，t 検定や分散分析などの統計的仮説
検定で母集団における効果の有無を示すことでした。しかし，2009年のアメ
リカ心理学会（APA）の『論文作成マニュアル』（American Psychological

Association, 2009）の改訂や，2015年の日本心理学会の『執筆・投稿の手び
き』（日本心理学会，2015）の改訂以降，効果の有無だけでなく，具体的な平
均値差，標準化平均値差，決定係数，偏決定係数など，標本の効果の大きさを
示すことも求められるようになってきています。標本の効果の大きさを示す方
法については，たとえば大久保・岡田（2012）などをご覧ください。

　さらに，これまであまり用いられてこなかった，母集団の効果の大きさの確
率や，仮説の正しい確率を求めることも増えてきています。その方法について
は，たとえば豊田（2016）などをご覧ください。

　*t*検定や分散分析は，やがて廃れていくかもしれません。しかし，古い論文
はこれらの方法に依拠して効果を調べてきましたので，過去の論文を正しく読
むために，こうした知識はもっていていただきたいと思います。

復 習 問 題

1. 2水準の平均値差を示すとき，標準化平均値差も示す理由を説明してください。
2. 一元配置分散分析の帰無仮説と対立仮説を述べてください。
3. 交互作用効果とはどのような効果か，説明してください。

参 考 図 書

石井　秀宗（2014）．人間科学のための統計分析──こころに関心があるすべての人
　　　のために──　医歯薬出版

　*t*検定や分散分析の前提が満たされないデータに適用できる方法，被験者内要因が
ある場合の分散分析など，この章で紹介しきれなかった大切な内容が網羅されてい
ます。比較的初級者向け。

山内　光哉（2008）．心理・教育のための分散分析と多重比較──エクセル・SPSS
　　　解説付き──　サイエンス社

　被験者間要因および被験者内要因が合わせて3つまであるときの分散分析，単純
効果の検定，多重比較をカバーしています。分析を実際に行う人向け。

大久保　街亜・岡田　謙介（2012）．伝えるための心理統計──効果量・信頼区間・検
　　　定力──　勁草書房

　効果の示し方について，この章で紹介した指標も含め，詳しく説明されています。
やや上級者向け。

豊田 秀樹（2016）．はじめての統計データ分析——ベイズ的〈ポスト p 値時代〉の
　　　統計学——　朝倉書店
　　母集団の効果の大きさの確率や，仮説の正しい確率の求め方が詳しく説明されて
います。やや上級者向け。

引用文献

第1章

Bertaux, D. (1997). *Les récits de vie*. Paris: Nathan.
（ベルトー，D. 小林 多寿子（訳）(2003)．ライフストーリー——エスノ社会学的パースペクティヴ—— ミネルヴァ書房）

Denzin, N. K., & Lincoln, Y. S. (2005). Introduction: The discipline and practice of qualitative research. In N. K. Denzin, & Y. S. Lincoln (Eds.), *The SAGE handbook of qualitative research* (3rd ed., pp. 1-32). Thousand Oaks, CA: SAGE.

Flick, U. (2009). *An introduction to qualitative research* (4th ed.). SAGE.
（フリック，U. 小田 博志（監訳）(2011)．新版 質的研究入門——〈人間の科学〉のための方法論—— 春秋社）

Gergen, K. J. (1994). *Realities and relationships: Soundings in social construction*. New York: Harvard University Press.
（ガーゲン，K. J. 永田 素彦・深尾 誠（訳）(2004)．社会構成主義の理論と実践——関係性が現実をつくる—— ナカニシヤ出版）

Neuman, W. L. (2006). *Social research methods: Qualitative and quantitative approaches* (6th ed.). Boston, MA: Pearson Education.

岡本 依子 (2009). 開かれた対話としてのインタビュー 質的心理学フォーラム，*1*，49-57.

斎藤 清二 (2009). インタビューと臨床実践——関係性と語りをめぐって—— 質的心理学フォーラム，*1*，13-22.

桜井 厚 (2002). インタビューの社会学——ライフストーリーの聞き方—— せりか書房

桜井 厚・小林 多寿子（編）(2005). ライフストーリー・インタビュー——質的研究入門—— せりか書房

佐藤 郁哉 (2015a). 社会調査の考え方（上） 東京大学出版会

佐藤 郁哉 (2015b). 社会調査の考え方（下） 東京大学出版会

Schütz, A. (1964). *Studies in social theory: Collected papers II*. Hague: Martinus Nijhoff.
（シュッツ，A. 桜井 厚（訳）(1989)．現象学的社会学の応用 新装版 御茶の水書房）

盛山 和夫 (2004). 社会調査法入門 有斐閣

轟 亮・杉野 勇・平沢 和司（編）(2021). 入門・社会調査法——2ステップで基礎から学ぶ—— 第4版 法律文化社

第2章

Jones, D. (2010). A WEIRD view of human nature skews psychologists' studies. *Science, 328* (5986), 1627.

河原 純一郎・坂上 貴之（編著）(2010). 心理学の実験倫理——「被験者」実験の現状と展望—— 勁草書房

Kirk, R. E. (2013). *Experimental design: Procedures for the behavioral sciences* (4th ed.). Thousand Oaks, CA: SAGE.

Kramer, A. F., Hahn, S., Cohen, N. J., Banich, M. T., McAuley, E., Harrison, C. R., ...Colcombe, A. (1999). Ageing, fitness and neurocognitive function. *Nature, 400* (6743), 418-419.

Lang, P. J., Bradley, M. M., & Cuthbert, B. N. (2008). *International affective picture system (IAPS): Affective ratings of pictures and instruction manual. Technical Report A-8*. Gainesville, FL: University of Florida.

日本心理学会（2011）．公益社団法人日本心理学会倫理規程　第3版　公益社団法人日本心理学会

高野 陽太郎（2000）．因果関係を推定する――無作為配分と統計的検定――　佐伯 胖・松原 望（編）実践としての統計学（pp.109-146）　東京大学出版会

Walker, D., & Vul, E.（2014）．Hierarchical encoding makes individuals in a group seem more attractive. *Psychological Science, 25*（1）, 230-235.

山田 剛史・村井 潤一郎（2004）．よくわかる心理統計　ミネルヴァ書房

第3章

Cohen, J.（1960）．A coefficient of agreement for nominal scales. *Educational and Psychological Measurement, 20*, 37-46.

Edwards, D., & Mercer, N.（1987）．*Common knowledge: The development of understanding in the classroom.* London: Routledge.

Flanders, N. A.（1970）．*Analyzing teaching behavior.* London: Addison-Wesley.

Gold, R. L.（1958）．Roles in sociological field observations. *Social Forces, 36*, 217-223.

Landis, J. R., & Koch, G. G.（1977）．The measurement of observer agreement for categorical data. *Biometrics, 33*, 159-174.

松尾 剛・丸野 俊一（2007）．子どもが主体的に考え，学び合う授業を熟練教師はいかに実現しているか――話し合いを支えるグラウンド・ルールの共有過程の分析を通じて――　教育心理学研究, *55*, 93-105.

當眞 千賀子（2001）．教室の談話分析　やまだ ようこ・サトウ タツヤ・南 博文　カタログ現場心理学――表現の冒険――（pp.20-27）　金子書房

第4章

American Psychological Association（2009）．*Publication manual of the American Psychological Association*（6th ed.）. Washington, DC: American Psychological Association.
　（アメリカ心理学会　前田 樹海・江藤 裕之・田中 建彦（訳）（2011）．APA論文作成マニュアル　第2版　医学書院）

カラーユニバーサルデザイン推奨配色セット制作委員会（2018）．カラーユニバーサルデザイン推奨配色セット ガイドブック　第2版　カラーユニバーサルデザイン推奨配色セット制作委員会

Healy, K.（2018）．*Data visualization: A practical introduction.* Princeton, NJ: Princeton University Press.
　（ヒーリー，K. 瓜生 真也・江口 哲史・三村 喬生（訳）（2021）．データ分析のためのデータ可視化入門　講談社）

日本心理学会（2015）．執筆・投稿の手びき　2015年改訂版　日本心理学会

山田 剛史・村井 潤一郎（2004）．よくわかる心理統計　ミネルヴァ書房

第6章

足立 浩平（2006）．多変量データ解析法――心理・教育・社会系のための入門――　ナカニシヤ出版

Clausen, S.-E.（1998）．*Applied correspondence analysis: An introduction.* Thousand Oaks, CA: SAGE.
　（クラウセン，S.-E. 藤本 一男（訳）（2015）．対応分析入門――原理から応用まで：解説◆Rで検算しながら理解する――　オーム社）

金 明哲（2007）．Rによるデータサイエンス――データ解析の基礎から最新手法まで――

森北出版

Lance, G. N., & Williams, W. T.（1967）. A general theory of classificatory sorting strategies: 1. Hierarchical systems. *The Computer Journal, 9*, 373-380.

宮本 定明（1999）. クラスター分析入門――ファジィクラスタリングの理論と応用――　森北出版

岡太 彬訓・今泉 忠（1994）. パソコン多次元尺度構成法　共立出版

岡太 彬訓・守口 剛（2010）. マーケティングのデータ分析――分析手法と適用事例――　朝倉書店

齋藤 堯幸・宿久 洋（2006）. 関連性データの解析法――多次元尺度構成法とクラスター分析法――　共立出版

島崎 哲彦（編著）（2020）. マーケティング・リサーチに従事する人のためのデータ分析・解析法――多変量解析法と継時調査・時系列データの分析――　学文社

第7章

Boote, A. S.（1981）. Reliability testing of psychographic scales: Five-point or seven-point? Anchored or labeled? *Journal of Advertising Research, 21*, 53-60.

Chang, L.（1994）. A psychometric evaluation of 4-point and 6-point Likert-type scales in relation to reliability and validity. *Applied Psychological Measurement, 18*, 205-215.

Cicchetti, D. V., Showalter, D., & Tyrer, P. J.（1985）. The effect of number of rating scale categories on levels of inter-rater reliability: A Monte-Carlo investigation. *Applied Psychological Measurement, 9*, 31-36.

Likert, R.（1932）. A technique for measurement of attitudes. *Archives of Psychology, 140*, 5-55.

Lissitz, R. W., & Green, S. B.（1975）. Effect of the number of scale points on reliability: A Monte-Carlo approach. *Journal of Applied Psychology, 60*, 10-13.

村山 航（2012）. 妥当性概念の歴史的変遷と心理測定学的観点からの考察　教育心理学年報, *51*, 118-130.

織田 揮準（1970）. 日本語の程度量表現用語に関する研究　教育心理学研究, *18*, 166-176.

鈴木 淳子（2011）. 質問紙デザインの技法　ナカニシヤ出版

辻岡 美延（2000）. 新性格検査法――YG 性格検査応用・研究手引――　日本心理テスト研究所

和田 さゆり（1996）. 性格特性用語を用いた Big Five 尺度の作成　心理学研究, *67*, 61-67.

脇田 貴文（2004）. 評定尺度法におけるカテゴリ間の間隔について――項目反応モデルを用いた評価方法――　心理学研究, *75*, 331-338.

脇田 貴文（2012）. Likert 法における回答選択枝のレイアウトが選択枝間の心理的距離に与える影響　関西大学社会学部紀要, *43*, 135-144.

Wakita, T., Ueshima, N., & Noguchi, H.（2012）. Psychological distance between categories in the Likert Scale: Comparing different numbers of options. *Educational and Psychological Measurement, 72*, 533-546.

第8章

足立 浩平（2006）. 多変量データ解析法――心理・教育・社会系のための入門――　ナカニシヤ出版

南風原 朝和（2002）. 心理統計学の基礎――統合的理解のために――　有斐閣

Loehlin, J. C.（2011）. *Latent variable models: An introduction to factor, path, and structural equation analysis*（4th ed.）. New York: Routledge.

Schott, J. R.（2005）. *Matrix analysis for statistics*（2nd ed.）. New York: Wiley.

（ショット，J. R. 豊田 秀樹（編訳）（2011）. 統計学のための線形代数 朝倉書店
豊田 秀樹（編著）（2012）. 因子分析入門――Rで学ぶ最新データ解析―― 東京図書
柳井 晴夫・繁桝 算男・前川 眞一・市川 雅教（1990）. 因子分析――その理論と方法――
　　朝倉書店

第9章

BBC News Japan（2019）. 日本の「世界最小の赤ちゃん」が退院 すくすくと成長し体重は
　　約12倍に BBC News Japan Retrieved from https://www.bbc.com/japanese/47397939
　　（2023年3月2日）
日本記録認定協会 最も背が高い日本人，238cm 日本記録認定協会 Retrieved from
　　https://japaneserecords.org/japanese-records/6277/（2023年3月2日）

第10章

南風原 朝和（2002）. 心理統計学の基礎――統合的理解のために―― 有斐閣
南風原 朝和（2014）. 続・心理統計学の基礎――統合的理解を広げ深める―― 有斐閣
服部 環（2011）. 心理・教育のためのRによるデータ解析 福村出版
川端 一光・荘島 宏二郎（2014）. 心理学のための統計学入門――ココロのデータ分析――
　　誠信書房
大久保 街亜・岡田 謙介（2012）. 伝えるための心理統計――効果量・信頼区間・検定力――
　　勁草書房
芝 祐順・渡部 洋・石塚 智一（編）（1984）. 統計用語辞典 新曜社
豊田 秀樹（1998）. 調査法講義 朝倉書店
渡部 洋（1996）. 心理・教育のための統計学入門 金子書房
山田 剛史・村井 潤一郎（2004）. よくわかる心理統計 ミネルヴァ書房
山田 剛史・杉澤 武俊・村井 潤一郎（2008）. Rによるやさしい統計学 オーム社

第11章

American Psychological Association（2009）. *Publication manual of the American Psychological
　　Association*（6th ed.）. Washington, DC: American Psychological Association.
　　（アメリカ心理学会 前田 樹海・江藤 裕之・田中 建彦（訳）（2011）. APA論文作成マ
　　ニュアル 第2版 医学書院）
Cohen, J.（1969）. *Statistical power analysis for the behavioral sciences*. New York: Academic
　　Press.
石井 秀宗（2014）. 人間科学のための統計分析――こころに関心があるすべての人のために
　　―― 医歯薬出版
日本心理学会（2015）. 執筆・投稿の手びき 2015年改訂版 日本心理学会
日本心理学会（2022）. 執筆・投稿の手びき 2022年版 日本心理学会
大久保 街亜・岡田 謙介（2012）. 伝えるための心理統計――効果量・信頼区間・検定力――
　　勁草書房
豊田 秀樹（2016）. はじめての統計データ分析――ベイズ的〈ポストp値時代〉の統計学
　　―― 朝倉書店
山内 光哉（2008）. 心理・教育のための分散分析と多重比較――エクセル・SPSS解説付き
　　―― サイエンス社

人名索引

事項索引

執筆者紹介

【編 者 略 歴】

吉 村　　宰（第 9 章執筆）
よし むら　　おさむ

1990 年　神戸大学教育学部卒業

1996 年　東京工業大学総合理工学研究科修了　博士（学術）

現　　在　長崎大学教育開発推進機構アドミッションセンター教授

主要著書・訳書

『学力——いま，そしてこれから』（分担執筆）（ミネルヴァ書房，2006）

『テスト作成ハンドブック』（分担訳）（教育測定研究所，2008）

『e テスティング』（分担執筆）（培風館，2009）

荘 島 宏 二 郎
しょうじま こう じ ろう

1999 年　早稲田大学第一文学部卒業

2004 年　早稲田大学文学研究科心理学専修博士課程退学

2008 年　東京工業大学　博士（工学）

現　　在　大学入試センター研究開発部試験技術研究部門教授

主要編著書

「心理学のための統計学（全 9 巻）」（シリーズ企画編集）（誠信書房，2014-）

『計量パーソナリティ心理学』（編）（ナカニシヤ出版，2017）

"Test data engineering: Latent rank analysis, biclustering, and Bayesian network"
　　（Springer，2022）

274

【執筆者】名前のあとの括弧内は執筆担当章を表す。

中島ゆり（第1章）　長崎大学教育開発推進機構大学教育イノベーションセンター
なかじま　　　　　　　　　　准教授

鈴木敦命（第2章）　東京大学大学院人文社会系研究科准教授
すずきあつのぶ

松尾　剛（第3章）　西南学院大学人間科学部教授
まつお　ごう

石井志昂（第4章）　長崎大学教育開発推進機構アドミッションセンター
いしいしこう　　　　　　　　（執筆時）

登藤直弥（第5章）　東京都立大学人文社会学部准教授
とうどうなおや

中山厚穂（第6章）　東京都立大学経済経営学部教授
なかやまあつほ

脇田貴文（第7章）　関西大学社会学部教授
わきたたかふみ

岩間徳兼（第8章）　北海道大学高等教育推進機構准教授
いわまのりかず

川端一光（第10章）　明治学院大学心理学部教授
かわはしいっこう

橋本貴充（第11章）　大学入試センター研究開発部試験技術研究部門准教授
はしもとたかみつ

ライブラリ 心理学を学ぶ＝10

心理学の測定と調査

2023 年 12 月 10 日 ⓒ　　　　初 版 発 行

編 者　吉 村　　宰　　　発行者　森 平 敏 孝
　　　　荘 島 宏 二 郎　　　印刷者　中 澤　　眞
　　　　　　　　　　　　　製本者　松 島 克 幸

発行所　　**株式会社　サイエンス社**

〒151-0051　東京都渋谷区千駄ヶ谷 1 丁目 3 番 25 号
営業 TEL　（03）5474-8500（代）　　振替 00170-7-2387
編集 TEL　（03）5474-8700（代）
FAX　　　（03）5474-8900

組版　ケイ・アイ・エス
印刷　㈱シナノ　　　　　　　　製本　松島製本
《検印省略》

サイエンス社のホームページのご案内
https://www.saiensu.co.jp
ご意見・ご要望は
jinbun@saiensu.co.jp　まで.

ISBN978-4-7819-1578-4

PRINTED IN JAPAN

Progress & Application
心理統計法

山田剛史・川端一光・加藤健太郎 編著
A5判・256頁・本体2,400円（税抜き）

心理学を学ぶ上で心理統計の知識は欠かせませんが，実感をもってそれを納得するのは難しいようです。本書では，心理学研究の具体例を通じて心理統計の手法を知ることで，学びながらその面白さを実感してもらうことを目指します。また，社会の激しい変化に対応していく上で必要な批判的思考を身につけるため，「クリティカル・シンキング問題」を用意しています。見開き形式・2色刷。

サイエンス社

心理測定尺度集　堀　洋道監修

【電子版も好評発売中】

第Ⅴ巻:個人から社会へ〈自己・対人関係・価値観〉
吉田富二雄・宮本聡介編　B5判／384頁／本体 3,150 円

第Ⅵ巻:現実社会とかかわる〈集団・組織・適応〉
松井　豊・宮本聡介編　B5判／344頁／本体 3,100 円

2007 年までに刊行された第Ⅰ～Ⅳ巻は，現在まで版を重ね，心理学界にとどまらず，看護などの関連領域においても，一定の評価を得てきました。従来の巻では，社会心理学，臨床心理学，発達心理学を中心とする心理学の領域で，それぞれの発達段階の人を対象として作成された尺度を選定し，紹介してきました。第Ⅴ巻，第Ⅵ巻ではこれまでの 4 巻の編集方針を基本的に継承しながら，主に 2000 年以降に公刊された学会誌，学会発表論文集，紀要，単行本の中から尺度を収集し，紹介しています。

【第Ⅴ巻目次】自己・自我　認知・感情・欲求　対人認知・対人態度　親密な対人関係　対人行動　コミュニケーション　社会的態度・ジェンダー

【第Ⅵ巻目次】集団・リーダーシップ　学校・学習・進路選択　産業・組織ストレス　ストレス・コーピング　ソーシャルサポートと社会的スキル　適応・ライフイベント　不安・人格障害・問題行動　医療・看護・カウンセリング

～～ 好評既刊書 ～～

第Ⅰ巻:人間の内面を探る〈自己・個人内過程〉
山本眞理子編　B5判／336頁／本体 2,700 円

第Ⅱ巻:人間と社会のつながりをとらえる〈対人関係・価値観〉
吉田富二雄編　B5判／480頁／本体 3,600 円

第Ⅲ巻:心の健康をはかる〈適応・臨床〉
松井　豊編　B5判／432頁／本体 3,400 円

第Ⅳ巻:子どもの発達を支える〈対人関係・適応〉
櫻井茂男・松井　豊編　B5判／432頁／本体 3,200 円

＊表示価格はすべて税抜きです。

サイエンス社

心理調査と心理測定尺度
——計画から実施・解析まで——

髙橋尚也・宇井美代子・宮本聡介 編

A5 判・328 頁・本体 2,350 円（税抜き）

本書は，調査法を初めて学ぶ方の手引書として好評を博した『質問紙調査と心理測定尺度』の改訂版です。紙による調査が困難なケースも多くなったことを踏まえ，前著の骨子を維持しつつ，情報化の推進といった趨勢を見据えて改訂しました。オンラインでの心理調査の実施を想定し，初学者の方が心理調査を計画，実施し，論文にまとめるまでのプロセスをサポートします。

サイエンス社